教育部人文社会科学研究规划基金项目 (19XJAZH001) 资助

# 人、形、业、境、魂：

## 传统村落『五位一体』保护与发展路径体系研究

胡艳丽　曾梦宇◎著

REN、XING、YE、JING、HUN:
CHUANTONG CUNLUO
"WUWEI YITI" BAOHU
YU FAZHAN LUJING
TIXI YANJIU

四川大学出版社
SICHUAN UNIVERSITY PRESS

项目策划：梁　平
责任编辑：梁　平
责任校对：杨　果
封面设计：璞信文化
责任印制：王　炜

**图书在版编目（CIP）数据**

人、形、业、境、魂：传统村落"五位一体"保护
与发展路径体系研究 / 胡艳丽，曾梦宇著．— 成都：
四川大学出版社，2022.3
　　ISBN 978-7-5690-5387-6

　　Ⅰ．①人… Ⅱ．①胡… ②曾… Ⅲ．①农村—社会主
义建设—研究—中国 Ⅳ．① F320.3

中国版本图书馆 CIP 数据核字（2022）第 039961 号

| | |
|---|---|
| 书名 | 人、形、业、境、魂：传统村落"五位一体"保护与发展路径体系研究 |
| 著　　者 | 胡艳丽　曾梦宇 |
| 出　　版 | 四川大学出版社 |
| 地　　址 | 成都市一环路南一段 24 号（610065） |
| 发　　行 | 四川大学出版社 |
| 书　　号 | ISBN 978-7-5690-5387-6 |
| 印前制作 | 四川胜翔数码印务设计有限公司 |
| 印　　刷 | 四川盛图彩色印刷有限公司 |
| 成品尺寸 | 170mm×240mm |
| 印　　张 | 14 |
| 字　　数 | 267 千字 |
| 版　　次 | 2022 年 4 月第 1 版 |
| 印　　次 | 2022 年 4 月第 1 次印刷 |
| 定　　价 | 68.00 元 |

◆ 读者邮购本书，请与本社发行科联系。
　 电话：(028)85408408/(028)85401670/
　 (028)86408023　邮政编码：610065
◆ 本社图书如有印装质量问题，请寄回出版社调换。
◆ 网址：http://press.scu.edu.cn

四川大学出版社
微信公众号

# 目　　录

## 下篇 实例篇

# 绪　　论

## 一、研究缘起

本书的撰写源于 2019 年立项的教育部人文社会科学研究规划基金项目"人、形、业、境、魂：传统村落'五位一体'保护与发展路径体系研究"（19XJAZH001），最初的构思较宏大，试图对全国各地的传统村落进行综合性的研究。在研究的初始阶段，课题组仅通过在我国西南地区的调查就发现，我国传统村落不仅数量庞大，而且类型繁多、特征各异，要紧扣"五个要素"并从中提炼出带有普遍适用的方法和策略十分困难，研究成果质量无法保证，因此，项目组考虑对研究方向进行重新修订。基于我国侗族居住区主要位于黔湘桂接边地区，该区域的侗族传统村落分布较为集中而且数量可观，有利于开展典型性研究，同时，项目组成员所在单位也位于侗族地区，成员对侗族地区的实际情况比较熟悉，于是，决定将研究区域确定在黔湘桂接边的侗族地区，以黔湘桂侗族传统村落为例。

黔湘桂接边地区是我国侗族的主要聚居地，侗族传统村落承载着侗民族数千年的农耕文明，是兼有物质与非物质文化遗产的侗族人民的生产和生活基地。在城镇化快速发展的今天，侗族传统村落偏于一隅而滞后发展，其落后的基础条件已经无法满足现代生活需求，人居环境改善任务显得繁重急迫。当前，乡村振兴、美丽乡村建设已成为农村发展主题。如何在新形势下整体性解决侗族传统村落面临的保护和发展的双向压力，进一步在侗族地区推动人居环境改善、传承优秀文化、共享现代文明，既是传统村落保护与发展面临的紧迫任务，也是促进各民族共同繁荣的重要内容。

本书作为研究项目的最终研究成果，意在通过黔湘桂侗族地区传统村落的研究，既为侗族地区传统村落的保护与发展提出自身的拙见，也期待对其他民族的传统村落保护与发展提供有益的参考。

## 二、研究现状及趋势

关于"传统村落"，国外没有与之相对应的专用名词，研究主要集中在与此相仿的古城镇、历史文化街区、文化遗产地等的保护方面；国内的研究主要集中在近 10 年。研究情况综述如下。

### （一）国外研究情况

在保护主体方面，Sim Loo Lee、Tas Murat、Massimo Finocchiaro Castro、Frank Masele、Halt C. Michael 等在研究对新加坡古旧店铺进行保护经营、土耳其布尔萨市村落保护和复苏、西西里岛文化遗产保护、坦桑尼亚文化遗产保护和管理、新西兰毛利人的文化遗产保护和尊重时，提出文化遗产的保护主体是政府与当地居民。

在保护方法方面，VuThi Hong Hanh、Marta Bordignon、Svensson Eva、Nakamura Naohiro 等提出，应该鼓励社区参与，促使政府与居民形成伙伴关系；在寻求发展并保护自然与文化遗产时，应降低对旅游业的依赖，寻找原居民和非原居民的共同点，并让前者自主参与环境影响评价，更有利于保护木土文化遗产。

在保护存在的问题方面，Brenda S. A. Yeoh、Karen M. Ruggiero、David A. Fyfe 等认为文化遗产保护和地方重建矛盾重重，矛盾的焦点是当地居民没有参与政府的保护过程；小村落应该怎样将文化遗产和旅游项目结合也值得商榷；物质文化遗产不被当地居民理解与重视，当地居民的价值观与其对遗产的保护方法不匹配也是问题之一。

在文化遗产保护与旅游发展方面，Sluman、Audax Z. P. Mabulla、Yotsna M. Kalavar 等认为，旅游是让遗产保护获得支持的一种方式，能为保护带来资源并提供经济来源；文化旅游是获得文化遗产管理资金的途径，其收入应该被用来保护和管理资源，资助保护行动，以及进行资源复原的研究调查；不同年龄层次的人对文化遗产旅游持有不同的看法，其中年轻人赞成文化遗产旅游，认为可以借此机会获得经济利益，而老年人则相反。

### （二）国内研究情况

在保护主体方面，王云才、童成林等提倡由政府主导，对传统村落进行整体保护，构建区域层面的保护格局，并将物质环境更新与村民生活改善相结合。周乾松、孔苏颜等认为，应建立政府与居民共同保护机制，各级地方政府应各司其职，在加大传统村落保护的财政投入和政策支持力度的同时，由政府部门加强督查，并尊重村民自治的权利，让开发成果惠及全体村民或社会共享。

在保护方法方面，冯骥才认为当下古村落文化保护方法主要有分区形式、居民博物馆形式、景观形式和原生态形式四种。夏周青等提出原真性保护，强调记录、修复、规制、原汁原味。张鸿雁、房冠辛等提出分类保护或分级保护、分层保护、精准保护、重点保护。林喜兴、杨贵庆等提出整体性保护，包括时间整体性、空间整体性。蒲娇、姚佳昌提出了原地修建、易地保护、就地保护三种传统村落露天博物馆保护模式。

在保护对象方面，郑霞、汪如钢、杨振宇等认为，应从风貌与格局、建筑与院落、乡土与环境三个方面，对传统村落进行保护。谢文海等认为，应针对传统村落的物质文化、非物质文化和生态三个方面进行保护，并实施不同的保护方法。孙志国等认为，保护的内容涉及地方性与民族性建筑风貌、少数民族传统医药、遗传资源与生物多样性等。

在保护中存在的问题方面，李晓丹、谢佳等认为民族传统村落存在着生产生活方式和家庭结构的改变，空巢现象严重，传统木结构建筑易受火患及自然侵蚀等问题。王梦娜等认为存在着官方过度干预、学术界过度参与、忽视对民间艺人实施活态性的"人本化"保护，以及忽略非物质文化遗产与物质文化遗产之间不可分割的关系等。

在文化遗产保护与旅游发展方面，车震宇等认为，在旅游发展中，应控制并保护传统村落的非主要游览区，让原有村民仍然生活在该区域，以维护传统村落的氛围。刘韫等认为，虽然旅游发展促进了村落传统民居的保护，但动机大多出于旅游收益的驱动，保护作用依然有限。

（三）综述评论及研究趋势

国内外对传统村落保护的研究几乎已涉及各个方面，在保护主体上已明显趋向于政府与当地居民的结合；在保护方法上趋向于原真性、整体性保护；在保护对象上正从建筑、院落等外观保护趋向于与物质文化、非物质文化及生态保护相结合；在存在的问题上，经济发展水平、"空心化"、传统建筑缺陷等成为主要制约因素；在保护与旅游开发上，应该因地制宜，不能把旅游开发当作包治百病的良药。但传统村落的保护和发展是一个复杂的系统工程，研究中局限于自身学理基础的情况比较多，现实保护中也常常出现"原封不动"的保护、"千村一面"的保护和"破坏性"保护，所以，在研究中，宏观视野的提升、核心要素的提炼和考量、审视角度的多学科化、保护与发展方式的综合运用上，尚亟待更深层次的研究。

## 三、研究设计

### （一）研究价值

本书试图以黔湘桂侗族传统村落的保护实践为典型个案，从"人、形、业、境、魂"，即人口与居民、建筑与布局、经济与产业、生态与环境、文化与精神五个方面探究传统村落可持续发展的对策，从而构架起"五位一体"的保护和发展路径体系。

#### 1. 理论价值

用保护和发展的眼光对传统村落保护与发展的五个"核心"要素进行分析，厘清相互之间的联系与矛盾，本着与时俱进的观点，在统筹、协调的基础上，构架起传统村落保护与发展的路径体系，为传统村落保护与发展的理论体系建设作出贡献；同时也为乡村振兴战略和传统村落保护提供更广泛的理论选择。

#### 2. 应用价值

本书以黔湘桂侗族传统村落为研究范例，研究成果将首先运用于该区域及周边的苗族、侗族等民族传统村落，对于以山寨聚落为特色的苗族传统村落和以坝子聚落为特色的侗族传统村落的保护与发展有着一定的实践指导意义；同时，该区域及周边的国家级传统村落数量众多、类型多样，研究意义典型，研究成果将从典型分析上升到一般理论的层面上，对于其他民族地区的传统村落保护与发展的实践具有一定的借鉴意义。

### （二）研究思路

本书以国家"乡村振兴"和"传统村落保护"战略实施为背景，以黔湘桂侗族传统村落为主要研究对象，综合运用管理学、民族学、经济学、文化学、社会学、历史学、地理学、生态学等多学科知识，用历史文化保护视野、居住使用人群视野、设计创造视野、和谐社会共建视野，站在历史不断发展的高度，对构成传统村落"空间"的五个核心要素，即"人、形、业、境、魂"，进行系统的分析，厘清相互间的影响与联系，评估其在保护与发展中的作用，从而系统性地构架起以这五个要素为核心的"五位一体"的传统村落保护与发展的路径框架，并将研究结论付诸黔湘桂接边地区苗族、侗族等民族传统村落的保护与发展实践及乡村振兴战略，以期取得良好的实证效果。

（三）研究内容

本书的研究内容主要在以下四个方面。

1. 研究保护现状，查寻保护与发展中存在的问题

通过观察、调研的方式，对已经开展保护工作的传统村落进行研究分析。实践中保护方式的名称可能多样，如原真性保护、分类保护、整体性保护、可持续发展保护，或者分区保护、博物馆式保护、景观保护、原生态保护等，但最终保护的效果怎样，保护与发展中存在哪些问题，产生问题的原因是什么，是本书深入研究的前提之一。

2. 研究保护要素，定性要素内涵

传统村落的保护与发展涉及的要素非常多，有物质形态的，也有精神形态的。在研究中，本书从众多要素中遴选出了五个核心要素，即"人、形、业、境、魂"，它们是每个传统村落保护与发展中具有共性且无法回避的要素，在传统村落保护与发展诸多因素中居于主干部分。简洁地表述，它们涉及"人口与居民、建筑与布局（物质类）、经济与产业、生态与环境、文化与精神"。对此五要素在传统村落保护与发展中的内涵、外延、作用、意义进行定性、定量研究和分析，能够准确把握保护与发展的实质。五个核心要素中，常在现实中被忽略的"人"的要素，应是其中最"关键"的要素，有"人"村落才能"活"，村落"活"才具有生命力，才留得住"乡愁"，所以"人"的发展是五要素研究中的"重点"。

3. 研究要素关系，搭建路径框架

对五个核心要素之间的相互关联进行研究，厘清各要素在"五位一体"框架中的功能和作用，从而构架起系统性较强的"五位一体"保护与发展的路径体系。同时，也研究五个"核心要素"与其他要素的关系，如政府部门、现代技术、流行文化、商业化等，使框架更加合理、完善。五个核心要素中，"业"是基础，没有经济基础就留不住"人"；"人"是核心，没有"人"一切都可能是空谈；"形"是外在的表现，是展示村落特色和底蕴的凝固的艺术；"魂"是内在支撑，文化与精神是传统村落未能"湮灭"于历史长河的动力和源泉；"境"是"天人合一"的象征，内部环境的和谐体现了"人和"，外部环境的融合体现了顺天时、量地利，人与自然和谐共生。研究将对这一系列的影响要素

关系作深层次的挖掘，为搭建路径体系框架奠定基础。

### 4. 研究保护路径，探索发展渠道

在以上研究的基础上，研究传统村落保护与发展的路径。由于实际操作中涉及的要素较多，各要素之间相互影响、相互制约，路径体系中的每一构成都可能具有较强的综合。以本书的五个核心要素为出发点，目前可大体将传统村落保护与发展的路径体系设计如下："人"，以留住原居民为根本，实施教育现代化、观念更新、技能培训、参与管理等；"形"，以保留布局和风格为前提，恰当运用现代技术进行规制、设计、修缮、重建等；"业"，以经济振兴为目标，提升传统特色农耕产业的市场竞争力，促使传统手工艺市场化，发展文化创意产业，适度发展农文旅经济，引进适合的其他产业等；"境"，以美丽乡村建设为主题，在村容村貌、村规民约、水土利用、森林植被保护等上着力；"魂"，以精神传续为核心，唤醒文化自觉，注重文物保留、非物质文化遗产传承、民风民俗保持、民间观念与信仰的信奉与尊重、文献村志整理等。

### （四）研究方法

研究中综合运用了多种研究方法，主要有以下几种。

### 1. 档案资料法

查阅传统村落的历史档案、普查资料，收集和阅览民间保存的资料，以全方位地了解传统村落的底蕴和发展进程；查阅国家和地方相关政策及文件；查阅相关学者的研究成果。

### 2. 观察法

通过抵近驻村的方式，身临其境地观察传统村落在现实情况下的发展动态及发展趋势，观察保护与发展的实践进程与效果，获取最新第一手资料。

### 3. 深度访谈法

对相关人员作深度访谈，主要有三类人员：村民及村中资深人士，如寨老等；政府及参与部门管理人员；相关专家学者。

### 4. 案例分析法

选择具有典型性的侗族传统村落为案例进行分析，从个别到一般，总结出规律性的结论。

### 5. 纵向比较法

在采用目前常用的静态横向比较研究之外，更加注重采用动态的纵向追踪

比较研究方法，通过纵向比较找寻传统村落发展变迁的规律及各要素之间的内在联系，找寻进一步完善和优化的途径。

6. 模型构建法

在定性分析的基础上，辅之以建立多样的方程模型，进行适当的定量分析，分析五个核心要素变量及相关变量存在与变化的规律性，为研究提供一些可以准确量化的依据。

## 四、研究创新点与不足

（一）本书研究的创新点

（1）在研究内容上，本书从传统村落保护和发展的诸因素中提炼出"人、形、业、境、魂"五个核心要素，即"人口与居民、建筑与布局、经济与产业、生态与环境、文化与精神"，来构建"五位一体"的"整体性"研究，不论是构成要素的选配，还是框架称谓都有一定的创新性。

（2）在研究方法上，本书在进行理论分析的同时，根据传统村落保护的实际需要，大量地采用了案例法，从住房和城乡建设部确定的第一～五批《中国传统村落名录》中选择许多具有典型性的侗族传统村落为案例进行分析，从个别到一般，总结出规律性的结论。其中的 4 个综合实践性案例就是对一些典型村寨案例分析的成果。

（3）在研究地域上，本书以黔湘桂三省区侗族聚居区为研究对象，将侗族聚居区作为一个整体来研究，突破行政区划的束缚，开展带有普遍性、规律性的理论探索。成果中的样本选取都辐射到了三省区的侗族传统村落。

（二）本书研究存在的不足及尚需深入研究的问题

（1）由于三省区侗族传统村落众多，非典型性的传统村落还有很多，其中还有许多深度挖掘的价值，目前着力不够。

（2）由于侗族传统村落保护涉及的因素较多，本书虽从五个核心因素去分析，但在保护模型的构架上仍觉得力不从心，存在欠缺。

（3）由于侗族传统村落外出务工人员较多，在调研中，对于外出人员异地就业的实际状况了解不够全面，故在吸引外出人员回乡发展的对策性上可能存在不足。

# 上篇　理论篇

# 第一章　黔湘桂侗族传统村落及其分布

传统村落空间分布是指传统村落形成的地理空间分布特征。本章以入选第一～五批《中国传统村落名录》的 286 个黔湘桂侗族传统村落为依据，探寻侗族传统村落的空间分布特征，分析得出：黔湘桂侗族传统村落集中连片分布在三省区交界地区，且南部侗族地区分布的数量多、密度大，侗族人口单一的村落多，以传统村落为核心的侗寨聚落群比较多；而北部侗族地区数量较少、分布较散，两个以上民族人口共同组成的村落较多，侗寨聚落群也偏少。对黔湘桂侗族传统村落的空间分布特征分析，有助于侗族传统村落保护、传承和利用工作的展开。

## 第一节　我国侗族分布简况

### 一、侗族的族源及发展

侗族（侗语作 Gaeml），是中国古老的民族之一，主要世居于贵州、湖南、广西三省区的交界地带，湖北恩施有少量集居，在老挝也有一个分支，叫"康族"。明、清两代曾出现"峒蛮""峒苗""峒人""洞家"等他称。新中国成立后统称侗族。民间多称"侗家"。

侗族是一个有着悠久历史的民族，族源更是源远流长，目前可追溯到殷商时期。有人认为，当时创造分布于我国东南方的印纹陶诸文化的人们后来发展为楚族群，是"祝融之后"，或者发展成为夏禹诸部落。到了战国时期，进一步发展成为分布在我国东南和南方的"百越"民族群团。

侗族源于百越已成为史学家们的共识，虽然目前对侗族具体源于百越的哪一部分或者是说侗族源于百越的哪一支系，看法还不完全一致，但源于百越已成定论。

早在秦汉时期，在今侗族居住的地区，北部有"黔中蛮""武陵蛮"或

"五溪蛮"，南部有"百越之族"。魏晋南北朝时期，这一地区又出现了僚人。这些古代民族中就包含有侗族先民的主要成分。根据汉文文献记载，大约在唐宋时期，朝廷对黔湘桂边境羁縻州所属地区称呼为"洞"或"峒"。这说明侗族至少在这一时期及其以前就已形成了。因为有其族，才会有其名，这样才符合名从主人的命名原则。西汉时期，武帝平定南越以后，中央王朝势力深入南越地区。与此同时，由于中原经济文化的渗透，各民族之间的交往日益频繁，许多民族的成员在一个区域之内共同杂居的局面也不断出现，因而"百越"之名逐渐消失，以至在越人活动的许多地方相继出现了僚人。如西晋张华《博物志·异俗篇》载："荆州极西南界至蜀，诸民曰獠子。"①

魏晋时期，荆州的极西南是武陵郡，包括今湘西、黔东和桂北一带。自魏晋至唐宋时期，僚人继续生活在这一地带。武陵郡是沅水及其支流流经的地方，北魏郦道元《水经注》说：武陵有五溪，夹溪悉是蛮夷所居，故谓此蛮为"五溪蛮"。五溪是一个多民族聚居地区，五溪蛮当然是指住在这里的众多民族。

唐宋时期，封建中央王朝势力深入五溪之地，并对这里的民族施行羁縻政策。当地各民族的交往日益密切与频繁，民族之间的通婚日益普遍，民族融合的因素日益增多，原来"散居山谷"的"南蛮别种"，在"与汉人杂居"的基础上逐渐形成若干新的民族共同体。唐代是我国封建王朝的鼎盛时期，封建王朝为加强统治，调整了各项制度，厘定治理边疆少数民族政策，羁縻政策就是其中的一种。所谓羁縻，就是笼络的意思，是封建王朝对少数民族地区实行统治的一种特殊政策，其主要内容是在少数民族地区设置与内地不同的州县，任原土酋为首领，统领原属各个部分，并通过"朝贡"作为封建中央与少数民族之间的政治纽带，以"来朝贡，奉正朔"来表明羁縻州县与封建中央王朝的隶属关系。各土酋只要接受中央王朝的封号，"奉正朔"并进京"朝贡"，守好疆土，就算是隶属中央了。据统计，唐代在少数民族地区建立的羁縻州县见于史志的就有800多处。唐代在今侗族地区建立的羁縻州很多，可考的有充州、应州、奖州、晃州、亮州、福禄州等，包括今黔东和湘西侗族所在的主要地区。

羁縻政策对封建王朝来说，体现了大一统的目的；对少数民族首领来说，通过接受封号承袭了羁縻政权，巩固了自己对本地区的统治地位。实际上羁縻州县在行政上保持半独立状态，在政治上保留各自原有的"自治权力"。因此

---

① 冼光位：《侗族通览》，广西人民出版社，1995年，第29～44页。

侗族社会中原有的社会组织"款"得到了充分发展。侗语称"款"为"KUANT"，它是由小款、中款、大款和联款（也称"合款"）4 个层次构成的。款有款首，由年长和阅历较广、能说会道的人担任，其职责是根据款规款约来处理款内事务。款组织的基本特点在于以盟誓的方式订立款约，并使之成为联合的纽带，从而构成整个侗族社会的组织体系。通过宣讲和执行款约，进而实现对整个侗族社会的调节、控制和管理。因此，款约有其约束性，款组织有其联防性，能凝聚民族感情，并在此基础上逐渐形成共同地域。在共同地域内，为了交往与联系上的方便，又在方言、土语的基础上逐渐形成统一的民族语言。通过语言交流思想，又逐渐形成在共同文化上的心理素质。这就是侗族形成的历史过程。

从唐至清，中央王朝在侗族地区建立羁縻州、土司制度，社会处在早期封建社会。清初实施"改土归流"，清朝对侗族人民进行直接统治，土地日益集中，进入封建地主经济发展阶段。但是，侗族社会内部某些氏族组织残余，例如以地域为纽带具有部落联盟性质的"合款"仍普遍存在。每个氏族或村寨，皆由"长老"或"乡老"主持事务，用习惯法维护社会秩序。"合款"分大小。"小款"由若干毗邻村寨组成，"大款"由若干"小款"联合。"小款首"由寨内公推，"大款首"由"小款首"商定。共同议定的"款约"必须遵守，款民大会是最高权力组织，凡成年男子均须参加，共议款内事宜。这种组织一直保存到清朝末期和中华民国初期。

## 二、侗族聚居区的行政区划

大杂居、小聚居是我国各民族居住的状况，侗族聚居区的状况也是如此。从杂居的角度看，侗族与汉、苗、土家、瑶、壮、仡佬、水等许多民族混合居住；从聚居的角度看，又有一村一寨、一乡、一县的"小聚居"形式。许多侗族小聚居的区域内也还有汉族和其他少数民族。

侗族主要分布在贵州省的从江、榕江、黎平、锦屏、天柱、剑河、三穗、镇远、岑巩、玉屏、石阡、江口、万山、铜仁、松桃、荔波、独山、都匀等县，湖南省的新晃、芷江、会同、靖州、通道、城步、绥宁、洞口、黔阳（今洪江市）等县，广西壮族自治区的三江、龙胜、融安、融水、罗城、东兰等县，湖北省恩施土家族苗族自治州的宣恩、咸丰、利川、来凤等县。居住地位于东经 108 度至 110 度，北纬 25 度至 31 度之间。西至贵州都匀，东至湖南洞口，北至湖北恩施，南至广西罗城。东西宽距 350 公里，南北长距 600 公里，为一长形地带，面积 5 万多平方公里。侗族主要世居地在贵州、湖南、广西三省区的交界地带，湖北恩施有少量集居。

中华人民共和国成立后，我国在侗族集中居住的地方设定了一些以侗族命名或侗族与其他民族联名的行政区划，有自治州、自治县及民族乡。

1951年8月19日，在国家民族区域自治政策的指引下，广西壮族自治区龙胜侗族与苗、壮、瑶等民族建立了龙胜各族自治县；1952年12月3日，广西壮族自治区三江侗族自治县建立，这是第一个以侗族命名的自治县；1956年7月23日，贵州省黔东南苗族侗族自治州成立。新中国成立以来，我国先后成立了多个县级及以上侗族自治地区和数量较多的民族乡。近年来，因各地行政区划调整，有的民族乡进行了合并，数据有所变动。据统计，截至2019年底，我国侗族自治地方还有1个自治州（贵州省）、7个自治县（贵州省1个、湖南省4个、广西壮族自治区2个）（见表1-1）和36个民族乡（贵州省21个、湖南省12个、湖北省3个）（见表1-2）。

表1-1 我国侗族民族自治地区及成立时间表（县级以上）

| 序号 | 侗族自治地区名称 | 成立时间 | 备注 |
|---|---|---|---|
| 1 | 广西壮族自治区龙胜各族自治县 | 1951-08-19 | |
| 2 | 广西壮族自治区三江侗族自治县 | 1952-12-03 | |
| 3 | 湖南省通道侗族自治县 | 1954-05-07 | |
| 4 | 贵州省黔东南苗族侗族自治州 | 1956-07-23 | |
| 5 | 湖南省新晃侗族自治县 | 1956-12-05 | |
| 6 | 贵州省玉屏侗族自治县 | 1984-11-07 | |
| 7 | 湖南省芷江侗族自治县 | 1986-09-22 | |
| 8 | 湖南省靖州苗族侗族自治县 | 1987-02-19 | |

资料来源：根据2019年底各地行政区划资料整理。

表1-2 我国侗族民族乡分布情况

| 序号 | 名称 | 所属地区 |
|---|---|---|
| 1 | 桐木坪侗族乡 | 贵州省铜仁市碧江区 |
| 2 | 鱼塘侗族苗族乡 | 贵州省铜仁市万山区 |
| 3 | 大坪侗族土家族苗族乡 | 贵州省铜仁市万山区 |

| 序号 | 名称 | 所属地区 |
|------|------|----------|
| 4 | 和平土家族侗族乡 | 贵州省铜仁市碧江区 |
| 5 | 滑石侗族苗族土家族乡 | 贵州省铜仁市碧江区 |
| 6 | 瓦屋侗族乡 | 贵州省铜仁市碧江区 |
| 7 | 六龙山侗族土家族乡 | 贵州省铜仁市碧江区 |
| 8 | 下溪侗族乡 | 贵州省铜仁市万山区 |
| 9 | 熬寨侗族乡 | 贵州省铜仁市万山区 |
| 10 | 高楼坪侗族乡 | 贵州省铜仁市万山区 |
| 11 | 黄道侗族乡 | 贵州省铜仁市万山区 |
| 12 | 官和侗族土家族苗族乡 | 贵州省铜仁市江口县 |
| 13 | 青阳苗族仡佬族侗族乡 | 贵州省铜仁市石阡县 |
| 14 | 枫香侗族仡佬乡 | 贵州省铜仁市石阡县 |
| 15 | 坪山仡佬族侗族乡 | 贵州省铜仁市石阡县 |
| 16 | 龙井仡佬族侗族乡 | 贵州省铜仁市石阡县 |
| 17 | 石固仡佬族侗族乡 | 贵州省铜仁市石阡县 |
| 18 | 坪地场仡佬族侗族乡 | 贵州省铜仁市石阡县 |
| 19 | 甘溪仡佬族侗族乡 | 贵州省铜仁市石阡县 |
| 20 | 聚凤仡佬族侗族乡 | 贵州省铜仁市石阡县 |
| 21 | 大沙坝仡佬族侗族乡 | 贵州省铜仁市石阡县 |
| 22 | 宝田侗族苗族乡 | 湖南省怀化市会同县 |
| 23 | 金子岩侗族苗族乡 | 湖南省怀化市会同县 |
| 24 | 漠滨侗族苗族乡 | 湖南省怀化市会同县 |
| 25 | 炮团侗族苗族乡 | 湖南省怀化市会同县 |
| 26 | 蒲稳侗族苗族乡 | 湖南省怀化市会同县 |
| 27 | 青朗侗族苗族乡 | 湖南省怀化市会同县 |
| 28 | 乐安铺苗族侗族乡 | 湖南省邵阳市绥宁县 |

| 序号 | 名称 | 所属地区 |
|------|------|----------|
| 29 | 朝仪侗族乡 | 湖南省邵阳市绥宁县 |
| 30 | 东山侗族乡 | 湖南省邵阳市绥宁县 |
| 31 | 鹅公岭侗族苗族乡 | 湖南省邵阳市绥宁县 |
| 32 | 枫木团苗族侗族乡 | 湖南省邵阳市绥宁县 |
| 33 | 寨市苗族侗族乡 | 湖南省邵阳市绥宁县 |
| 34 | 芭蕉侗族乡 | 湖北省恩施州恩施市 |
| 35 | 长潭河侗族乡 | 湖北省恩施州宣恩县 |
| 36 | 晓关侗族乡 | 湖北省恩施州宣恩县 |

资料来源：根据2019年底各地行政区划资料整理。

## 三、侗族人口及分布

侗族是我国人口较多的少数民族之一，据2010年第六次全国人口普查（简称六普）统计（至今第七次人口普查分民族数据尚未公布），全国侗族总人口2879974人（简称300万人），在全国排第11位，在少数民族人口中排第10位，占全国人口的0.2161%。

参与统计的31个省（区、市）侗族人口均有分布，人口多少不一。主要聚居省份的人口为：贵州省1431928人，占全国侗族人口的49.72%；湖南省854960人，占全国侗族人口的29.69%；广西壮族自治区305565人，占全国侗族人口的10.61%；湖北省52121人，占1.81%。另外还有235400人，占全国侗族人口的8.17%，散居于全国其他省（区、市）。散居侗族人口在1000人以上的省份有13个，其中，1万人以上的省份有4个：浙江省88106人，占全国侗族人口的3.06%；广东省83574人，占全国侗族人口的2.90%；福建省15608人，占全国侗族人口的0.54%；江苏省12280人，占全国侗族人口的0.43%。其余14个省（区、市）的散民侗族人口在1000人以下，最少的省份是甘肃省，仅136人（见表1-3）。

表 1－3　侗族人口数量、分布及变化情况表

| 省(区、市) | 2010 年 六普侗族人口（人） | | | 2000 年 五普侗族人口（人） | | | 侗族 2000—2010 年 十年分地区变化比较 | | |
|---|---|---|---|---|---|---|---|---|---|
| | 小计 | 男 | 女 | 小计 | 男 | 女 | 小计 | 男 | 女 |
| 全国 | 2879974 | 1511959 | 1368015 | 2960293 | 1566575 | 1393718 | −80319 | −54616 | −25703 |
| 北京 | 3774 | 1865 | 1909 | 1616 | 825 | 791 | 2158 | 1040 | 1118 |
| 天津 | 912 | 454 | 458 | 521 | 214 | 307 | 391 | 240 | 151 |
| 河北 | 1451 | 584 | 867 | 2317 | 869 | 1448 | −866 | −285 | −581 |
| 山西 | 280 | 194 | 86 | 632 | 318 | 314 | −352 | −124 | −228 |
| 内蒙古 | 438 | 246 | 192 | 540 | 257 | 283 | −102 | −11 | −91 |
| 辽宁 | 821 | 454 | 367 | 799 | 430 | 369 | 22 | 24 | −2 |
| 吉林 | 231 | 130 | 101 | 519 | 272 | 247 | −288 | −142 | −146 |
| 黑龙江 | 217 | 129 | 88 | 940 | 552 | 388 | −723 | −423 | −300 |
| 上海 | 7787 | 4156 | 3631 | 1970 | 1011 | 959 | 5817 | 3145 | 2672 |
| 江苏 | 12280 | 4889 | 7391 | 9528 | 2134 | 7394 | 2752 | 2755 | −3 |
| 浙江 | 88106 | 48560 | 39546 | 17906 | 9524 | 8382 | 70200 | 39036 | 31164 |
| 安徽 | 2147 | 571 | 1576 | 1917 | 423 | 1494 | 230 | 148 | 82 |
| 福建 | 15608 | 9111 | 6497 | 5768 | 3452 | 2316 | 9840 | 5659 | 4181 |
| 江西 | 2189 | 1170 | 1019 | 1564 | 797 | 767 | 625 | 373 | 252 |
| 山东 | 867 | 453 | 414 | 1245 | 508 | 737 | −378 | −55 | −323 |
| 河南 | 558 | 254 | 304 | 1314 | 633 | 681 | −756 | −379 | −377 |
| 湖北 | 52121 | 27604 | 24517 | 69947 | 38418 | 31529 | −17826 | −10814 | −7012 |
| 湖南 | 854960 | 452380 | 402580 | 842123 | 448292 | 393831 | 12837 | 4088 | 8749 |
| 广东 | 83574 | 46825 | 36749 | 55870 | 25767 | 30103 | 27704 | 21058 | 6646 |
| 广西 | 305565 | 153819 | 151746 | 303139 | 156153 | 146986 | 2426 | −2334 | 4760 |
| 海南 | 1819 | 1096 | 723 | 1350 | 762 | 588 | 469 | 334 | 135 |
| 重庆 | 3271 | 1724 | 1547 | 2585 | 1354 | 1231 | 686 | 370 | 316 |
| 四川 | 2376 | 1142 | 1234 | 1940 | 959 | 981 | 436 | 183 | 253 |
| 贵州 | 1431928 | 750208 | 681720 | 1628568 | 869205 | 759363 | −196640 | −118997 | −77643 |
| 云南 | 4389 | 2505 | 1884 | 3498 | 2169 | 1329 | 891 | 336 | 555 |

| 省(区、市) | 2010年六普侗族人口（人） | | | 2000年五普侗族人口（人） | | | 侗族2000—2010年十年分地区变化比较 | | |
|---|---|---|---|---|---|---|---|---|---|
| | 小计 | 男 | 女 | 小计 | 男 | 女 | 小计 | 男 | 女 |
| 西藏 | 179 | 100 | 79 | 66 | 34 | 32 | 113 | 66 | 47 |
| 陕西 | 731 | 413 | 318 | 509 | 310 | 199 | 222 | 103 | 119 |
| 甘肃 | 136 | 77 | 59 | 380 | 208 | 172 | −244 | −131 | −113 |
| 青海 | 161 | 123 | 38 | 148 | 98 | 50 | 13 | 25 | −12 |
| 宁夏 | 345 | 222 | 123 | 128 | 67 | 61 | 217 | 155 | 62 |
| 新疆 | 753 | 501 | 252 | 946 | 560 | 386 | −193 | −59 | −134 |

资料来源：根据国家统计局官网公布的第六次全国人口普查汇总数据"1-6各地区分性别、民族的人口"整理。

有必要说明的是，与2000年第五次人口普查相比，侗族人口数量以及分布都发生了一些变化。一是全国侗族人口数较2000年减少80319人。二是侗族聚居省份的贵州和湖北减少人口较多。其中，贵州减少196640人，湖北减少17826人。三是东部一些省份侗族人口增长较快。其中，浙江增加70200人，广东增加27704人，福建增加9840人，上海增加5817人，江苏增加2752人。其他省份也有增减，但数量起伏不是太大。究其原因，主要是随着东部经济发达地区的吸引力持续发挥作用，从西部地区流入东部地区人口增多，侗族人口也在东移。从东西部比较来看，侗族人口最多的贵州省流出的数量非常大，而东部浙江、广东、福建、上海、江苏等均是流入较多的省市。值得注意的是，尽管东部一些省市的侗族人口数量有了较大的增长，如浙江省十年间增加了7万余人，总数接近9万，但分散在各地，没有形成集中聚居。其他增长较多的东部省市也没有形成聚居的情形。

从各市州、县侗族人口分布情况看，贵州省黔东南苗族侗族自治州侗族人口最多，达1010352人。黔东南苗族侗族自治州是苗族与侗族的联名自治州，州内的天柱、锦屏、黎平三县的侗族人口占各自县域人口的50%以上，从江、榕江侗族人口占县域人口的35%以上。贵州铜仁市达361132人，玉屏侗族自治县侗族人口占县域人口的70%。湖南省怀化市有侗族人口816481人，芷江、新晃、通道三个县为侗族自治县，侗族人口构成县域人口的主体，占全县人口的比例在50%以上；靖州苗族侗族自治县，侗族人口占全县人口的25%。湖南省邵阳市有侗族人口25970人，其中绥宁县有19760人。广西壮族自治区的柳州市有侗族人口236478人，其中三江侗族自治县达163503人，占全县总人口的55％。据统计，贵州、湖南、广西三省（区）县域侗族人口超过1万的县市区达27个（见表1—4）。

表1—4 侗族主要聚居区（万人以上）人口数量

| 地区 | 数量（人） | 地区 | 数量（人） |
|---|---|---|---|
| 黔东南苗族侗族自治州 | 1010352 | 怀化市 | 816481 |
| 其中：凯里市 | 33282 | 其中：鹤城区 | 12722 |
| 三穗县 | 68148 | 会同县 | 170500 |
| 镇远县 | 59096 | 靖州苗族侗族自治县 | 60602 |
| 岑巩县 | 48894 | 通道侗族自治县 | 158663 |
| 天柱县 | 177845 | 芷江侗族自治县 | 186155 |
| 锦屏县 | 75705 | 新晃侗族自治县 | 197046 |
| 剑河县 | 50654 | 洪江市 | 24128 |
| 黎平县 | 268665 | 邵阳市 | 25970 |
| 从江县 | 224890 | 其中：绥宁县 | 19760 |
| 榕江县 | 102885 | 桂林市 | 40394 |
| 铜仁市 | 361132 | 其中：龙胜各族自治县 | 40394 |
| 其中：碧江区 | 107998 | 柳州市 | 236478 |
| 江口县 | 15022 | 其中：三江侗族自治县 | 163503 |
| 玉屏侗族自治县 | 90265 | 融水苗族自治县 | 45315 |
| 石阡县 | 96704 | | |
| 松桃县 | 14293 | | |
| 万山区 | 35725 | | |

资料来源：根据第六次人口普查资料整理。

## 四、南部侗族、北部侗族的语域划分

除按行政区划对侗族聚居区进行空间划分外，我国还有一种按侗语方言的语域进行划分的方式。

1956年下半年到1957年初，国家组织对侗语进行了旨在创造侗族文字的调查，按照侗语的方言差异，将侗语分为南、北两个方言，由此，有了南部方言区（简称"南部侗族"或"南侗"）和北部方言区（简称"北部侗族"或"北侗"）。南侗、北侗以贵州省锦屏县南部的启蒙镇—湖南省靖州寨牙镇新街村的滥泥冲（地名）为界进行划分。按方言差异，南部侗族分为四个土语区：第一土语区包括榕江（车江）、通道（陇城）、龙胜（平等）、三江（程阳）、锦屏（启蒙）、黎平（洪州）等地，第二土语区包括黎平（水口）、榕江（寨蒿）、从江（贯洞）、三江（和里）等地，第三土语区包括镇远（报京）、融水（聘洞）等地，第四土语区包括融水（寨远）等地。北部侗族分为三个土语区：第一土语区包括天柱（石洞）、三穗（款场）、剑河（小广）等地，第二土语区包括天柱（注溪）、新晃（中寨）等地，第三土语区包括锦屏（大同）、靖州（滥泥冲）等地[①]。

历史上，由于局部地理环境的差异，更由于区位格局所受汉族聚居地区政治、经济和文化的影响力、冲击力不同，明清以来，北部侗族呈现出社会结构、社会关系、文化特征诸方面的快速变化，与南部侗族方言区形成了较明显的社会的、文化的裂痕。

新中国成立后，湘黔铁路等交通干线修建较早，也使得北部侗族与其他民族主要是汉族接触频繁，文化融合进一步加快。而南部侗族地区由于交通、地理条件的制约，相对比较封闭，传统经济结构、社会结构、文化形态等受外界的影响比较小，呈现出稳态型结构。

# 第二节　黔湘桂侗族传统村落空间分布及特征

传统村落（又称古村落）是指拥有物质形态和非物质形态文化遗产，具有较高的历史、文化、科学、艺术、社会、经济价值的村落[②]。随着工业化、城镇化、农业现代化以及市场经济的不断发展，我国历史上以农耕为主的广大农村受到了极大的冲击，人口外流、田野荒废、房屋空置、村落破败、传统民俗文化消散、传统技艺失传等现象日益加剧。针对这些情况，为促进传统村落的保护、传承和利用，建设美丽乡村，国家把一些较好的保留了农耕文化的村落列入"中国传统村落名录"，以便更好地保护。截至 2019 年底，住房和城乡建

---

① 冼光位：《侗族通览》，广西人民出版社，1995 年，第 223 页。
② 《关于加强传统村落保护发展工作的指导意见》（建村〔2012〕184 号），2012 年。

设部等部门联合公布了 5 个批次的《中国传统村落名录》，共计 6819 个。

贵州、湖南、广西三省区是我国侗族的主要聚居区，千百年的历史传承给我们留下了许许多多极具保护、传承和利用价值的传统村落。在已公布的 5 批《中国传统村落名录》中，黔湘桂侗族村落列入其中的有 286 个[①]。现对其空间分布进行分析，以利于保护工作的开展。

## 一、批次分布及特征

在住房和城乡建设部等部门 2012 年 12 月公布的第一批到 2019 年 6 月公布的第五批《中国传统村落名录》中，黔湘桂侗族"中国传统村落"（以下简称"传统村落"）共有 286 个（见表 1-5）。其特征如下：

表 1-5　黔湘桂侗族传统村落数量及占比表

| 批次 | 第一批 | 第二批 | 第三批 | 第四批 | 第五批 | 总数 |
| --- | --- | --- | --- | --- | --- | --- |
| 全国（个） | 646 | 915 | 994 | 1598 | 2666 | 6819 |
| 黔湘桂侗族（个） | 49 | 61 | 25 | 51 | 100 | 286 |
| 占比（%） | 7.59 | 6.67 | 2.52 | 3.19 | 3.75 | 4.19 |

（1）黔湘桂侗族传统村落第一至五批的数量占到全国传统村落数量总数的 4.19%。因全国侗族人口占全国总人口的比例仅为 0.2161%，侗族传统村落的全国占比远远高于侗族人口的全国占比，显示出黔湘桂侗族传统村落仍是我国侗族人口居住的重要场所，在今后传统村落的保护工作中非常值得关注。

（2）在第一至五批名录中都有黔湘桂侗族传统村落入选，而且每个批次总数中的占比都在 2.5% 以上，显示出黔湘桂侗族传统村落资源比较丰富，同时也显示出黔湘桂侗族传统村落申报和保护工作在有序开展，在下一阶段《中国传统村落》名录的发现、挖掘和申报中仍具有较大的潜力。

（3）前两批的传统村落名录，黔湘桂侗族传统村落达 110 个，占比高达 7%。而传统村落最初遴选的条件和要求较高，入选难度大，表明黔湘桂侗族传统村落在历史、文化、科学、艺术、社会、经济等方面的价值是非常高的。

## 二、行政空间分布特征

根据相关资料统计，黔湘桂侗族传统村落分布在 6 个市州、22 个县区和

---

① 数据来源：中国传统村落管理信息系统（住房和城乡建设部）。

120个乡镇（见表1-6）。其分布具备以下特征：

表1-6　黔湘桂侗族"中国传统村落"分布表

（按行政区划）　　　　　　　　　　　　　　　　（单位：个）

| 行政区 | 市州 | 县区 | 乡镇 | 村寨 |
|---|---|---|---|---|
| 贵州省 | **2** | **13** | **71** | **183** |
| 其中：黔东南苗族侗族自治州 | — | 7 | 51 | 159 |
| 铜仁市 | — | 6 | 20 | 24 |
| 湖南省 | **2** | **6** | **37** | **73** |
| 其中：怀化市 | | 4 | 32 | 64 |
| 邵阳市 | | 2 | 5 | 9 |
| 广西壮族自治区 | **2** | **3** | **12** | **30** |
| 其中：柳州市 | | 2 | 9 | 20 |
| 桂林市 | — | 1 | 3 | 10 |
| 合计 | **6** | **22** | **120** | **286** |

（1）集中连片：黔湘桂侗族传统村落在三省区的市州级分布面不广，集中在三省区交界的6个市州，即贵州省的黔东南苗族侗族自治州和铜仁市、湖南省的怀化市和邵阳市、广西壮族自治区的柳州市和桂林市。每个省区各有2个市州有分布，这6个市州相互毗邻，连成一片，是我国侗族最集中的聚居区。

（2）省区级层面：黔湘桂各省区侗族传统村落数量占比与黔湘桂侗族人口数量占比基本一致。黔湘桂三省区中传统村落数量最多的是贵州省，183个；湖南次之，73个；广西再次，30个。分别比较各省区的侗族传统村落数量与侗族人口数量的占比，贵州省侗族人口占比49.72%，侗族传统村落占比63.99%；湖南省侗族人口占比29.69%，侗族传统村落占比25.52%；广西壮族自治区侗族人口占比10.61%，侗族传统村落占比10.49%。可见，传统村落占比和人口占比是紧密相关的，湖南、广西二者的占比基本一致，只有贵州省的侗族传统村落数量占比高出侗族人口数量占比较多，表明贵州传统侗族村落资源更丰富些。

（3）市州级层级：黔东南苗族侗族自治州的数量一枝独秀，分布面星罗棋布。在6个市州中，黔东南苗族侗族自治州是我国唯一的侗族自治州，是侗族人口最多的市州级行政单位，境内侗族人口占全国侗族人口总数的 35.19%，侗族传统村落数量在各市州中领先也在情理之中。黔东南苗族侗族自治州共有侗族传统村落 159 个，占黔湘桂侗族传统村落的 55.6%，占全国传统村落总数的 2.33%；159 个侗族传统村落分布在 7 个县 51 个乡镇，占全州县市、乡镇数的比例分别为 43.75% 和 26.98%，可见分布面比较广。

怀化市境内的侗族人口占全国侗族人口总数的 28.43%，是侗族人口居第二位的市州级行政单位，有侗族传统村落 64 个，占黔湘桂侗族传统村落的 22.38%；64 个侗族传统村落分布在 4 个县 32 个乡镇，占全市县市区、乡镇的比例分别为 33.33% 和 11.19%。

其他 4 个市的侗族传统村落数都没有超过 30 个，数量相对偏少。

（4）县区级层面：民族自治地方拥有的数量较多。在 22 个县区中，侗族传统村落在黔东南苗族侗族自治州和其他市的侗族自治县分布较多，其中黔东南苗族侗族自治州的黎平县有 87 个（见表 1-7），从江县有 35 个，这两个县的数量远远高于其他县区；其他民族自治地方，如黔东南苗族侗族自治州的榕江县（15 个）、怀化市的通道侗族自治县（26 个）、新晃侗族自治县（10 个）、靖州苗族侗族自治县（13 个），柳州市的三江侗族自治县（19 个），桂林市的龙胜各族自治县（10 个）都在 10 个以上；绥宁县的 9 个侗族传统村落有 7 个分布在侗族民族乡。但是，还有 2 个侗族自治县出乎意料，玉屏侗族自治县仅有 2 个，芷江侗族自治县更是空白，显现出侗族传统村落在侗族民族自治地方的分布存在不均衡现象。

此外，个别非民族自治地方的侗族传统村落的数量比较多，如铜仁市的石阡县（13 个）和怀化市的会同县（17 个）都超过了 10 个。

表 1-7　黎平县侗族传统村落一览表（第一至五批）

| 序号 | 所在乡镇 | 第一批 | 第二批 | 第三批 | 第四批 | 第五批 |
|---|---|---|---|---|---|---|
| 1 | 坝寨乡 | 高场村、坝寨村、蝉寨村、高兴村、青寨村 | 高西村、器寨村 | — | — | — |
| 2 | 大稼乡 | — | 高孖村 | 岑桃村 | — | — |
| 3 | 德顺乡 | 平甫村 | — | — | — | — |
| 4 | 地坪乡 | 岑扣村 | 下寨村 | — | — | — |
| 5 | 洪州镇 | 九江村、平架村 | — | — | — | 六爽村、赏方村 |

续表1－7

| 序号 | 所在乡镇 | 第一批 | 第二批 | 第三批 | 第四批 | 第五批 |
|------|----------|--------|--------|--------|--------|--------|
| 6 | 九潮镇 | 高寅村、贡寨村、岑洞村 | 高维村、定八村、大溶村新寨、顺寨村 | — | — | — |
| 7 | 雷洞瑶族水族乡 | — | 岑管村、牙双村 | | | |
| 8 | 茅贡镇 | 蚕洞村、冲寨、登岑村、地扪村、高近村、流芳村、寨头村 | 额洞村、寨南村、已炭村汉寨 | — | 腊洞村 | 寨母村 |
| 9 | 孟彦镇 | 芒岭村 | 罗溪村、岑湖村 | | | |
| 10 | 尚重镇 | 高冷村、纪登村、绍洞村、育洞村、朱冠村 | 顿路村、归德村、旧洞村、上洋村、下洋村、西迷村、宰蒙村 | 绞洞村、洋卫村 | | |
| 11 | 双江乡 | 黄岗村 | 四寨村、寨高村 | — | | |
| 12 | 岩洞镇 | 述洞村、岩洞村、宰拱村、竹坪村 | 大寨村、小寨村 | | | |
| 13 | 永从乡 | 豆洞村 | 九龙村、中罗村 | | | |
| 14 | 肇兴镇 | 肇兴中寨村、纪堂村、纪堂上寨村、堂安村、肇兴村 | 肇兴上寨村、厦格村、厦格上寨村 | | | |
| 15 | 水口镇 | — | 东郎村、花柳村、南江村、茨洞村、宰洋村宰直寨 | — | — | 胜利村 |
| 16 | 中潮镇 | — | — | | | 上黄村兰洞寨 |
| 17 | 口江乡 | — | 银朝村 | — | 朝坪村 | — |
| 18 | 龙额乡 | — | 上地坪村 | | | |
| 19 | 德化乡 | — | 高洋村、下洋村 | 俾翁村 | — | |
| 合计 | 19 | 36 | 40 | 4 | 2 | 5 |

第一至五批共87个。第一批36个，第二批40个，第三批4个，第四批2个，第五批5个。涉及19个乡镇。

资料来源：中国传统村落管理信息系统（住房和城乡建设部）。

（5）乡镇层面：个别乡镇密度较高，大多数乡镇数量不多。在黔湘桂侗族传统村落分布的 120 个乡镇中，96 个乡镇有 1~3 个，21 个乡镇有 4~9 个，3 个乡镇有 10 个以上。24 个乡镇的侗族传统村落数量在 4 个以上，分布为：贵州 16 个，广西 5 个，怀化 3 个。数量超过 10 个的 3 个乡镇是黎平县尚重镇（14 个）和茅贡镇（12 个）、从江县往洞镇（10 个），都属于黔东南苗族侗族自治州。另外一些知名的侗乡，如肇兴镇（8 个）、九潮镇（7 个）、坝寨乡（7 个）、水口镇（6 个）、岩洞镇（6 个）等也都有 6 个或以上。

### 三、聚落群空间分布特征

"聚落"，是指人聚居的地方或村落。而"聚落群"是指聚落以血缘或交往相处为纽带近距离相聚在一起从而形成的一种特定空间与遗存形态。我国侗族有聚族而居的特点，聚落群分布也是黔湘桂侗族聚居的一大特征。

（1）黔湘桂侗族聚居区形成了许多以传统村落为核心的大小不一的聚落群，呈集聚状态分布。历史上，黔湘桂侗族聚居区常以"款"相称，"大款"代表一个较大的侗族聚落群，"小款"代表较低层级的聚落群或村寨。譬如至今在黔东南民间还流传着"六洞"称谓，它指的是现今黔东南从江县贯洞镇辖地和黎平县皮林、顿洞、肇兴等地。历史上，"六洞"是由六个侗族村寨群组成的一个"大款"（大聚落群），它辖六个"小款"（小聚落群），合称"六洞"，其古称分别为：①八百贯洞；②四百云洞、七百龙图；③五百洒洞；④塘洞；⑤肇洞；⑥顿洞[1]。每个小款由一个或多个自然侗寨组成，从聚落的角度看，"六洞"就是由众多小聚落或聚落群组成的一个大的聚落群。许多历史上的侗族聚落群都延续至今，形成了以传统村落为核心的聚落群，如上述的"六洞"中的"肇洞"，现在以肇兴大寨为核心加之周边的 30 余个侗寨组成了规模较大的聚落群，列入《中国传统村落名录》的就有肇兴村、肇兴中寨村、肇兴上寨村、堂安村、纪堂村、纪堂上寨村、厦格村、厦格上寨村等 8 个。在侗族传统村落集中地域，类似的还有不少，如黎平县以西迷、朱冠、绍洞等十余个传统村落为代表组成的"四十八寨"；黎平县以三龙、竹坪、新洞、岩洞、朋洞、述洞、己炭、铜关、寨拱、摆东、觅洞、四寨、坑洞等十三个侗寨组成的"十洞"聚落群，传统村落占一半以上；榕江县以传统村落本里、保里、大瑞为核心组成的"七十二寨"；三江县以平寨、岩寨、马安寨三个入选"中国世界文化遗产预备名单——侗族村寨"项目的侗寨组成的平岩侗寨等。

---

① 粟周榕：《六洞九洞侗族村寨》，贵州人民出版社，2011 年，第 4~5 页。

（2）跨行政区域的聚落群大量存在。由于行政区划因素的影响，不少侗族聚落群分属于不同的行政区域，但是，相互间来往仍然比较频繁，形成了跨行政区划的侗寨聚落群。侗族聚居区处于三省区交界地，地理位置交错穿插在一起，聚落群跨省级区划分布的现象大量存在。跨省区传统村落较集中的贵州黎平县洪州镇、湖南通道县独坡乡、广西三江县独峒镇组成的"三省坡"侗寨聚落群，包括了九江、平架、六爽、赏方、地坪、高定、林略、邑团、座龙、王马、唐朝等10余个传统村落；广西三江县林溪镇和湖南通道县几个乡镇组成的坪坦河流域侗寨聚落群，包括高友、高秀、高步片、高团、坪坦、横岭、中步等传统村落。跨市州、跨县区、跨乡镇的更多，如湖南怀化市通道县溪口镇、靖州县寨牙乡和邵阳市绥宁县乐安铺镇构成的跨市跨县聚居区；贵州省锦屏县茅坪镇与天柱县坌处镇、远口镇组成的沿清水江跨县聚落带；黔东南苗族侗族自治州有名的"九洞"聚落群，包括从江县的增冲寨、银潭寨、则里寨、占里寨、高阡寨、信地寨，榕江县的大利寨、宰荡寨，黎平县的登岑寨、述洞寨等诸多传统村落；榕江县"七十二寨"聚落群更是由乐里、仁里、平阳、寨蒿、崇义、两汪等多个乡镇的侗寨组成。

## 四、南侗和北侗分布特征

按照南侗、北侗的划分（为便于统计研究，以县为单位大体划分；由于人口杂居和插花地等情况，实际分布情况更为复杂），22个县区中，广西的3个县、贵州黔东南苗族侗族自治州的黎平县、从江县、榕江县和湖南怀化市的通道县属南侗地区；贵州铜仁市的6个县、贵州黔东南苗族侗族自治州的锦屏县、天柱县、镇远县、剑河县，湖南怀化市的会同县、靖州县、新晃县和湖南邵阳市的2个县属北侗地区。侗族传统村落在两大区域的分布为：南侗7县58乡镇193个村落，平均27.57个/县、3.33个/乡镇；北侗15县区62乡镇93个村落，平均6.2个/县区、1.5个/乡镇。比较可见，南侗地区总体数量多，分布密度大；而北侗地区总数较少，分布区域广，分布密度小。

由于南侗地区传统村落数量多、密度大，由此形成的聚落群也比较多，拥有侗寨传统村落的7个县聚落群特征都比较明显。而北侗地区，除锦屏县（启蒙以北部分）、天柱县、新晃县有一些聚落群外，大多数处于分散状态。如贵州省铜仁市石阡县，有13个侗族传统村落，分布在10个乡镇；湖南省怀化市会同县有17个侗族传统村落，分布在10个乡镇。

在与其他民族交错空间分布方面，南侗地区大杂居、小聚居特征比较明显，除通道侗族自治县是侗族人口居绝对多数，传统村落都是侗寨外，其他几个县还有苗族、瑶族、汉族、壮族等民族，但绝大多数传统村落都是一个村落一个民族，侗族传统村落居民基本都是侗族村民；北侗地区则不同，基本是一个村落同时有多个民族民众居住，侗族村民只占村落村民的一部分，如湖南怀化市会同县的第五批侗族传统村落——官舟村、盛储村、望东村、长田村、羊角坪村、白市村、邓家村、利溪村、市田村等都是侗苗汉、侗苗、侗汉民众杂居的村落。

虽然黔湘桂侗族传统村落只是分布在三省区交界地区，但涉及的地域仍然是比较广泛的。由于目前各地的交通通信、经济社会、文化教育等发展状况有差异，我们在保护、传承和利用中因地制宜，方能实现可持续发展。

# 第二章　侗族传统村落人口"空心化"治理

　　黔湘桂侗族传统村落人口与居民"空心化"的状况令人担忧，不仅影响到传统村落经济的发展，还影响到传统村落文化、教育、医疗卫生等诸多方面。对于传统村落的保护和发展。实施乡村振兴战略，解决"空心化"问题，是传统村落无法回避的。

　　村落是村民集聚生存的场所，"人口"是村落得以延续的前提，没有"人口"作为支撑的村落，势必会凋敝而湮灭在历史的尘埃之中。由于诸多方面因素的影响，黔湘桂侗族传统村落"人口"的流失程度比较严重，对传统村落的保护与发展产生了负面的影响。传统村落如何实现"人口"再集聚，进而顺应时代发展，在保护中焕发出旺盛的生命活力，在保护中寻找到自身的发展之道，已成为乡村振兴战略的重要内容之一。

## 第一节　侗族传统村落人口"空心化"及关联要素"空心化"

　　从 20 世纪 90 年代开始，黔湘桂侗族传统村落人口就陆续外出，经过累积，至今已达到相当的数量，对传统村落的保护和发展已产生极其负面的影响。

### 一、人口"空心化"基本状况

（一）户籍人口与常住人口的差距悬殊

根据黔湘桂侗族地区户籍人口与常住人口的统计数据，虽然各地情况不一，但总体上两者差距比较悬殊。

（1）黔东南苗族侗族自治州及州内五个侗族人口大县（黎平、榕江、从江、锦屏、天柱）侗族人口统计见表 2-1。其常住人口占户籍人口的比例在70%左右，2020年占比最低的天柱县仅 63.16%（见表 2-2）。

表 2-1　黔东南苗族侗族自治州及其五个侗族人口大县侗族人口统计表（2020）①

| 地域 | 户籍人口（万人） | 侗族人口（万人） | 侗族人口占比（%） |
| --- | --- | --- | --- |
| 黔东南苗族侗族自治州 | 488.64 | 149.04 | 30.50 |
| 黎平县 | 57.79 | 39.96 | 69.15 |
| 榕江县 | 38.39 | 14.53 | 37.85 |
| 从江县 | 39.07 | 15.56 | 39.83 |
| 锦屏县 | 23.90 | 11.96 | 50.04 |
| 天柱县 | 42.09 | 27.56 | 65.48 |
| 五县小计 | 201.24 | 109.57 | 54.45 |

表 2-2　黔东南苗族侗族自治州及其五个侗族人口大县人口统计表

| 地域 | 2000 年② | | | 2010 年 | | | 2020 年 | | |
| --- | --- | --- | --- | --- | --- | --- | --- | --- | --- |
| | 户籍人口（万人） | 常住人口（万人） | 常住人口比重（%） | 户籍人口（万人） | 常住人口（万人） | 常住人口比重（%） | 户籍人口（万人） | 常住人口（万人） | 常住人口比重（%） |
| 黔东南苗族侗族自治州 | 415.11 | 384.46 | 92.62 | 453.50 | 348.52 | 76.85 | 488.64 | 375.86 | 76.92 |
| 黎平县 | 49.35 | 45.85 | 92.91 | 52.13 | 39.16 | 75.12 | 57.79 | 41.28 | 71.43 |
| 榕江县 | 31.48 | 30.03 | 95.39 | 35.11 | 28.68 | 81.69 | 38.39 | 29.75 | 77.49 |
| 从江县 | 30.77 | 30.15 | 97.99 | 34.00 | 29.13 | 85.68 | 39.07 | 31.38 | 80.31 |
| 锦屏县 | 21.42 | 19.04 | 88.89 | 22.57 | 15.51 | 68.72 | 23.90 | 15.51 | 64.89 |
| 天柱县 | 39.45 | 34.83 | 88.29 | 40.21 | 26.42 | 65.71 | 42.09 | 27.35 | 63.16 |

由表 2-2 还可以看出，2020 年与 2000 年相比较，黔东南苗族侗族自治州及其五个侗族人口大县的户籍人口数量都有所增长，有的增长了 20 个百分点左右，但常住人口除从江县外都有减少，常住人口占户籍人口的比重都在不断下降。

① 本表及书中列表涉及县以上的统计数据均来源于各地统计年鉴。
② 本表中 2000 年数据为第五次人口普查数据。

（2）三江侗族自治县是广西壮族自治区唯一的侗族自治县，其中侗族人口占总人口的58%。2000年全县户籍人口为33.80万，常住人口为30.41万，常住人口比重为89.97%；2019年，全县户籍人口为40.46万，常住人口为31.47万，常住人口比重约为77.78%。常住人口比重也在下降。

（3）侗族传统村落的常住人口与户籍人口的差距也较明显。如榕江县栽麻镇的大利、宰荡、苗兰、归柳四个列入《中国传统村落名录》的村落，2018年实地调研的人口数如表2-3，常住人口在70%以上的仅有宰荡村，其余3个村都低于70%，归柳村更是在60%以下。

表2-3　榕江县栽麻镇四个侗族传统村落人口统计（2018）

| 传统村落 | 户数（户） | 户籍人口数（人） | 常住人口数（人） | 常住人口比重（%） |
|---|---|---|---|---|
| 大利 | 308 | 1308 | 900 | 68.81 |
| 宰荡 | 325 | 1534 | 1200 | 78.23 |
| 苗兰 | 250 | 1206 | 756 | 62.69 |
| 归柳 | 484 | 2248 | 1285 | 57.15 |

黎平县水口镇滚正村是侗族世居村落。2019年户籍人口379人，常年在外务工的人员180人左右。黎平县岩洞镇铜关村，2019年户籍人口1796人，侗族人口占93%，外出务工人员达569人。

2017—2018年，有课题组曾对湖南省怀化市的25个侗、苗村落（其中侗族村12个，158人）进行调研，收回有效问卷330份。问卷显示，涉及的330个家庭中共有户籍人口1386人，其中18~60岁的青壮年734人。但常住人口的数量与之相差较大，330个家庭中有35个家庭基本外出不回村，295个家庭只有812人留守在村落，也就是说，常住人口仅占58.59%[①]。

## （二）县域城镇化的不断推进，促使传统村落人口向县域城镇集中

常住人口与户籍人口数量的差距，反映了人口流出区域的状态，说明了传统村落实质性的"空心化"。还有一种状态也在一定程度上导致传统村落的"空心化"，即县域城镇化的不断推进，促使传统村落人口向县域城镇集中，虽然就县域内而言，既是户籍人口，也是常住人口，但在传统村落中生产生活的

---

① 吴堃：《法律视角下边缘侗苗族空心村的形成与治理探讨》，《黑龙江政法管理干部学院学报》，2020年第1期，第9~10页。

时间大幅度缩减，从一定意义上看，这也是一种"空心化"。

从湖南省怀化市及市域侗族自治县城镇化进程表（见表 2—4）中可以看出，拥有 80 余万侗族人口的怀化市的城镇化率已由 2000 年的 22.94％上升到 2019 年的 49.03％，其市域内的通道、芷江、新晃 3 个侗族自治县的城镇化率上升都大于 20 个百分点。可见，原居住在乡村的居民大幅度移居到县域内的城镇。

表 2—4　怀化市及市域侗族自治县城镇化进程表　　　　单位:％

| 区域 | 2000 年 | 2010 年 | 2019 年 |
|---|---|---|---|
| 怀化市 | 22.94 | 36.09 | 49.03 |
| 靖州县 | 33.64 | 39.48 | 49.50 |
| 通道县 | 15.96 | 23.99 | 41.27 |
| 芷江县 | 13.11 | 25.46 | 41.10 |
| 新晃县 | 15.45 | 25.34 | 45.25 |

贵州省黔东南苗族侗族自治州的城镇化率由 2000 年的 17.96％上升到 2020 年的 51.00％，上升幅度超过 30 个百分点，州域内侗族人口大县的城镇化率也都提高了 30 个百分点左右。

贵州省玉屏县的城镇化率由 2000 年的 30.23％上升到 2019 年的 56.00％，上升幅度超过 20 个百分点。

广西壮族自治区三江侗族自治县的城镇化率由 2000 年的 9.03％上升到 2020 年的 29.04％，上升幅度达 20 个百分点。

村落人口向县域内城镇集聚主要有三种形式：一是在城镇特别是县城有了稳定的就业，在城镇定居，基本不回乡居住；二是在城镇谋生但没有稳定的就业岗位，或者是陪伴子女就学等，会在周末、学校寒暑假、农忙时节、民族节庆等时候回到村落中居住，时间或长或短，不固定；三是整体搬迁到城镇居住。

这种因为城镇化引起的村落常住人口减少，虽然与长期外出异地务工导致的有所不同，但也在一定程度上加剧了村落的"空心化"程度。

## 二、关联要素"空心化"及其负面影响

对于传统村落的保护与发展来说，人口的"空心化"无异于釜底抽薪，其带来的关联要素"空心化"及其诸多负面效应，使得传统村落逐渐凋敝，甚至消失。

## （一）住宅"空心化"，村落走向衰弱

外出人员的增多，居住在村落人口的逐渐减少，使得不少的农户住宅人去楼空，也呈现"空心化"的状况。住宅空置在黔湘桂侗族传统村落中比较普遍，有的是传统干栏式的木质吊脚楼，有的还是近些年修建的砖混楼房，常年大门紧锁，无人居住。例如，前述调研的怀化市 25 个侗、苗村落 330 个家庭，外出人员超 40％。留下完全无人居住及无人照看的住宅 16 栋，占比 4.85％；仅有 1 人居住或委托他人照看的 68 栋，占比 20.61％；有约 1/4 的住宅"空心"。

传统村落住宅"空心化"大体呈三种状态：第一种是房主长年不回来居住。一般是因就业、投亲等因素举家迁徙了，路途遥远，多年难得回村一次，住宅荒弃。第二种是村落中有大型的民族节庆活动或者婚丧嫁娶时才回来居住。这类房主一般也是举家迁徙了，但多数居住在县城或县内的中心城镇，也有的住在附近的县市，距离不是太远。第三种是每年在相对固定的时间回来居住，像候鸟式的。这类房主多是在外务工或有子女在外求学，受学校寒暑假、国家法定节假日或农业生产周期的影响，暂时回来居住。村落中那些近些年新修的但又常空置的住宅的房主多是这一类。

## （二）产业"空心化"，经济更趋衰弱

正是经济的落后才导致传统村落人员外流，呈现人口"空心化"；而人口的"空心化"又进一步使劳动力减少，使得产业发展"空心化"，经济发展更趋衰弱。

历史上，黔湘桂侗族传统村落一直从事着以粮食种植业为主的传统农业，辅之以一些林木种植、蔬果种植和畜牧养殖业等，产业结构单一。由于生产规模小、产量少、缺乏特色，产出主要用于自给，没有太多的经济效益。青壮年劳动力大量外流后，村落中常住的人口是老人、小孩和家中有拖累的妇女，只能从事些力所能及的生产活动，要大力发展农业生产不太现实。在有些家庭，外出务工人员收入较高，更是减少了农业生产，家中的米、油都是购买的，不再自己生产，家中只是种植些日常食用的蔬菜。农田的撂荒现象并不少见。

资金、技术、人员要求高的第二产业在传统村落基本看不到。以民族风情旅游为主的第三产业也只是在个别资源、区位、交通较好的村落发展起来了，普遍推广难度较大，也尚需时日。

（三）人才空，可持续发展艰难

人口的大量外流，也必然导致经济社会发展所需的各类人才外流，传统村落的可持续发展更加艰难。

乡土"能人""土专家"，都有着一技之长，属于村落中具备较高能力和素质的一批人。他们有着较强的学习能力，更容易在城市、城镇谋生，也更能适应城市、城镇的生活。在外出务工的潮流中，传统村落中的绝大部分或者是全部"能人""土专家"都选择了外出谋生，并且在城市、城镇立足，使得传统村落的可持续发展失去了核心的发展力量。

同样因为能力的原因，传统村落发展的领导力量——村党支部、村委会的人员构成也受到影响，"两委"成员学历层次低、年龄偏大、能力偏弱、新信息接受较慢的现象普遍存在。2019年，对贵州榕江县栽麻乡9个侗族村寨的"两委"班子成员的调研显示，学历构成以初中为主，高中以上极少；年龄在40~70岁之间，明显偏大；QQ、微信等交流手段使用较少；"抖音""快手"等现代社交媒体基本不会使用。"两委"主要负责人对村级事务的管理停留在上级文件精神的传达和村落日常秩序的维护上，对于村落的可持续发展是心有余而力不足。

高学历人才不愿回乡也是"人才空"的重要因素之一。一些传统村落有着深厚的文化底蕴，培育并输送出了不少的大学生以及更高学历的人才，但学成之后回乡发展的屈指可数。如榕江县大利侗寨，输送出的大学生有100多名，但仅有1名（高职毕业）回到村寨；宰荡侗寨输出的也近百位，但没有1名返村。类似的情况在传统村落比比皆是，发展后劲匮乏。

（四）文化空，发展底蕴不断消逝

由于人口的"空心化"，传统村落的"文化"也逐渐"空心化"，发展底蕴在不断地消逝。

一方面，现代中小学教育逐渐"空心化"。人口的外流，必然导致青少年人口随之减少，从而进一步导致学校数量和在校人数减少，使得传统村落的中小学教育趋于"空心化"。表2-5为2002年、2010年和2020年三个时间点的黔东南苗族侗族自治州5个侗族人口大县中、小学数量及在校学生数量。可见，在学校数量上，不论是中学还是小学都呈减少趋势，特别是小学的数量减少非常明显。在调研中还发现，原来设立小学的侗寨，现在许多只是教学点，或者完全撤销；原来设立教学点的，大多撤销了。小学生上学的困难越来越大。在校学生数量也呈递减趋势，2002 年为 289169 人，2010 年为 263385 人，2020 年为 262357 人。与之相对比的户籍人口基数是，2010 年较 2000 年增加 10 余万人，而 2020 年较 2010 年又增加 17 余万人。一增一减，两种相反的趋势，显现出传统村落文化教育的窘境。

表 2-5　黔东南苗族侗族自治州五个侗族人口大县中、小学数量及在校人数统计表

| 地域 | 2002 年 | | | | 2010 年 | | | | 2020 年 | | | |
|---|---|---|---|---|---|---|---|---|---|---|---|---|
| | 中学 | | 小学 | | 中学 | | 小学 | | 中学 | | 小学 | |
| | 数量（所） | 在校人数（人） | 数量（所） | 在校人数（人） | 数量（所） | 在校人数（人） | 数量（所） | 在校人数（人） | 数量（所） | 在校人数（人） | 数量（所） | 在校人数（人） |
| 黎平县 | 31 | 19873 | 279 | 62089 | 27 | 31889 | 217 | 41571 | 25 | 28917 | 83 | 46475 |
| 榕江县 | 17 | 13955 | 159 | 38959 | 24 | 20871 | 111 | 32681 | 13 | 20765 | 45 | 34459 |
| 从江县 | 17 | 7640 | 201 | 37920 | 22 | 22450 | 119 | 33821 | 19 | 18542 | 81 | 34309 |
| 锦屏县 | 15 | 13544 | 166 | 25767 | 18 | 15915 | 112 | 16765 | 11 | 12289 | 42 | 16659 |
| 天柱县 | 27 | 23567 | 163 | 45855 | 21 | 22618 | 57 | 24804 | 14 | 20008 | 49 | 29934 |

资料来源：根据历年《黔东南州统计年鉴》整理。

另一方面，传统文化传承"空心化"。首先，拥有传统技艺的手艺人大多外出谋生创业，使得侗寨留存的传统文化内容在减少。其次，青壮年人口的外流，使得村落传统文化的传承断档，加之小学生住校越来越普遍，传统文化"无人可授"的困境越来越突出。在侗寨中，会说侗话的青少年越来越少。再次，民族习俗、民族节庆越来越无人问津。许多侗寨只是在春节期间，回乡过年人数较多时开展一些民俗活动，平时基本不开展民俗活动。社会传承效果衰减。

## 第二节　侗族传统村落人口"空心化"的治理方略

黔湘桂侗族传统村落"空心化"的原因是多方面的，其中，经济因素是最关键的。要改变"空心化"的状况，促使传统村落实现振兴，实现较好的保护和传承，需要从发展经济入手，多方面努力。

### 一、着眼乡村振兴，构建产业兴旺路径

产业兴旺是乡村振兴的题中要义，要解决黔湘桂侗族传统村落人口的"空

心化"问题，首先要解决经济发展问题，增加村民经济收入。由此，着眼乡村振兴，构建传统村落产业兴旺之路尤为重要。

### （一）优化产业结构，高质量推进农业现代化

农业是侗族传统村落的传统产业，也是长期以来传统村落赖以存续的产业，可优化产业结构，推动传统村落优势特色产业效益提升，促进传统村落农业现代化的高质量推进。

按照因地制宜的原则，结合传统村落具有优势的特色农林产品，采取"一乡一品""一村一品"等方式，培育壮大传统村落的农业主导产业。近几年，侗族传统村落所在市州、县都推出了一些农业发展重点产业，传统村落可以根据自身的实际条件，发展油茶、茶叶、食用菌、中药材、精品水果、蔬菜、烤烟、生态家禽、生态渔业等具有区域特色的优势产业，提升经济效益，推进具有山地特色的农业现代化。

调整农业种植结构，提高农田综合生产能力，推进高标准农田建设，加强农田水利、道路等农业基础设施建设，改善节水灌溉技术装备条件，提高设施农业水平，健全高标准农田设施管护机制。推进优质稻（种）、优质蔬菜、特色小杂粮等特色种植业高效发展。

推行生猪、牛、羊、生态家禽（小香鸡、鸭、鹅）、生态渔业（"稻+"养殖模式、库塘生态渔业等）、蜜蜂等养殖业发展，以生态标准提升养殖业水平，提升市场竞争力。

同时，在农业发展主体上，加快农业种养大户、家庭农场、农业庄园的培育和发展，增强农业生产主体的实力；不断培育和推广农民专业合作社，通过专业合作社的作用，带动村寨经济的发展；进一步发展和完善乡村农业社会化服务组织，强化其服务主体地位和支撑作用，多方解决农业生产的后顾之忧。

### （二）促进农产品精深加工，推动生态特色食品产业品牌化

第二产业是侗族传统村落产业发展的弱项，在目前乃至今后一段时期，要发展现代制造业的前景并不乐观，其发展方向应着眼于农业特色产品的精深加工，以生态特色食品产业品牌化作为第二产业发展的引擎。

目前，传统村落可以立足于各自的特色食品产业，如酸汤、蓝莓、茶叶、肉制品、粮油、酒等，大力发展酸汤、茶叶、茶油等生态特色食品，构筑像黔东南苗族侗族自治州的"苗侗山珍"等类似的区域品牌，切实从农业中抓出工业，力争将传统村落分布区域打造成具有一定知名度的绿色食品工业基地，将

生态特色食品加工产业培育成侗族聚居区的重要支柱产业。

（三）依托民族风情资源，大力发展民族村寨旅游业

侗族聚居区保留着浓郁的民族风情，有着"百节之乡"的美誉，有着鼓楼、花桥、吊脚楼等独特的民族建筑，还有着侗族大歌、侗族萨玛节、月也、侗戏等丰富多彩的非物质文化遗产，它们都是具有广阔市场前景的宝贵的旅游资源。而且，黎平肇兴、通道皇都、三江"程阳八寨"等一些传统村落在民族风情旅游的开发上已做出了典型的示范作用。以打造侗族传统村落旅游目的地为战略定位，充分发挥民族文化优势，三省区侗族聚居区政府应合力推进旅游设施、产品、品牌、配套服务"四个体系"建设，加快旅游资源全域整合，提升传统村落的影响力，打造一批知名的侗族传统村落旅游目的地。像通道坪坦河流域侗寨群、黎平百里侗寨、榕江三宝侗寨、从江七星侗寨、三江高友侗寨等都具有深度开发的前景，市场潜力巨大。

三产同步发展，三产相互融合，合力推动侗族传统村落的经济发展，才能为侗族传统村落的保护和发展奠定稳固的人力资源基础。

## 二、优化公共服务体系，切实保障和改善民生水平

紧紧围绕侗族传统村落村民的生产生活，加快实施基本公共服务均等化、标准化、优质化，进一步补齐教育、医疗、文化体育、社区服务等民生保障短板，确保基本公共服务覆盖全体传统村落村民，增进村民的获得感、幸福感和安全感，增强留在传统村落生产生活的意愿。

（一）加大传统村落基础设施建设的投入

根据传统村落"空心化"的实际情况，利用乡村振兴、美丽乡村建设等战略工程，加大基础设施投入，在农村道路施工工程、农村义务教育、文化体育设施、养老保险和医疗保险等村寨公共产品方面提高供给效率。

（二）加快基础教育提质扩容建设

通过扩大优质资源覆盖面，促进城乡教育资源互通互享，尽快解决城乡教育不均衡的现象，使传统村落的基础教育得到扩容提质。

在学前教育方面，增加普惠学前教育资源供给，加大传统村落幼儿园规划建设力度，增加公办幼儿园的设置和建设。如果资金困难，可以利用传统村落已有的公共服务设施、村小学闲置校舍等资源，以租赁、租借、划转等形式举

办公办幼儿园。同时，还可以引导社会力量建设普惠性幼儿园，通过购买服务、综合奖补、培训教师等方式，增加对普惠性民办幼儿园的支持力度。

在小学教育方面，推进教育布局调整，依托学区化、集团化办学的推进形势，持续推进城乡义务教育优质均衡发展和城乡一体化。在设置乡镇级标准化寄宿制小学的同时，根据传统村落人口的不同数量，开设小学教学点，至少力争列入《中国传统村落名录》中的侗族传统村落都拥有本村寨的小学教育。

### （三）依托乡村卫生服务一体化提升村级医疗卫生服务能力

全面推行乡村卫生服务一体化管理，筑牢村级医疗卫生服务网底，提升传统村落卫生服务能力建设。

### （四）加强公共文化产品和服务供给

以完善村寨综合文化服务中心为重点，以流动文化设施和数字文化设施为补充，加强公共文化产品和服务供给。根据传统村落的实际情况，可以大力推进建设集宣传文化、党员教育、科技普及、普法教育、体育健身等功能于一体的村寨公共文化服务中心，配套建设村民文体活动场地。

农村公共服务体系涉及的内容较多，关系着传统村落产业发展基础的奠定和村民安居乐业的心理构建，需要不断地完善和优化。

## 三、实施人才战略，助推传统村落持续发展

传统村落的保护和发展需要人才支撑，人才是传统村落振兴的基础。只有夯实人才基石，才能保证传统村落稳步向前发展。因此在传统村落保护与发展过程中，应当紧紧抓住"人"这个关键要素，通过完善各项保障制度，积极培育各类专业人才，大力鼓励人才返乡，逐步建立起一支稳定的促进传统村落保护与发展的人才队伍。

### （一）培育农村产业专业人才队伍，完善人才选拔机制

要实现传统村落的振兴，解决传统村落的"空心化"，必须依靠具有较高文化素质、掌握产业技术、擅长经营管理的产业发展队伍。一方面，在传统村落内部，积极培养爱农业、懂技术、会管理的村干部及年轻人才，通过科技特派员的指导和帮助、农技部门的田间地头及村组培训、州市县组织的外出进修培训及参观学习，以及委派到农业产业化龙头企业跟班等形式，将农村年轻一代培养成具有产业技能和经营管理水平的人才，帮助他们成为振兴传统村落的

主体。另一方面，在引进农业产业的同时，积极引进技术、经营和管理人才，通过人才政策，让他们安心在侗族传统村落分布的乡村工作，用自身的技术和能力为传统村落振兴服务，同时还可以通过培训、辅导等方式，为传统村落培养更多的乡村产业人才。

### （二）坚持农村人才教育，强化人才选拔和激励保障机制

（1）加强农村教育是传统村落人才培养的重要内容。一方面要引导黔湘桂侗族聚居区的本科高校、高职院校、中等职业技术学校的涉农专业、经济管理类专业加快"应用型"转型，面向包括传统村落在内的广大乡村在植物保护、中药材种植、民族食品研发、质量检测、市场营销、企业管理等方面培养中高级应用型人才。同时，加强黔湘桂侗族聚居区职业技术学院和中职学校的建设，面向包括三省区传统村落在内的乡村产业发展，进一步优化办学方向和学科、专业设置，培养新型乡村实用人才。另一方面，在开展田间地头培训和外出进修培训的同时，充分利用网络平台，搭建新型职业农民培训平台等形式向农民传授农业产业发展的技术、经营、管理等方面的知识，提高其人力资本含量并激发其创新活力和经营能力。通过多途径的人才培养行动，造就和培养大批有文化、懂技术、会经营的新型职业农民。

（2）加快乡村振兴战略的实施，推进乡村基础设施建设，改善人居环境，优化生活工作条件，为吸引人才、留住人才提供相应的保障条件，首要的是将传统村落输送出去的涉农、经管及相关技术专业的大中专院校毕业生吸引回家乡；同时，还要吸引传统村落的村民留在村寨，让外出务工的村民愿意回到村寨，并通过农业生产、创新创业为传统村落振兴作贡献。

### （三）扶持产业能人、大户，培养产业发展带头人

在黔湘桂侗族聚居区的一些地处偏远、经济相对落后的乡村，龙头企业难以顾及，合作社建立也比较困难，产业发展困难重重。这就需要对乡村的能人、大户进行扶持，通过创新能人、大户的培育机制，培养产业发展的带头人。"榜样的力量是无穷的"，传统村落的村民对身边能人、大户都非常信任，愿意学着他们干，愿意跟着他们干。有本村寨能人、大户的带领，传统村落的产业发展就有了领头羊。

### （四）积极引进人才，鼓励各类人才资源向农村流动

（1）在外出务工人员中，"回引"一批眼界宽、思路活、资源广、有资本

的企业家、知名人士或务工人员回到传统村落任职或创业。以乡村振兴的配套政策为支撑，这一类人可以在村"两委"、农村合作社或其他基层组织任职，带动其他村民创新创业、谋求发展。通过出台更优惠的政策、搭建更实用的平台、提供更优质的服务，进一步激发各类人才返乡创业就业的积极性。

（2）地方各级建立专业人才、党政人才下乡服务的机制，促进传统村落的振兴。在黔湘桂侗族聚居区全面建立高等院校、科研院所等事业单位专业技术人员到传统村落挂职、兼职和离岗创新创业制度、科技特派员制度，吸引、支持企业家、党政干部、专家学者、技能人才等通过到传统村落担任志愿者、投资兴业、包村包项目、捐资捐物等方式服务传统村落振兴。

（3）实施高校毕业生乡村成长计划。鼓励高校毕业生到传统村落这一级的基层岗位参与支农、支教，担任村干部，打通高校毕业生服务乡村振兴职业发展通道。

### 四、加强"两委"建设，发挥龙头作用

在传统村落的保护与发展中，作为基层组织最核心的村党支部和村委会的作用至关重要，加强"两委"建设，关系到传统村落建设"领头雁"和"龙头"作用的发挥。

#### （一）加强党支部建设，充分发挥战斗堡垒作用

1. 调整村党支部领导班子结构，增强带领村民致富的战斗力

要进一步完善村党支部班子成员的培养选拔机制，促进领导班子结构合理化。一是继续完善驻村第一书记的制度，从乡镇以上政府机关、事业单位、高等学校、科研院所中选派文化程度高、政治素质高、带富能力强、协调能力强、有一定实际工作经验的中共正式党员担任。二是对党组织建设相对薄弱的传统村落进行整治，把优秀的党员招进村支委班子，特别是选出一位村民公认的高素质村支书。三是鼓励大学生村官到传统村落任职，为传统村落带去先进的思想观念和生产技术，为农村基层党组织建设注入活力。

2. 提升党支部领导班子致富战斗力

传统村落"空心化"的主要症结就是贫困，要解决这一关键问题，就迫切需要村党支部在村级经济发展和带领村民致富上发挥重要作用。要使支委在思想上树立起经济发展的工作目标和意识。村党支部的战斗堡垒作用在经济建设上也要充分发挥出来，才能真正做到"两手抓，两手都要硬"。

### 3. 普遍提升支委和党员能力

传统村落的支委是带领村民脱贫致富和促进村落社会发展的领头人，要真正起到模范带头作用。村党支部要在加强支部班子建设的同时加强全体党员队伍的建设，不仅要提高他们的工作能力，还要提高他们带领村民致富、带头促进乡村振兴所需的各方面能力。促使支委和全体党员不仅要发挥带头示范作用，还要在村落经济社会发展和村民家庭个人的发展中发挥生产组织、技术传授、扶危济困、经济帮扶等方面的作用，促进村落的全面发展。

### （二）完善自治管理制度，保障村委会经济服务功能

#### 1. 充分发挥村民自治作用

党的十九大报告提出要建立"三治"融合的乡村治理体系，"三治"，即自治、法治、德治。这就要求在传统村落"空心化"治理中，激发村民参与村寨治理的热情，发挥村民主体作用，充分利用公共文化宣传场所以及新媒体平台向群众宣讲相关法律、法规、政策，加强民主法治，改变村民的一些传统观念，提高村民参与村级管理的自觉意识；同时，利用"两微一端"等网络课堂培训教育手段，提高村民的知识水平，打造一批有知识、有能力参与传统村落治理的新农民，充分发挥村民自治组织在乡村振兴和传统村落发展能力再造过程中的主体作用。此外，通过新乡贤引领带动，大力宣传弘扬社会主义核心价值观，发扬中华民族勤俭节约、艰苦奋斗的传统美德，逐步营造符合时代发展要求的道德规范，营造新的村寨德治氛围[①]。

#### 2. 加强村委会经济服务功能

村委会在经济建设方面主要发挥的是服务性的职能。在传统村落的经济建设中，村委会一要规划好村寨的经济发展方向，要通过反思传统产业、考察市场等方式，发现和发掘出特色农业产业，确立农业发展的主攻方向。二是要加强与外部的联系，利用村落现有的资源开展招商引资，力争在特色种植、特色养殖及特色农产品加工方面有较大的突破；一些适合的其他工业企业也可以适当引进。三是村寨旅游规划及其建设实施也应成为村委会的重要工作。在传统村落，村民的整体素质水平不高，村委会及其成员应该具有长远的经济发展眼光和经济决策能力、实践能力，这样才能够推动传统村落经济和社会的持续健康发展。

---

① 许鹏敏：《乡村振兴战略下"空心村"治理研究》，山西大学，2020年，第27页。

### 3. 要培育新型现代农民

由于诸多因素的影响，传统村落的村民大多只注重自身的生产生活，对于政治生活和农村建设缺乏必要的关注。因此，村委会要以提升农民思想水平的方式，带动整个村寨的文化建设，从而发挥文化发展对经济建设的反作用。应该通过教育和宣传的方式，引导农民获得专业化的知识和素养，在机械化和现代化的农业生产中，进行自我提升和自我管理，从而取得更好的经济收益[1]。

在传统村落的基层组织中，党支部是核心。村党支部要充分发挥出核心领导作用和协调作用，形成党支部引领、村委会负责、社会协同、公众参与、三治融合的适应现代发展的经济社会治理体系，促使传统村落"产业旺""人气旺"，进而实现传统村落经济社会的全面发展和进步，推动传统村落的保护和发展。

---

[1]　刘瑜：《河北省贫困村两委建设研究》，河北师范大学，2017 年，第 43 页。

# 第三章　侗族传统村落建筑保护

侗族传统村落建筑是侗族村落风貌最显著的外在表现，是传统村落的"形"。但由于岁月的侵蚀和洗礼、易于火患的木质材料、乡村旅游设施建设的冲击、村民对住宅改善的需求，以及传承人才的匮乏等因素的影响，侗族传统村落建筑的保护已是负重前行。从规划入手，采取系统性的措施对侗族传统村落建筑予以保护已然十分必要。

建筑是传统村落最显著的外在表现，是传统村落的"形"。黔湘桂侗族传统村落保存有大量的传统建筑，这些传统建筑遗存了传统村落的原始风貌，遗存了传统村落的建筑技巧和建筑风格，遗存了传统村落人们的智慧和审美，遗存了传统村落的人情世故、民风民俗，更是遗存了村落传统的物质环境和社会环境，为传统村落的保护和发展提供了诸多宝贵的有形与无形的条件。

## 第一节　侗族传统村落建筑的特点及其价值

侗族传统村落的建筑多是历经了沧桑岁月的传统建筑，拥有着自身的建筑特点，同时也具有自身的文化、审美等特征。

### 一、侗族传统村落建筑分类

侗族传统村落的建筑多种多样，根据使用对象，大致可分为居住建筑和公共建筑两大类。

#### （一）居住建筑

居住建筑是侗族传统村落村民生活居住的建筑物，千百年来，侗寨村民饮食起居、纺纱织绣、行歌坐月、婚丧嫁娶、生儿育女等活动都在这里展开。侗寨传统民居大多属于典型的干栏式木楼建筑，三层的居多。因地势变化，外部形制还可分为高脚楼、吊脚楼、矮脚楼和平地楼，其中高脚楼和吊脚楼在传统侗寨最为常见。

（二）公共建筑

公共建筑是侗寨村民为开展聚众议事、迎神祭祀等公共活动以及为村民提供生产生活便利而修建的建筑物。侗寨中的鼓楼、风雨桥、萨堂、戏台、寨门、井亭、路亭、禾晾等都属于公共建筑。其中鼓楼、风雨桥最具典型。

1. 鼓楼

鼓楼（见图 3-1[①]）是侗寨的象征性建筑，在南侗地区，有着"建侗寨必先建鼓楼"的习俗，有侗寨就必有鼓楼。鼓楼既是侗寨村民聚众议事的社会活动中心，又是侗寨政治、文化活动场所。侗寨的讲款仪式、节日庆典、月也、踩歌堂、摆古纳凉以及历史上的示警抗敌都在这里进行。一个侗寨鼓楼的数量一般与居住的房族有关，一个房族建一个鼓楼，或多个房族合建一个鼓楼，像贵州黎平县的肇兴大寨就有 5 座鼓楼，分别由仁团、义团、礼团、智团、信团五大房族修建。

**图 3-1　从江县小黄侗寨鼓楼**

---

① 本书图片除注明作者或出处外，均为著者拍摄。

**2. 风雨桥**

风雨桥也被称为"花桥"。由于侗寨多依山傍水而建，所以风雨桥在侗寨很常见。风雨桥大多修建在村寨下方的河面上，常常是侗寨与村民耕地之间的重要连接通道，也有建在村寨之中或田野之中的溪河之上的。风雨桥既是村民生产生活的重要通道，也是村民们劳动之余、闲暇之时休憩、闲坐、交流的场所。

**3. 戏台**

侗戏是侗族为数不多的戏剧剧种中最有影响力的剧种，侗寨村民对侗戏情有独钟。为表演和观看侗戏，侗寨普遍建有戏台，如贵州省从江县境的330个侗族聚居的自然寨中，就有戏台240余座；贵州省黎平县茅贡镇的高近古戏台（见图3-2）始建于清乾隆年间，距今已200多年。

图3-2 贵州省黎平县茅贡镇的高近古戏台

**4. 寨门**

寨门是侗寨区域边界的标志，体现着侗寨自然与人文的和谐统一。早期的寨门多位于山边、溪河边等地势高峻或险要之处，易守难攻，具有一定的防御性。随着时代的变迁，寨门的防御功能已经渐渐消逝，有些寨门也因此而逐渐消失。过去，从江县高增侗寨曾有12个寨门，黎平县肇兴镇堂安侗寨曾有7个寨门（见图3-3），但现在遗存的只有寥寥数个。遗存寨门的功能也有了一定的变化，主要是村寨的标识，也是村寨重要的景观节点，村寨许多迎来送往的集体仪式常在这里举行。侗寨寨门根据外形特征可分为独立式、门楼式（见图3-4）和桥亭式①三类，具体形态则呈多样性。

---

① 方磊：《融合与共生：通道坪坦河流域侗寨寨门研究》，《民族论坛》，2015年第5期，第13页。

图3-3　贵州省黎平县肇兴镇堂安侗寨寨门之一

图3-4　广西壮族自治区三江侗族自治县平岩侗寨岩寨寨门

5. 萨堂（萨坛）

萨堂（见图3-5）是侗寨里具有神圣性的建筑。萨玛（亦称"萨岁""始祖母"），是侗族祖灵崇拜的核心。侗寨一般都建有祭祀萨玛的萨坛、萨堂，现在也是侗族著名的"萨玛节"举行的重要场所。萨堂，常是一简朴矮小的建筑物，室中积一白石堆，中插一半开半合、上披红绿色剪纸的锦伞，围12木桩，作守将之位，叫作"十二地"，也有的设"二十四地""三十六地"。萨坛，则建于室外，垒土成丘，形同祭坛，上植株黄杨，旁置一伞①。

图3-5 贵州省榕江县三宝侗寨的萨玛祠

6. 路亭、井亭

路亭、井亭在侗寨随处可见。井亭是为了方便村民们日常取用山泉水，路亭则是供村民或路人歇息。建筑样式与鼓楼、风雨桥的风格相一致，多为重檐阁式建筑。

7. 禾晾

禾晾是用来晾晒捆扎成束带长穗的稻禾。禾晾的结构十分简单，三五根大木柱，用若干横条木连接立于底部，然后再用几根斜柱支撑稳固即是一架禾晾。有些禾晾顶上还用杉树皮扎成檐顶覆盖。挂满了稻穗的禾晾远远看去像是一架架撑开的大帆（见图3-6）。禾晾架一般立于村寨的边上和寨中小片的空地上。

图3-6 贵州省从江县占里侗寨晾满稻谷的禾晾

---

① 共苗：《侗族"萨岁"神坛》，《贵州民族研究》，1991年第7期，第70页。

## 二、侗族传统村落建筑的特征

侗族居住区是我国历史上著名的林区，木材资源充裕。木质结构特点是侗族传统村落建筑共同具有的，此外，每一类建筑都还有着自身较为独有的特征，尤以民居、鼓楼、风雨桥等代表性建筑更为明显。

### （一）侗族传统民居特征

侗族传统民居的建筑特征主要体现在以下几方面。

1. 类型特征

干栏式，即在水中、地上打桩立柱，树栏杆，再将房屋构筑其上。侗族居住的我国南方山区地势高低起伏，干栏式建筑能够不受地势影响，最大限度地利用地形和空间；底层多架空，在山区可以起到防水、防潮、防虫的作用。

2. 结构特征

穿斗式。沿房屋进深方向按檩数树一排杉木立柱，立柱上架檩，檩上布椽，椽上盖小青瓦，立柱承受着房屋的全部重量。立柱上凿眼开榫，在上中下部位用穿枋贯穿每排立柱，使之成为稳定的一榀构架；每两榀架构之间同样采用凿眼开榫、穿枋的方式进行连接，从而构成完整而稳定的民居空间构架。

3. 外形特征

"倒金字塔"形状。因受地势的影响，侗族传统民居占地面积有限，为拓展利用空间，通常从第二层起采取挑廊的技艺修建，即第二层在第一层的基础上挑出，第三层又在第二层的基础上挑出，每层挑出的宽度在 60 厘米左右，挑出的部分作为宽廊的一部分，因此，侗族村民称之为"挑廊"。如此，侗族民居在外形上是恰似上大下小的"倒金字塔"（见图 3-7）形态的木楼。

**图 3-7 贵州省黎平县肇兴镇堂安侗寨四层半"倒金字塔"民居**

4. 功能特征

分区明显。侗族传统木构民居一般为三层，在使用功能上有明显划分。

底层受山区潮湿、蚊虫的影响，不宜人居，通常作杂物间，用来堆放农具、柴草、杂物；过去还用来作"圈房"，饲养家禽家畜，因卫生环境的因素，现今不再在底层饲养了；也有个别将厨房安放在这里。

二层是生活饮食起居层，堂屋、卧室、宽廊（也称"前廊"）都在该层。堂屋供奉"祖位"，设有火塘，是全家饮食、休息、接待客人的地方。宽廊，由楼梯上二楼就进入宽廊，宽廊外侧不封闭，设有栏杆，宽敞明亮；宽廊多贯通整个二层，前廊后房，连通堂屋和卧室；宽廊较宽，放置有长凳、织布机等，是全家休息和进行家庭劳作的场所。

三层多为储藏室，用来储藏粮食和存放物品；二楼卧室不够时，也用来作年轻一辈的卧室。

（二）侗族鼓楼的建筑特征

鼓楼是侗族村寨的标志性建筑，侗族地区的鼓楼数量众多，除了少量穿斗抬梁混合式及非中心柱鼓楼外，大多是"中心柱"鼓楼，"中心柱"鼓楼主要有以下特征。

### 1. "中心柱"穿斗结构

侗族鼓楼采用中心柱承重支撑，即在鼓楼中间以多根通天立柱（也称"金柱"）作为支撑柱，立柱数量多为四柱、六柱、八柱，也曾有过独柱支撑的，像1921年建造的贵州省黎平县岩洞镇述洞村鼓楼就是独柱，至今仍然矗立。中心柱的外围有檐柱，组成鼓楼的外环柱，辅助支撑鼓楼楼檐。中心柱之间、中心柱与檐柱之间是以榫卯相接的长短各别的穿枋，有的鼓楼中心柱上的卯眼就有几十个，整座鼓楼的穿枋上千条。大大小小的枋条从不同的角度斜穿直套，犹如蜘蛛网一般，却通过榫卯拼接得不差毫厘，严丝合缝，使整个鼓楼坚固无比、巍然屹立。

### 2. 密檐层叠

中心柱鼓楼多为密檐式，下半部像座亭子，多为正方形，中间设有较大的或圆或方的火塘，四周围有栏杆，安放着宽大结实的长凳；上半部像宝塔，楼檐以四边形、六边形居多，檐层从数层至十余层不等，也有二十多层的，但层数必须是单数，从外部看，楼檐密密地重叠，下宽上窄，至楼顶形成塔尖。

### 3. 装饰性强

侗族鼓楼通常采用多种方式进行装饰，在檐枋的封檐板上，描绘着各种彩画，题材非常广泛，有表达男耕女织的"春耕图""纺织图""刺绣图""渔猎图"，有体现欢乐节庆的"歌会图""芦笙舞图"，有描绘大自然的"树枝""芭蕉叶""溪流""祥云"，还有反映宗教图腾的"二龙抢宝""飞龙穿云"等。在每层檐角起翘的飞檐上安放有雕刻的飞鸟、虎、豹、狮子、麒麟等各种飞禽走兽（见图3-8）。露在柱子外的梁枋头部多雕刻成龙头、龟头、鱼头、虎爪、凤尾等形状，垂在空中的吊柱柱脚通常雕刻成南瓜形、灯笼形、葫芦形、托盘莲花形等形状，柱础大多做成鼓形。

图 3-8　贵州省黎平县肇兴镇肇兴侗寨义团鼓楼的彩绘与装饰

### （三）侗族风雨桥的建筑特征

侗族风雨桥是侗族建筑中最具特色的建筑之一，主要分布在纵横交错的溪河上，也有少数建在旱地上。各式各样的风雨桥，用途大体相同，既是水上交通设施，又是人们遮阳避雨、休息、乘凉、迎来送往的场所，同时还具备拦截财富，保护村寨的功能（风水龙脉功能）。

1. 桥廊内外以绘画和雕塑进行装饰

侗族风雨桥也因此被称为"花桥"。风雨桥建成后，屋顶正脊、檐部、桥的入口，多采用灰塑装饰，内部的装饰以彩绘为主，木雕和石雕为辅。外部灰塑装饰，常在风雨桥的横枋、亭顶的檐角、屋脊和檐下塑造飞禽走兽、神话人物等，是风雨桥中最壮观最吸引人的一部分。内部装饰以彩绘为主，主要是在中心桥亭和两侧桥亭的顶部。在木板墙面上绘画是侗族风雨桥内部装饰的重点项目，包括桥廊的廊柱之间上部的楣板，内容多是历史人物故事、神话传说和宗教信仰等①。

2. 集桥、廊、楼（亭）于一体

侗族风雨桥的建筑形式大致有两种：亭阁式和鼓楼式。亭阁式风雨桥，即在桥面上修筑亭阁，看上去玲珑雅致；鼓楼式风雨桥，通常建在较宽的河面上，在桥廊之上，再加盖几座鼓楼式建筑，看上去显得十分美丽壮观。风雨桥

---

① 蒋卫平：《侗族风雨桥装饰艺术探析》，《贵州民族研究》，2017年第12期，第137～138页。

的建造结构一般以青石作为桥墩，在石墩上架设巨大的杉木作为桥梁，在梁上铺设木板构成桥面，桥面上建有长廊，长廊之上再建鼓楼或者桥亭，长廊的两边设有长凳，楼（亭）廊相连，浑然一体（见图3-9）。这种桥、廊、楼（亭）三位一体的构建方式，是我国古建筑中少有的一种结构形式[①]。

图3-9　湖南省通道侗族自治县坪坦乡高步侗寨的永福桥

### 三、侗族传统村落建筑的价值体现

#### （一）历史价值

漫长的遗存时间，使大多数侗族传统村落建筑历经了长期的岁月洗礼，其中的一部分已经被列入各级文物保护单位，具有一定的历史价值。如贵州省榕江县的大利村古建筑群，黎平县的述洞独柱鼓楼、地坪风雨桥，从江县的增冲鼓楼、高阡鼓楼和宰俄鼓楼等；广西壮族自治区三江侗族自治县的程阳永济桥、岜团桥和马胖鼓楼等；湖南省通道侗族自治县的芋头侗寨古建筑群及坪坦河上的九座风雨桥等传统村落建筑及建筑群被列为国家级"重点文物保护单位"。贵州省黎平县的肇兴鼓楼和风雨桥、高近戏楼，从江县的则里鼓楼、增盈鼓楼和风雨桥；广西壮族自治区三江侗族自治县的林溪侗寨古建筑群、高定侗寨古建筑群、车寨侗寨古建筑群、平流赐福桥和亮寨鼓楼；湖南省通道侗族自治县的横岭鼓楼和菁芜洲江口寨门等传统村落建筑被列为省区级"文物保护单位"。列入市州级和县级的则更多。《中华人民共和国文物保护法》第十三条规定："国务院文物行政部门在省级、市、县级文物保护单位中，选择具有重

---

① 龚敏：《贵州侗族建筑艺术初探》，《贵州民族学院学报（哲学社会科学版）》，2012年第1期，第146页。

大历史、艺术、科学价值的确定为全国重点文物保护单位，或者直接确定为全国重点文物保护单位，报国务院核定公布。省级文物保护单位，由省、自治区、直辖市人民政府核定公布，并报国务院备案。市级和县级文物保护单位，分别由设区的市、自治州和县级人民政府核定公布，并报省、自治区、直辖市人民政府备案。"① 由此可见，不少侗族传统村落建筑不仅历史悠久，而且蕴含着丰富的内在价值，亟待进一步挖掘。

（二）社会价值

侗族传统村落建筑的建造技艺一直与侗族民众的生产生活息息相关，侗族人朴素的哲学思想和深刻的文化内涵也都在建筑中含蓄、隐约地得以表达，是侗族传统文化的重要组成部分。从鼓楼中，可以感受侗族的"款约"、议事、交际等制度文化及民俗文化；从风雨桥中，可以感受追求"人与自然和谐统一"的生存理念；从民居中，特别是"宽廊"的设计中，可以感受到家庭和睦、劳逸结合的人际交往观念；从禾仓中，特别是集中修建在水塘边或村寨边的情形，可以感受到防患未然、规避风险的警醒意识。尽管日月更替、世事变化，但侗族传统村落建筑一直未有太多的变化，究其原因，就因为这许许多多的思想、意识、情感已与侗族传统建筑的修造技艺一道，嵌入了侗族传统村落民众的传统文化心理结构、意识形态结构和社会结构之中，其内容和功能实际上已经超越了建筑本身，成为建筑、历史、文化、社会的统一体②。

（三）美学价值

从美学的层面来看，侗族传统村落建筑也极具建筑之美。

1. 和谐之美

庄子《齐物论》中的"天地与我共生，而万物与我为一"，可谓是我国最基本最朴素的哲学思想，体现在建筑艺术之中就是和谐之美。侗族传统村落的建筑是依照村寨的聚落形态而展开的，有的"群山环抱、成团成组"，有的"随山就势、自由衍生"，有的"依山傍水"，有的"沿河岸延伸"；鼓楼常矗立于"坐龙嘴"之处，风雨桥多修建在寨头、寨尾的溪流之上，民居则多环绕鼓

---

① 曹昌智、邱跃：《历史文化名城名镇名村和传统村落保护法律法规文件选编》，中国建筑工业出版社，2015年，第5页。

② 张赛娟、蒋卫平：《湘西侗族木构建筑营造技艺传承与创新探究》，《贵州民族研究》，2017年第7期，第85页。

楼层层展开；寨前田园阡陌、溪流潺潺，寨后古树参天，寨边山林翠绿；无论哪一种形态，无论哪一幢建筑都符合卜地择居的风水观念[①]。建筑物与自然环境和谐统一。

### 2. 艺术之美

艺术之美在侗族传统村落建筑中也得以淋漓尽致的展示。高耸入云、密檐层叠、柱枋纵横穿织、榫卯丝丝入扣的鼓楼，集桥、廊、楼（亭）于一体的风雨桥，层层挑廊、形似"倒金字塔"的民居，看似随意而又与周边场景十分贴切的寨门；还有公共建筑上的雕塑与彩绘，吊柱、梁枋、柱础、窗棂、栏杆、门楣、垂柱、斗拱、飞檐翘角等的精巧设计和精心打造，无不蕴含着侗族传统木构建筑的结构美与层次美、静态美与动态美、对称美与韵律美。

### 3. 实用之美

侗族传统村落的建筑经济而实用，鼓楼宽大，适用于村民集体聚集和公共活动的开展；风雨桥便于人们劳作之余的休憩与交流；民居底层饲养家禽家畜，是过去既防止野兽蚊虫侵扰，又隔绝潮湿的有效方式；民居二楼的宽廊是村民日常起居、生产、待人接物的主要场所；戏台则是村民们休闲娱乐的重要场所。侗族传统建筑的实用之美植根于村民们的日常生产生活，无处不在。

## 第二节　侗族传统村落建筑保护面临的难题与困境

岁月沧桑的洗礼、现代建筑业的发展，以及人们生产生活的需要和追求，都对侗族传统村落建筑提出了适应性的要求，如何保护，面临着一系列的难题与困境。

### 一、具有灾难性后果的火灾隐患尚存

侗族传统建筑的风格和特点决定了侗族建筑的防火性能存在着先天不足。传统的侗族建筑为木质结构，属易燃材料；侗族干栏式民居有着在堂屋中建火塘的特点，取暖、照明、炊事都集中于此，容易酿发火灾。侗族聚族而居，群居特征显著，绝大多数民居鳞次栉比、首尾相连、密集分布，防火间距小，一处失火后则会快速蔓延。加之传统侗寨多地处偏远，消防扑救未能及时。侗族

---

[①]　赵曼丽：《贵州侗族建筑的审美特征试探》，《贵州民族研究》，2009年第3期，第83～84页。

传统居住区的许多火灾事故显示，一旦失火，大量的侗族传统建筑将被火焚，甚至可能是火烧连营，整村、整寨受到波及，其后果是毁灭性的。例如：

2009年11月6日，广西壮族自治区三江侗族自治县独峒镇林略村因电器故障引发特大火灾，侗寨的2/3遭火焚。

2012年2月13日，湖南省通道侗族自治县独坡乡骆团村因电线线路老化引发大火，71栋吊脚楼被付之一炬，因救火又拆除22栋木楼，全寨4/5的民居由火而毁。

2014年1月25日，贵州省镇远县报京乡报京大寨发生火灾（见3-10），烧毁民居148栋。报京侗寨是黔东南苗族侗族自治州北部地区最大的侗寨，距今有300多年历史，曾是我国保存最完整的侗族村寨之一。

**图3-10　火灾之后重建的报京侗寨新民居**

2017年9月5日，广西壮族自治区三江侗族自治县独峒镇干冲村发生火灾，导致5人死亡，烧毁民居10座，因开辟防火通道打烂房屋3座①。

有的侗寨曾多次遭遇火警。有六百多年历史的贵州省从江县高增侗寨，分别在1960年、1988年及2009年遭受3起大的火灾，后两次烧毁了2座鼓楼和287户吊脚木楼。在近40年时间里，贵州省黎平县堂安侗寨已经失火3次，最近一次是2007年。湖南省通道侗族自治县独坡骆团寨，2010年始，连续3年都发生火灾。贵州省黎平县六冲村雅蝉寨，1981年和2011年，因为相同原因，在同一地点引发了同等规模的大火灾，半个村子化为废墟②。

遭遇火灾的传统侗寨远不止上述的列举，其中不乏小黄、堂安、晚寨、林

---

① 以上火灾案例源自媒体报道。

② 廖君湘：《侗族村寨火灾及防火保护的生态人类学思考》，《吉首大学学报（社会科学版）》，2012年第6期，第110页。

略、干冲、巨洞等知名的传统侗寨。

近些年来，侗族地区普遍加强了村落的防火工作，火灾发生率下降，但仍偶有发生，例如 2017 年 3 月的从江县銮里侗寨大火、2018 年 4 月的三江侗族自治县布代村孟田屯火灾、2019 年 1 月黎平县乜洞村火灾。由此可见，传统侗寨的火灾隐患尚存。

## 二、老、旧、危现象并存

侗族传统村落有着较为悠久的历史，其建筑物存世时间也较久远，修建时间为几十年的比比皆是，上百年的也屡见不鲜，如贵州省黎平县肇兴镇纪堂上寨的 380 多栋木质干栏式民居，建造时间超过 100 年的有 60 余栋，在 50~100 年间的有 183 栋，在 30~50 年间的有 140 栋[①]。经过数十年、上百年风霜雨雪的侵蚀与洗礼，许多建筑物外表发黑、壁板裂缝、木质腐朽、柱脚滑动、榫卯松动（见 3-11）。传统侗寨中，建筑物的老、旧状况普遍存在，个别的还因为房屋木质构件尤其是柱脚处潮湿腐蚀严重，节点处榫卯松动，导致房屋整体倾斜严重，成为危房。老、旧、危建筑物主要是修建于 20 世纪 90 年代以前的全木构建筑物。90 年代以后的建筑物，一是修建时间较短，尚在耐用阶段；二是在一层常用砖墙代替了木板围护墙壁，与房屋木柱一道承重，减轻了木质构架和木质屋架的承受压力，使整幢房屋结构更加牢固。

图 3-11　贵州省榕江县大利侗寨的老旧木楼

① 贵州省住房和城乡建设厅：《贵州传统村落（第一册）》，中国建筑工业出版社，2016 年，第 150 页。

### 三、功能性缺失

随着经济社会的不断发展，人们对居住条件有了更高的向往和追求，传统侗族民居的功能性缺失也越来越明显。一是缺乏厕所（卫生间）。传统侗族民居中没有设计和安置厕所，厕所通常是另外单独修建的，或是在偏厦里，或是单独的简陋木屋，使用时有着许多的不便。二是没有独立的浴室和排污设施。人们沐浴通常是用澡盆在卧室或者火塘里进行，污水则直接倒在民居周围的水沟里。传统侗寨一般都没有污水处理设施，造成民居附近的环境污染。三是缺乏独立的学习空间。现代住所都设计有独立的书房，以供学习或家庭办公所用。而传统侗族民居的二楼由宽廊、火塘和卧室组成。宽廊和火塘是民居的公用场所，卧室则比较狭小，都不便于辟出空间作为书房。四是卫生环境缺失。过去民居的底层或一楼用于饲养家禽、家畜，细菌、蚊虫、气味等严重破坏了二楼起居空间的卫生环境；现在基本都用来堆放杂物，虽较过去有了较大改善，但许多杂物难以清洁，卫生状况仍不尽如人意。

### 四、无可参照的建造技术标准

目前，我国在侗族木构建筑的设计和施工方面尚没有国家技术标准出台，没有专门的依据。可参照的国家标准是《古建筑修建工程质量检验评定标准（南方地区）》（CJJ 70—96），但侗族木构建筑有些方面无法套用这一标准，所以，一般专业设计单位无法按照正规设计流程承接侗族木构建筑的设计项目[①]。建造工程组织施工也是采用作坊模式，没有通用的管理标准可采用，技术优劣因人而异，参差不齐。这种状态无法让现代专业施工队伍和施工企业参与到建造中来，显然落后于现代建筑标准化、规范化的发展趋势。

### 五、无序的商业化改造

乡村旅游、全域旅游在侗族地区传统村寨的兴起和发展，给侗寨村民带来了一定的商机。一些居住在游客浏览路线上的村民抓住机遇进行住宅改造，以适宜商业营业。改造初期，侗寨一般都缺乏统一的规划，处于无序的状态，村民各行其是，改造后的外观与内部空间五花八门，既影响了侗寨建筑外观的整体性，也改变了传统的住宅内部格局。另外，拆掉传统木构建筑，修建现代商

---

① 刘洪波：《新型城镇化进程中侗族木构建筑的保护与设计创新》，《江西建材》，2016 年第 7 期，第 9 页。

业建筑的情形也屡见不鲜，有的用钢筋混凝土建造并在外表面用木板进行装饰，伪装成吊脚楼的样子，有的连木板装饰都没有，这些给传统侗族建筑的保护带来了较大的不利。

## 六、传承乏力，后续人才匮乏

### （一）基础性研究不足，难以开展传承与创新工作

侗族聚居区位于黔湘桂三省区的交界地，属于各自省区经济、文化、科技的欠发达地区，虽然是侗族建筑的主要分布区，但在侗族建筑的基础性研究方面投入的经费、集聚的人才并不多，基础性研究明显不足。如贵州省黔东南苗族侗族自治州，仅有一所本科高校，该校于 2009 年设立二级学院"建筑工程学院"，设置有建筑学、土木工程和工程造价 3 个本科专业，但师资力量仅 2 名正高职称教师，从课程开设情况看，也仅有少数几门选修课与木构建筑联系稍紧密，没有形成雄厚的基础性研究实力。再如，广西壮族自治区柳州市，也仅有 1 所本科高校，该校设立有二级学院"土木建筑工程学院"，设置有建筑学、土木工程、工程管理和工程造价 4 个本科专业，师资力量比较雄厚，正高职称人员达 10 余名，但对侗族木构建筑营造技艺及相关文化的研究人员较少，缺乏建筑学、人类学、民族学和艺术史背景的研究人员，已有相关研究成果数量较少、层次较浅，也没有本地区标志性的研究成果。各地的一些职业技术学院虽开展了基础技术人才的培养，但在基础性研究上投入甚少。长沙、南宁和贵阳等省会虽然高校和建筑研究机构相对较多，但是从事与侗族木构建筑研究有关的项目和人员极少。研究机构和研究人员对侗族木构建筑营造技艺的基础性研究不足，对历史建筑、建造技艺传承人、建筑文化的历史内涵、技艺源流与艺术价值等缺乏基础性研究的数据和资料，造成全社会对该传统技艺的历史价值和文化价值模糊，难以开展技艺传承与创新工作。

### （二）传承方式陈旧，传承受限

传统的侗族木构建筑营造技艺是传统农耕社会的产物，已难以适应现代建筑工程技术的要求。建造传统侗族木构建筑物时，掌墨师（即技艺高超的建筑师）不用绘制图纸和制作模型，只在头脑中进行整体构思，然后采用竹条制成的"匠杆"竹尺和自成体系的设计施工符号，运用墨斗、手锯、凿子、斧头、木创及长头控镐等木工工具进行建造。传统的侗族木构建筑营造技艺有着自身独特的工艺体系，通常由掌墨师收徒弟进行传承，许多核心技艺还是局限在家

族内部传承，担忧"教会徒弟，饿死师傅"。传承时，师傅的传授受到关系的亲疏、个人的好恶、赏识的程度等影响，传承状态不稳定；徒弟在受授时，天赋的优劣、勤奋的程度、沟通的能力等也影响着能否学到真传。没有规范的传承教材，没有规范的传承行为范式，没有传承效果的考核标准，传统的侗族木构建筑营造技艺传承的广度和深度都受到相当的限制。

（三）从业人员专业素质整体偏低

目前，侗族地区从事木构建筑修建的建筑队木工基本上由农民兼职，有工程项目的时候从事木工工作，平时则从事其他农业劳动和生产。即便是兼职，也只是许多木工的一种暂时状态，有机会的话，更愿意到大城市从事其他工作。由于年轻木工的文化程度以初中毕业为主，学历明显偏低，专业性明显不足，虽能参加木构建筑工作，但在设计和管理水平方面仍然难以提高。

囿于传承方式的传统化，侗族木构建筑营造的从业者仍以非专业人员为主，尽管个别年轻的从业者具有高中或更高的学历，但受过正规专业训练的十分缺乏。

# 第三节　精心谋划，多措并举进行保护与改造

根据侗族传统村落建筑保护面临的实际困难，可以考虑从以下几方面开展保护与改造工作。

## 一、多措并举，加强防火体系建设

侗族传统村落的防火是侗寨安全、传统建筑保护和侗寨建筑文化传承的重要内容，千百年来，侗族村民把防火作为头等大事。在当今防火设施、防火手段日益丰富的条件下，应当进一步加强传统侗寨防火体系建设，做到防患于未然。

（一）利用村规民约和民风民俗，提高村民防火的自觉性

（1）利用传统规约进行防火教育。侗族款约（俗称"侗款"）是侗族为规范合款成员而制定的一系列规章制度，历史上是侗族民间的最高"法律"。其中不乏防火的规定，如贵州省从江县高增侗寨的款约有："防火防盗，人人做到。谁人失火，罚他出资扫寨打平伙。烧毁全寨，驱逐寨外。"贵州省黎平县

德化乡高洋村保留下来的侗族款约当中，前三条就是关于防火的告诫。这些款约为侗族村民们熟知，应进一步强化。

（2）坚持或恢复"喊寨"习俗，每天晚上安排人员鸣锣喊寨："小心防火！""睡觉前要熄火关电！"提醒村民防火。

（3）保留和利用好村寨内的鱼塘和水井。分布在村寨内的鱼塘和水井一直是侗族村民生活与防火的重要设施，但近些年，因为修建住宅、建停车位或发展经济的需要，许多被填平了，由此，在防火上少了一道屏障。保留和利用好村寨内的鱼塘和水井十分有必要。

### （二）坚持实施防火改造，构筑侗寨"防火墙"

寨改、水改、电改、灶改等侗寨改造工程在很大程度上既能够保持侗族村寨建设的原貌，又具备相应的防火功能。"寨改"，就是通过开辟防火线的方式，将大寨分拆成若干小寨，防火线要求在 12 米以上，成"田"字形分布，每 30 户左右构成一个防火区域，这样比较有利于防火。"电改"，就是通过整改，规范农用电力线路架设、村民用电线路敷设，尽量减少电线、电器火灾。"水改"，就是通过标准修建高位和普通消防水池、铺设消防管网、家家通水管等方式，提高村寨自防自救能力。"灶改"，就是将原来的"火塘"改为省柴灶或炉灶，并将它们从二楼搬到一楼，减少火灾发生的概率。另外，还有"房改""路改"等工程。通过一系列的改造，构筑起侗寨新的"防火墙"。

### （三）建立消防制度，完善消防设施

（1）加强消防法制教育。通过多途径多形式开展消防法制宣传，普及消防安全知识。提高侗寨村民日常火灾预防、初起火灾处置、火灾逃生与自救等消防能力。

（2）将消防安全纳入村委会的日常管理，建立健全消防组织，建立消防宣传制度、消防巡防制度、定期研判制度、消防安全区域联防制度等，通过制度的检查、记录、落实等工作，及时发现安全隐患，及时处理存在的问题，杜绝火灾隐患的发生。

（3）通过合理划分防火分区，开辟防火通道，改进取火设施和用火环境，铺设消防管网，合理布局安装消火栓，畅通消防通道，定期检查和维护消防设施等措施，完善消防设施，防备突发情况的发生。

## 二、以保护为前提，规范修缮、新建行为

侗族传统村落一旦遭到破坏就很难再还原，因此，对于其中的建筑，应以保护为前提，规范村民及一些开发公司的修缮、新建行为，延续传统村落的建筑特色和风貌。

### （一）建立建筑档案，制定保护措施

（1）对村落建筑进行普查，并根据传统公用建筑、民用建筑的不同类型建立专门的档案。

（2）制定出村落传统建筑的整体保护方案，以及根据每一幢建筑的不同特点，制定出不同的保护办法和措施，或者保护规划。例如，贵州省黎平县的"生态博物馆"——堂安侗寨，将侗寨内以建筑物为重点的物质文化资源进行了保护重要性排队，顺序为鼓楼和萨岁坛、戏台、消防设施、寨门、步道、风雨桥、碾坊、梯田、水渠、古墓群、堡坎[①]。保护和修缮工程依照重要程度进行安排。

（3）将价值较高的古传统建筑申报为县、市州、省级甚至国家级文物保护单位，借政府和相关部门的力量加大对古建筑的保护。

（4）实行保护责任制，将保护责任落实到组、到户、到人，形成保护传统建筑人人有责的氛围和局面。

### （二）坚持"修旧如旧"，在修缮过程中保护传统风貌

侗族传统村落中，建筑物特别是民居的修缮是一项经常性的工作，而且修缮效果在村民中影响较大，容易被仿效。因此，要保护好传统建筑及整体性的建筑风貌，"修旧如旧"是目前比较理想的一种选择。"修旧如旧"的修缮方法可以理解为按照侗族建筑原有的样子进行修缮，修完后的建筑在外观及功能上与传统建筑基本一致，与侗寨整体建筑风格及面貌基本一致。采用"修旧如旧"的保护思路，应该遵循传统建筑景观"原真性"和"可识别性"的原则，修缮传统建筑木结构体系、外观等重点保护部位，从而实现侗寨建筑景观的可持续发展[②]。

---

① 洪涛：《浅析社区参与机制在贵州传统村落建筑文化遗产保护中的探索——以堂安侗寨为例》，《卷宗》，2017 年第 7 期，第 133 页。
② 梁伟、李纳璺：《侗族传统村落建筑景观保护与分析——以柳州三江程阳八寨为例》，《艺术科技》，2019 年第 8 期，第 102 页。

（三）规范新建建筑物的修建

1. 规范新建建筑物的选址

严格按照村落规划和审批程序规范新建建筑物的选址，杜绝占道修建、占水路修建、乱搭乱建等行为，并对修建过程加强监督，保证村落建设按规划有序进行。

2. 规范并统一新建建筑物的风格

通过规范与统一的约束，使新建建筑物与村落原遗存的传统建筑在风格风貌上相协调并保持一致。广西壮族自治区三江侗族自治县政府于 2019 年 3 月出台文件，对侗族传统村落聚落群"程阳八寨"核心区的马安、岩寨、平寨、平坦等村落村民建房及住房保护作出了必须统一风格、体现特色的规定：房屋设计图纸由县住建局免费提供给景区内建房农户使用；新建房屋必须以侗族木质结构吊脚楼风格造型，门窗材料和瓦片要求与整个寨子保持协调一致，确保景区建房风格体现侗族特色；要结合当地侗族建房习惯，房屋主体结构为传统木质结构，楼层不多于 4 层，房屋柱脚到屋檐口高度控制在 12 米以内且符合规划和景区建设要求；房屋主体为纯木质结构的侗族吊脚楼风格，外漏有砖墙部分自行用木板包装并喷漆绛色处理；不得建设砖混结构房屋，对未经审批建设的房子，视为违章建筑，并依法拆除等[①]。文件对新建住宅提出了规范性要求。

### 三、运用现代材料和技术进行改造，优化功能空间

侗族传统村落在修缮和新建建筑时，可以适当运用现代材料和技术，在将传统与现代结合的同时，优化功能空间。

（一）运用现代材料和技术进行结构改造和部分材料替代

（1）在建筑的框架方面，用装配式钢结构替代原来的木材结构，既可延续侗族干栏式建筑的结构属性，又可解决木材资源短缺及消防问题。

（2）在墙板和地板方面，利用复合材料板材取代木材，在表面色泽纹理上尽量与木材保持一致，可以显著增强防火及隔音能力。

---

① 三江侗族自治县政府办：《关于印发〈三江侗族自治县程阳八寨景区核心区村民建房及住房保护方案〉的通知》（三政办发〔2019〕11 号）。

（3）采用在色彩及质感上与传统的小青瓦基本一致的复合材料屋面板材作屋面盖顶，不仅可以保持村寨整体景观的协调统一，而且可以提高建筑的保温隔热效能①。

（二）改造宽廊，优化二楼的起居功能

传统侗族民居的二楼宽廊融生产、生活、休闲、交际功能于一体，所占空间较大，可以考虑将宽廊的长度缩短到原来的 1/2 左右，将腾出的空间改为学习的书房，增加学习功能；对堂屋进行改造，去掉火塘（许多新建民居已不设火塘），增加沙发、桌椅等家具，将原宽廊的部分休闲、交际功能转移到堂屋，增强其功能的综合性；对卧室也可以进行适当的空间利用改造；等等。如此，既可保持传统建筑的宽廊特征，又可增添现代生活所需的功能特征。

（三）改造底层，满足现代生活需要

底层不再作为饲养家禽家畜、堆放杂物的空间，而是将其封闭起来作为生活配套场所，即厨房、卫生间等，对地面进行防潮处理，修建排污管道，通水通电等改造是必不可少的。考虑到山地地势崎岖不平的特点，有时会做些局部退让，所以，底层的利用空间可能会缩小。由此，既可保持传统民居底层架空的特征，又可满足村民对现代生活的需要。

## 四、统一规划，促使商业化改造有序化

对于计划进行旅游开发的侗族传统村落，商业化改造是不可回避的问题。为避免改造的无序化和破坏村落建筑风貌的整体一致性，必须进行统一的规划。

（一）规划商业街

通过新建或改扩建的方式规划和建设商业街，将村落的旅游餐饮、宾馆住宿、民族特色商品等经营户集中在此营业，避免村民随意改造自家住宅进行商业经营。

（二）对商业街新建建筑统一标准

标准制定中有几条基本原则需把握住：

---

① 杨博文：《基于典型特征分析的侗族传统建筑特色延续》，《中国园林》，2018 年第 11 期，第 105～106 页。

（1）建筑造型上，应保持传统侗族吊脚楼风格；

（2）材料使用上，以木质材料为主，适当辅助以阻燃、阻热的现代复合材料，杜绝钢筋水泥建筑；

（3）外墙颜色及装饰与村落其他建筑保持一致；

（4）层高上，一般为4层，不得明显高于村落其他建筑物。

### （三）适度控制原有民居的改造

对商业化改造的民居总量、地段进行控制，避免一哄而上；同时对经营范围进行控制，对于有火灾隐患的行业坚决不允许进入木质民居改建的商铺经营。

## 五、促进生产工厂化、构建模块化、施工安装化

着眼侗族传统村落建筑长期的保护和发展，可以通过一定的建筑设计对今后的建筑方式加以改进，实现生产工厂化、构建模块化、施工安装化，从而达到保温通风节能、施工便捷、木材利用率高、用材范围广等目的。

### （一）传承营建技法，变梁柱分解为合二为一

在营造技法上对柱与枋、枋与枋、枋与板、板与板等的联结点大量运用传统技法的燕尾榫、口袋榫、肩榫、蝴蝶销、方销等传统工艺。在结构造型和满足力学指标的前提下，充分考虑美学要求，使之结构装饰一体化，同时将梁柱进行分解重组，达到将梁柱合二为一的目的，从而实现安装轻型化。

### （二）基本构件模数化

对建筑进行分解模块化，优化施工工艺，达到基本构件模数化的目的，便于标准化生产。

### （三）就地取材绿色化

尽量选择本土材料，就近使用本土的竹、木、石等建筑材料，充分体现建筑肌理的地域性。

### （四）皮异同骨法，使建筑在统一中求变化

将梁、柱标准化和模数化，让其适用于多种建筑风格造型，适用于不同地域、不同地形的要求。外立面的肌理应根据地域性、民族性、经济性、审美差

异等因素进行装饰，在骨架基本元素相同的情况下使建筑风格、建筑肌理体现地域性和差异性①。

## 六、加强传承力度，着力人才培养

### （一）加强侗族传统村落建筑的基础性研究

（1）加快黔东南、怀化、柳州等地本科高校的应用型转型，依托二级分院建立相应的研究中心或工程中心等平台，整合师资和研究力量，深入开展传统技艺普查工作，对侗族木构建筑营造技艺的相关历史背景、文献资料、技术流程、实物资料以及各种相关数据进行收集、整理和研究。

（2）发挥各市州、县建筑设计院所等机构的力量开展专项研究，将基础研究成果及时付诸实践，在实践中检验和巩固研究成果。

（3）加强与各自省会城市及其他国内外专家学者的联系，借外力帮助本地研究人员提升研究水平和研究能力。同时，积极组织和开展学术活动，聚集研究人气，加强学术交流，及时了解新情况、新信息，提升侗族建筑文化知名度。

### （二）探索制定地方性标准，促使传承内容规范化

技术标准是传承内容规范化的保证，也是传承人才规范化培养的前提。

（1）通过运用 BIM（Building Information Modeling，建筑信息模型）等技术，将侗族木构建筑的四大构建族（基础族、柱族、屋面族、装饰族）涉及的建筑构配件、零部件、制品、材料、工程和卫生技术设备以及建筑物的各部位进行数据参数化，从而实现侗族木构建筑建构产品的通用化、系列化。

（2）在制定技术标准的同时，根据侗族地区的实际情况，制定相关的经济标准和管理标准，在成本控制、现场管理等方面都有据可依。

（3）申请标准认证，并进行推广。由于我国侗族主要聚居在黔湘桂三省区交界处，涉及地域范围有限，申请地方性标准比较适宜，一旦获得认证，也利于集中推广。

### （三）发挥职业技术院校作用，加快人才培养

2013 年 5 月，教育部、文化部、国家民委联合下发了《关于推进职业院

---

① 李权、彭开起、覃斌：《黔东南州传统村落民族木结构建筑结构设计研究与构思》，《华中建筑》，2018 年第 7 期，第 111 页。

校民族文化传承与创新工作的意见》（教成字〔2013〕2号），将推动民族文化融入学校教育全过程、推动民间传统手工艺传承模式改革、服务相关民族产业转型升级与发展、加强非物质文化遗产传承人才培养、促进民族地区专业设置调整与优化等5项工作确定为重点工作。"侗族木构建筑营造技艺"是国家级非物质文化遗产项目，是民族文化的瑰宝。各地的职业技术院校主要是面向当地经济社会发展开展人才培养的，有责任和义务承担起技艺传承的义务。一方面，可以将"侗族木构建筑营造技艺"的人才培养纳入学校的专业和课程体系之中，系统化地开展人才培养；另一方面，在开展学历教育的同时，通过社会培训、短期技术培训、农民工培训等项目，积极开展规范化技术传播。通过努力，逐步建立地方技术培训标准的权威性，构建适合侗族地区传统建筑人才培养和技术考核的标准和体系，全面提升从业人员的素质①。

（四）发挥代表性传承人作用，拓宽传承途径

侗族地区许多木构建筑的掌墨师已被认定为"侗族木构建筑营造技艺"的国家、省（自治区）、市（州）、县级非物质文化遗产传承人，他们不仅技艺精湛，而且具有广泛的影响力。

（1）利用他们在民间的影响力，鼓励多招收徒弟，通过传统的方式进行技艺传承。

（2）开展现代建筑技术培训，让传承人了解现代建筑技术的发展，并倡导传统技艺与现代技术的结合，以丰富他们的传承内容和手段。

（3）鼓励、邀请传承人融入市场化，参与专业设计单位的工作，与专业设计人员、管理人员、市场人员合作，在更加广泛的领域开展技艺传承。

---

① 汪麟、石磊：《三江县侗族木构建筑营造技艺的传承与创新初探》，《中外建筑》，2020年第1期，第25页。

# 第四章　侗族传统村落旅游经济发展

全域旅游时代的到来，给拥有丰富旅游资源的黔湘桂侗族传统村落带来了新的经济发展机遇。以旅游开发为契机，通过"旅游＋"带动侗族传统村落经济全方位发展，将给侗族传统村落实现"一业兴百业兴"的繁荣局面开拓新的路径。

分布在黔湘桂交界地区的侗族传统村落，历史上受到自然条件、社会发展、经济结构、教育底蕴、交通通信等方面的局限，经济发展一直处于落后的状态。由于自身能力有限，加之远离经济发达地区和中心城市，接受的经济辐射少，所以，经济发展缓慢，不少的传统村落一直在贫困线上徘徊。近些年来，乡村旅游的兴起和国家全域旅游发展方略的推进，给旅游资源相对丰富的黔湘桂侗族传统村落提供了经济发展的契机，实践中也涌现出了贵州黎平的肇兴、湖南通道的皇都、广西三江的"程阳八寨"等典型范例。如何借旅游业发展的东风，发展侗族传统村落旅游，助推侗族传统村落"一业兴百业兴"的夙愿，已成为侗族地区发展的一项重要课题。

## 第一节　丰富而特色鲜明的资源

侗族传统村落在自然生态环境、村落空间与木构建筑、民风民俗民情等方面拥有着数量丰富、特色鲜明的资源，为旅游经济发展奠定了基础，也孕育了不断拓展的空间。

### 一、山水协调、顺地应势的自然生态景观

侗族传统村落从选址开始就非常注重村落与周边自然环境的相互融合，讲究人与自然的和谐相处，做到了山水协调、顺地应势，构成了一幅幅美丽的乡村画卷。

### （一）依山傍水、顺应自然的地貌景观

侗族传统村落的选址既基于本身对自然的朴素认识，又在一定程度上相信风水、龙脉之术。侗寨选址讲究风水，多建于山地，山地之中往往有小溪流穿越而过，形成平缓谷地，即"坝子"①。侗寨大多建于"坝子"的周边地带，当地居民称之为"坐龙嘴"。蜿蜒的山脉谓之龙脉，龙脉止于坝子，称为"龙头"。在龙头之后的龙脉，具有很强的锐气，居民为保村寨之平安，于是在龙脉上种植"风水林"，以挡住过强的气势②。在山水之间，村落常常依山傍水、依山就势，顺势而建，传统建筑从溪流水边逐渐蔓延至周边山脉的山脚，然后又层叠而上，鳞次栉比，自然而和谐。

### （二）共生和谐的农田景观

侗族的农业以稻作为主，村落周围，不论是平坝还是山丘都布满稻田。平坝上，绵延的农田或环绕村落，或偏居一侧，平整而葱荣；山丘上，层层叠叠的梯田或波光粼粼、或金黄飘香，起伏而壮观。寨边的风雨桥将村落与农田融汇在一处，流淌的绿水、静谧的村落、丰收的田野，构成了一幅魅力无穷的山水田园风光画卷。许多侗族传统村落在稻作时，还采用了"稻—鱼""稻—鸭""稻—鸭—鱼"共生的生产方式，生态而环保，同时也时常给静谧的稻田带来鸭的喧嚣、鱼的翻腾，增添了动感与活力。"贵州从江侗乡稻鱼鸭复合系统"已被列为"全球重要农业文化遗产"。

### （三）广袤覆盖的植被和森林景观

历史上，侗族传统村落分布区域就是我国南方的重要林区，是清水江、都柳江"木商文化"的起源地。明清时期，经沅江和洞庭湖流往长江中下游城市的"苗木、州木、广木、溪木"及经都柳江流往珠江流域各城市的木材大量出自侗族传统村落分布区。分布区至今仍传承着"造林习俗""林粮间作习俗"等非物质文化遗产。侗族传统村落分布区的森林覆盖率总体在60％以上，村落周边多为山林环绕，侗寨的风水林更是郁郁葱葱、古木参天、翠绿如海。山林以杉树为主，笔直高挺的树干，既是修造鼓楼、风雨桥、干栏式吊脚楼民居

---

① 坝子，西南地区称平原或平地为坝子，主要分布于山间盆地、河谷沿岸和山麓地带。通常，坝子上地势平坦，气候温和，土壤肥沃，灌溉便利。

② 任爽、程道品、梁振然：《侗族村寨建筑景观及其文化内涵探析》，《广西城镇建设》，2008年第2期，第56～58页。

的主要原料，也形成了"杉乡""林海"等可视景观。还有 2000 多种各类植物，共同将侗乡装点得生机勃勃。

## 二、科学而经典的村落建筑景观

侗族传统村落的各类建筑科学而经典，整座建筑凿榫打眼、穿梁接拱、立柱连枋不用一颗铁钉，全以榫卯连接，结构牢固，接合缜密，有极高的工艺和艺术价值。许多木构建筑遗存年代久远，历经岁月沧桑，构成了侗族传统村落"看得见的历史"景观。

### （一）合理、有序的村落布局形态

侗族传统村落选址的地形是多样的，或坐落在平坝，或依傍于山麓，或与溪河相邻，或与森林为伴，或隐于山间峡谷，或散落于山脊。不论地形地貌如何，村落在空间组织和布局上都井然有序。位于南部侗族地区的传统村落特征尤为明显，村落在空间组织和布局上具有明显的向心性，侗寨的标志性建筑——鼓楼，以及款坪（或广场）、戏台等公共设置居于侗寨的中心；之外是围绕侗寨鼓楼顺应地势建造的民居，民居之间穿插水塘、水井等生产生活设施；侗寨的边缘是禾仓、畜生棚等生产辅助建筑；寨门的外面是农田与山林。层层环绕，大体呈同心圆的格局。道路和河流通常构成侗寨的骨架，将村落的各个部分进行有效的连接与间隔。

### （二）具有象征意义的标志性建筑——鼓楼

侗族有"未建房屋，先建鼓楼"之说。鼓楼是侗寨必备的建筑，是历代侗寨村民祭祀、议事、集会、迎宾、庆典、歌舞、娱乐的公共场所，是侗族多元文化的载体，是侗寨最具象征意义的标志性建筑。侗寨鼓楼，从造型上看，有密檐式、阁楼式、干栏式、门阙式，各具风姿；从外观上看，有四角形、六角形、八角形；从建筑层数看，一般为多层数，高大挺拔的有 20 多层；从结构形态看，有独柱鼓楼，一根中心柱撑起一座鼓楼。明代邝露的《赤雅》记载："以大木一株埋地，作独脚楼，高百尺，烧五色瓦覆之，望之若锦鳞然，男子歌唱、饮啖，夜归缘宿其上，以此自豪。"[①] 目前，独柱鼓楼已非常少见，现名声最大的是 1921 年建造的黎平县岩洞镇述洞村鼓楼，另外，更多的是中心四柱鼓楼、中心六柱鼓楼。鼓楼的顶部有悬山、歇山和多坡面攒尖等形式；顶

---

① 邝露：《赤雅》，中华书局，1985 年，第 10 页。

尖常用长铁杆套上5～9颗陶瓷宝葫芦直插云霄。雕塑装饰也是侗寨鼓楼的构成要件，鼓楼的檐板上常描有双龙抢宝、双凤朝阳、飞禽走兽、古传人物等彩绘，檐角装饰着各种瑞兽雕塑。侗族居住区现有着近千座鼓楼，在肇兴侗寨就集中矗立着5座鼓楼，鼓楼俨然成为侗族村寨最耀眼的景观。

### （三）类型多样、特点各异的公共建筑和空间

鼓楼之外，侗族传统村落还修建着许多公共建筑和空间，如戏台、宗祠、禾仓、萨坛、风雨桥、铜鼓坪、芦笙场等，也都有着鲜明的民族特色和建筑技巧。其中，最引人注目的是风雨桥，它与鼓楼、侗族大歌一道被誉为"侗族三宝"，也是侗族标志性建筑之一。侗寨风雨桥多修建在寨口或寨中的溪河之上，一般为杉木组合托架简梁式木桥，桥上建有长廊，桥墩上建有亭阁。建造方式采用的是侗族传统的木构建筑建造技艺。侗寨风雨桥结构科学、构思独特、造型优美、建筑坚固，融美观和实用为一体，充分体现了侗族在建筑艺术方面的聪明才智。侗寨多依山傍水而建，因而风雨桥也必然成为侗寨的一道道风景线。在湖南通道县侗乡的坪坦河上，9座始建于清代的风雨桥横波静卧，被国家文物保护专家誉为我国古老造桥术的尾闾，是国内桥梁建造史中最后的、罕见的一批活化石。

### （四）数量众多、年代久远的干栏式吊脚楼民居

侗族传统村落中分布最多的建筑物是干栏式吊脚楼民居。侗族传统村落的干栏式吊脚楼一般为三层，均为杉木结构，采用穿斗式木构架，屋柱用大杉木凿眼，柱与柱之间用大小不一的方形木条开榫衔接。整座房子，由高矮不一的柱子纵横成行，以大小不等的木枋斜穿直套。屋脊较长，多为前后两坡屋面，坡度较缓，屋面盖青瓦。侗寨里，这种干栏式的吊脚楼常常一座挨一座，随着地形地势的变化而修建，因而多姿多态、特色各异，有的像轻灵的亭阁，有的像壮丽的宫殿，有的像优美的画廊。吊脚楼的修建年代也不一，有的已逾百年。在黎平县纪堂上寨的380多栋木质干栏式吊脚楼民居中，超过100年的有60多栋，50～100年间的有183栋，30～50年间的有140栋[①]。各个不同年代的民居风貌给我们展示出了一幅幅侗寨村民生活变迁的画卷。

---

① 贵州省住房和城乡建设厅：《贵州传统村落（第一册）》，中国建筑工业出版社，2016年，第150页。

### 三、浓郁的民族民俗风情，呈现出活态的人文景观

每个民族都有着自身的民风民俗，在旅游开发中，这些有别于其他民族的资源就成了独特的资源。侗族也不例外，保留在侗族传统村落的众多民俗风情，常常将侗族的人文景观活态地呈现出来。

（一）特色鲜明的民俗习惯和民族风情

侗族的民俗习惯和民族风情千姿百态：侗族有自己的民族语言——侗语，民族语言的传承，既体现了民族文化的鲜明性，也表现出侗族人民观察世界的方式以及世界观、价值观。侗族服饰特点也非常鲜明，自纺、自织、自染的青、紫、白、蓝色侗布；龙凤鱼鸟、日月水云、花卉草木等纹饰的挑花、刺绣；琳琅满目的银簪、项圈、手镯、腰坠、银链等银饰；右衽大襟、对襟和交领左衽的上装，青布百褶裙，绣花裹腿，花鞋，插饰鲜花、木梳、银钗的大髻，炫丽而夺目。"吃不离酸，食不离糯，喝不离茶，敬不离酒"的饮食风格，在"合拢宴"（又称"长桌宴"）上表现得淋漓尽致。侗年、萨玛节、侗族芦笙会、泥人节、吃新节、喊天节等民俗节庆更是侗族民族风情的集中展示。

（二）绚丽迷人的民族艺术

侗族歌舞是我国民族艺术中的奇葩，其中最具影响力的是列入联合国"人类口头与非物质文化遗产代表作"名录的项目——"侗族大歌"，在黎平、从江、榕江、三江等地的许多侗寨几乎人人会唱。侗族琵琶歌、侗族牛腿琴歌、侗族河边腔、洪州琵琶歌等侗族音乐，哆耶、芦笙舞、舞龙、舞狮等侗族舞蹈，侗戏、君琵琶、琵琶弹唱等侗族戏剧、曲艺，都拥有着独特的艺术魅力。

（三）巧夺天工的传统技艺

侗族是勤劳而聪慧的民族，掌握和传承着众多的传统手工技艺。"侗族木构建筑营造技艺"无疑是最具代表性的，上述的"侗族建筑景观"中的鼓楼、风雨桥、吊脚楼等木构建筑都凭借这项技艺得以完成。侗族刺绣技艺、银饰锻制技艺、侗锦织造技艺、竹编技艺、藤编技艺、腌鱼制作技艺、民间器乐制作技艺、造林技艺、皮纸制造法等与侗寨村民生产生活息息相关的各类传统技艺既伴随着侗寨村民的日常生产生活，也为旅游开发提供了丰富多样的民族手工艺品。

侗族传统村落有着十分丰富的物质和文化财富，利用和开发得当，将成为

旅游业发展的宝贵资源。

# 第二节　侗族传统村落的旅游分布构想

侗族传统村落的旅游资源具有一定的旅游开发价值，但由于分布在三省区不同的市州、县、乡镇，要全部进行旅游开发，显然也是不现实的。目前，可以选择部分已具有一定旅游发展基础和适宜开发的传统村落进行统筹规划，进行开发。这些适宜开发的侗族传统村落可以从以下几方面考虑。

## 一、具有一定知名度的侗族传统村落

侗族传统村落数量比较庞大，一一筛选难度较大，可以借助《中国传统村落名录》来走捷径。《中国传统村落名录》是住房和城乡建设部、文化和旅游部、财政部于 2012 年开始组织开展的全国传统村落摸底调查，并在推荐的基础上，经传统村落保护和发展专家委员会评审认定的名录，至 2019 年底，已公布了五批共 6819 个。名录中，侗族传统村落有 286 个（个别为侗族与其他民族共同组建的村落），其中贵州省 183 个、湖南省 73 个、广西壮族自治区 30 个[①]。这 286 个侗族传统村落，同样不一定都适宜旅游开发，但其能够列入名录，就表明具备了一定的价值，而且入选名录后也获得了一定的知名度，可以重点考虑。

## 二、聚居较为集中的聚落群或片区

在侗族地区，存在着不少聚居较为集中的传统村落聚落群或片区。由于地域相连的缘故，这些传统村寨之间或多或少都有着一定的联系，有的是以一寨为中心，经过分化、外迁等形式形成类似于"母寨—子寨"似的关系；有的是毗邻而居，互有往来，在"侗款"组织时代，往往结盟形成"小款"，相互协作和帮助，共同抵御外来的侵略。时至今日，聚落群的传统侗寨相互影响、相互对比，形成了经济社会发展的小环境。整合这些侗族传统村落聚落群或片区资源，进行旅游开发也是一种可以选择的方案。侗族地区这样的聚落群或片区比较多，有的还是跨县、跨省的，如贵州黎平县尚重地区的"四十八寨"、榕江县乐里片区的"七十二寨"，湖南通道县的"独坡八寨"等。在旅游开发实

---

① 　本组数据来源：中国传统村落管理信息系统（住房和城乡建设部）。

践中，有的聚落群或片区早已迈出了步伐。如贵州黎平县的"肇兴侗寨"景区，就是以肇兴侗寨及周边的"八寨一山"聚落群为基础打造的；广西三江县的"程阳八寨景区"就是以平寨、岩寨、马安寨为核心的侗寨片区打造的。侗族传统村落聚落群或片区的资源相对单个村落更为丰富，具有一定的张力，既可进行景区规划建设，还可进行景点布局。

### 三、沿交通线延伸的传统村落旅游线

随着侗族地区交通状况的不断改善以及公路"村村通"建设项目的实施，交通干线沿线分布的侗族传统村落不断增多，侗寨的通达性也在整体上得到极大的改善，为侗族传统村落旅游线路的开发奠定了基础。

侗族传统村落旅游线路的设计有两种思路：一种是完全以侗族传统村落景点旅游的线路设计，另一种是侗族传统村落景点与其他民族文化景点或自然景观结合在一起的线路设计。

完全以侗族传统村落为景点的线路设计主要是试图通过多个传统村落的展示，让游客全面感受侗族的民俗风情。这种设计主要运用在侗族聚居区分布较密集的南部侗族地区。线路可以设计在侗族传统村落分布密集的区域，地域跨度和线路长短可根据传统村落实际分布状况确定。譬如：①以贵广高铁从江站（贵州从江县洛香镇）为起点，设计肇兴（堂安）—黄岗—四寨—竹坪—岩洞—铜关—述洞—茅贡—地扪—高近—蒲洞—黎平县城—三龙—洛香的环形线路；②以贵州从江县城为起点的銮里—银良—平球—高增—岜扒—小黄—占里的"七星侗寨"线路；③以湖南通道县城为起点的芋头—黄土—横岭—坪坦—高步—中步的"坪坦河流域申遗侗寨"线路等。

以侗族传统村落与其他民族文化景点结合的线路设计则可以有更多的考虑，特别是在北部侗族地区，由于侗族与其他民族杂居的状况较南部为甚，混合编制线路更为妥当。

### 四、侗族传统村落文化旅游圈

侗族传统村落主要分布在黎平、榕江、从江、三江、龙胜、靖州、通道等毗邻的 7 县，7 县共有列入《中国传统村落名录》的侗族传统村落 203 个，占名录中侗族传统村落总数的 91%，未列入名录的传统村落也数量众多，是侗族传统村落的密集分布区。凭借侗族传统村落数量多、分布密集、文化保持相对完好的条件，在该区域打造较大规模的侗族传统村落文化旅游圈，更能全面展现侗族文化的底蕴和精髓。鉴于位于该区域的黎平县"肇兴侗寨"历史悠

久，侗族文化保持较好，素有"侗都"之称，不论是在侗族文化圈，还是在民族风情旅游圈都有较大的影响，可以考虑以"肇兴侗寨"为中心，整合周边县域的侗族传统村落资源，打造侗族传统村落文化旅游圈。

点、线、片、圈给予了侗族传统村落多样的选择，不同的传统村落，不同的县域、省域，或者是跨省域，都可以根据实际情况，因地制宜、因时制宜，制定和实施适合自身的旅游规划。

## 第三节 着力推进"旅游＋"，拓宽旅游经济产业发展领域

旅游业是综合性的经济业态，主要由"食、住、行、游、购、娱"六要素构成，其本身涉及的产业领域比较广，这就给侗族传统村落旅游经济的发展提供了较多的选择范围。侗族传统村落旅游资源虽丰富，但毕竟是村落，不可能将六要素涉及的产业都做好，由此，也就需要根据自身的优势和特长，着力推进"旅游＋"，在某一要素或几个要素上下功夫，实现相关产业的延伸和发展，提高经济效益。

### 一、"食＋"：餐饮服务、加工配送、连锁外卖、种养殖业

侗族传统村落的饮食特点是比较鲜明的，形式上的"合拢宴"已别具一格，食品上的腌鱼、腌肉、牛羊瘪、油茶、社饭、酸汤鱼等更是游客们饕餮盛宴的"美食"。围绕"食"做产业，是最基本的产业拓展选项。

#### （一）餐饮服务业

"食"的主业。接待游客饮食是其基本功能，让游客吃得满意、吃得赞叹，说到吃就想再来才是较高境界。在众多的传统村落中，在类似的侗族传统食品中做出自己的风味和品味，是侗族传统村落饮食业发展的关键。

#### （二）种养殖业

食材供给是保证餐饮业健康发展的重要因素。侗族传统村落可以围绕自己的特色食品发展种养殖业，如稻田养鱼、香禾糯种植、香猪香羊养殖等特色种养殖，还有生态有机稻米、生态蔬菜、油茶种植，家禽养殖等。

### （三）加工、外销业

侗族传统村落的许多特色食品有着很好的市场前景，有的还小有名气，如从江香猪、婆洞酸菜、香禾糯、牛羊瘪等，过去因为销售运输的原因，发展受到制约。如今，随着电子商务、运输物流业的发展，销售瓶颈已经打破，由此，可以借助旅游及其广告效应发展食品加工及外销。

## 二、"住＋"：民宿业、林业、木构建筑业

侗族传统村落的木构吊脚楼也极具个性，在国家倡导传统村落保护的大背景下，作为旅游目的地的传统村落木构吊脚楼是住宿的首选，由此，也能够带来相关产业的发展。

### （一）以民宿为主的住宿产业

侗族传统村落的民居以干栏式木构吊脚楼为主，许多建筑质量较好的只要稍加修缮和装饰就能够接待游客住宿，凭栏远眺青山、夜卧静闻清风，行走时共振于楼板的回声、闲聊时无视于墙壁的阻隔，许多游客也非常愿意享受这种迥异于城市高楼大厦宾馆的住宿体验。以木构吊脚楼为主的民宿业成本较低，有吸引力，应当作为侗族传统村落住宿业发展的主流。如果条件允许，也可以适当发展主题休闲农庄、乡村度假酒店，既形成对村落民宿的补充，也满足游客不同层次的需求。

### （二）以杉木为主的林业

历史上，侗族就有种植杉木的传统，鼓楼、风雨桥、吊脚楼等建筑都以杉木为主。旅游住宿中，木构吊脚楼民宿的修建、修缮，加之村落修建其他建筑，有一定的木材需求，另外，杉林对绿化环境、净化空气、涵养水土都有极大的作用，借旅游之势发展以杉木为主的林业，可以实现经济效益和生态效益的双赢。

### （三）木构建筑业

我国被列为联合国"人类口头与非物质文化遗产代表作"名录项目的"木构建筑营造技艺"就包括侗族木构建筑技艺。虽然由于现代建筑技术的发展和人们居住需求的变化，木构建筑需求呈减少的趋势，但依托传统村落旅游住宿的要求，以及国家保护传统村落的相关政策，侗族木构建筑业在传统聚居区能

够得到一定的复苏和发展。

### 三、"行＋"：低端运输业、交通服务业

侗族传统村落受条件限制，参与旅游运输的程度不可能太深入，但可以根据村落旅游业发展的不同阶段，利用摩托车、人力车、三轮车、中巴车等交通工具在村落内部或村落周边发展低端运输业，为游客提供灵活方便的出行。也还可以开展一些车辆预订、预约送达、行李短途托运等交通服务。

### 四、"游＋"：观光农业、康养业、体验业、导游业

"游"，贯穿于旅游活动的全过程，其他几个要素里都蕴藏有"游"，就其可以拓展的产业来说，至少还包含如下方面。

#### （一）观光农业

到村落欣赏农田风光应是传统村落旅游的必备项目。依仗溪流蜿蜒的平坝田园，或层层叠叠的山坡梯田，侗族传统村落发展既赏心悦目又能提供食材的观光农业前途无量。

#### （二）康养业

利用侗族传统村落优美恬静的山水、茂密常青的杉林，加之侗医、侗药的辅助和侗族和谐的文化氛围，发展以休闲度假、疗养康健、文化养生为主的康养业，不失为一种产业选择。侗族有句俗语："饭养身，歌养心。"在传统侗寨里既能养生，又能养心，也许比其他类型的养生活动更具效果。

#### （三）体验业

体验式旅游越来越成为一种潮流，侗族传统村落有着许多可以让游客参与体验的资源，如画腊花、织侗锦、捶侗布、编藤筐、捉田鱼、舂稻米、做五色饭等，安排一定的场所，开设各种适宜游客参与的体验项目会对游客产生较大的吸引力。

### 五、"购＋"：商业、民族服饰业、传统手工艺业

侗族传统村落的许多产品具有鲜明的民族特色，像银饰制品、民族童装、绣片、织锦等，都可成为游客购买的纪念品、工艺品、伴手礼。围绕"购"发展相关产业也是可供选择的路径。

（一）商业

商业与"购"直接关联，各类民族特色商品是其主打，同时，还可以根据游客不同的需求，适当引入一些其他民族的特色商品，既丰富市场产品，又能提高经济效益。

（二）民族服装业

（1）通过旅游产业的影响，引导更多的侗寨村民关注和穿着自己的民族服装，扩大传统民族服装的市场范围。

（2）生产可供游客收藏的服装纪念品或供其他地区生产"民族风"服装需要的绣片、花带等配饰。

（3）从市场效应看，侗族童装非常受游客喜爱，由此发展供其他民族少儿穿着的服装有一定的市场空间。

（三）传统手工艺业

侗族传统手工艺保护和传承的效果非常好，许多项目已列入各级非物质文化遗产名录，组织传统村落的匠人们发展传统手工艺业，根据各自掌握技艺的程度，开发从低端的日用品到高端的艺术品。像微型侗族鼓楼、微型风雨桥等纪念品，是居家装饰难得的艺术品，广受游客的青睐。

## 六、"娱＋"：演艺业、音像业、娱乐服务业

侗族地区是久负盛名的"百节之乡"，"大节三六九，小节天天有"，加之还是"歌舞之乡"，"侗族大歌"早已蜚声海内外，传统村落的大众娱乐活动非常多。在吸引游客参与娱乐活动的同时，一些相关产业也具一定的发展前景。

（一）演艺业

侗族传统村落的歌舞艺术表演队伍，除了可以在固定的旅游项目中进行表演外，随着队伍的壮大和成熟，还可以走出村落到国内外的演艺市场进行展示，可以登上各类传媒进行展示。目前，从江小黄、榕江车江、黎平肇兴等地都有演艺队伍活跃在各类舞台上，整合队伍，走出村寨，将大有可为。

（二）音像业

侗族的各类艺术表演，既是各类媒体关注的素材之一，也是侗寨村民自身

喜爱的内容，通过音像业的发展，扩大传播渠道，是对现场游览的一种补充，也具有宣传和广告相应。

（三）娱乐服务业

作为主打旅游项目的补充，以及游客活动的调剂，侗族传统村落可以开设一些娱乐厅、歌吧、棋牌室等娱乐服务场所丰富游客的旅途生活。

"旅游+"是对侗族传统村落旅游开发项目的拓展，能够促进传统村落旅游资源的深度开发和利用，实现综合发展，提高综合效益。侗族传统村落可以因地制宜地规划和实施，分步骤、分阶段推进。

# 第四节　侗族传统村落旅游经济发展的保障措施

侗族传统村落数量多、分布面广，且分属于不同的行政区划，各村落的资源禀赋不一样，旅游经济发展的步伐也不一致，情况纷纭复杂。面对全域旅游的大形势，采取哪些有力有效的保障措施，避免侗族传统村落的旅游经济发展陷于无序发展的泥潭，从而沿着良性的轨道前行，意义十分重要。

## 一、加强规划的制定和统筹，确保发展有序

从我国村寨旅游开发的实践看，许多地方由于缺乏规划，相互模仿、无序开发的情形较严重，从而导致开发模式单一且趋同，丧失吸引力；村落建筑、格局遭到破坏，资源浪费严重；经济效益低下，难以恢复活力等。传统村落旅游开发的规划显得尤为重要。

（一）坚持规划先行

侗族传统村落在谋划旅游开发之初，村支两委应该在征求全体村民意愿的基础上，讨论出初步的设想；然后通过乡镇、县等政府部门将之提交给旅游部门、规划部门，聘请相关领域的专家对其进行修改、提升和完善；再通过相应程序，以规划的形式出台。有了科学、规范且具一定权威性的规划，侗族传统村落的旅游开发才能在科学性、整体性、长期性上具有保障。

（二）统筹相关规划，确保开发行为的一致性

由于管理职能上的差异，有的侗族传统村落已有了多个建设规划，如新农

村建设规划、传统村落保护规划、特色村寨保护和发展规划、风景名胜区建设规划等，有的还受文物保护单位管理办法、世界文化遗产保护管理办法等影响，各规划和管理办法的侧重点不一样、效能要求不一样，这就需要进行统筹，形成兼顾经济效益、社会效益、生态效益等各方利益的统一规划，从而确保开发行为的一致性。

（三）严格执行规划

实践中，传统村落规划的执行容易受到两方面力量的扭曲或阻碍：一方面是旅游开发机构，作为商业运营机构，个别开发机构为了获取经济利益的最大化，常常更改原有规划，使规划空置；另一方面是村落的个别村民，为谋取经济利益，不服从规划，以个人盲动阻碍或影响规划实施。因此，通过村规民约、管理办法、法律法规等的严格执行保证规划的实施非常有必要。

## 二、加强基础设施建设，确保旅游活动顺畅

没有较为完善的旅游基础设施，就难以确保旅游活动的顺畅进行。就大多数侗族传统村落而言，受区域位置、地理环境、经济条件、生活习惯等影响，旅游所需的基础设施不尽如人意，亟待建设和完善。

（一）进入村落的道路建设

目前，公路"村村通"已基本解决了侗族传统村落的通达问题，但是，由于建设标准较低，大多道路比较狭窄，路况也不理想，稍大型的旅游车辆难以进入。拓宽入村道路，提高道路质量势在必行。

（二）旅游标识建设

为方便游客游览众多的村落景点，旅游标识建设非常必要，这也是侗族传统村落初级开发时常被忽略的。在传统村落中设置使用规范、布局合理、指向清晰、内容完整的旅游引导标识体系能为游客游览提供方便。

（三）公共厕所建设

首先是在村落内规划和建设旅游所需的厕所，做到数量充足、干净卫生、实用免费；其次是对民俗、农家乐等处的厕所进行改造，做到卫生、环保、污物处理方式科学；再次是管理科学，做到及时维护和爱护设施，促进文明如厕，营造健康文明的厕所文化。

（四）加强配套设施建设

侗族传统村落在旅游开发所需要的旅游综合服务区、停车场、观景台、咨询中心、医疗急救、应急安全等配套设施方面需要建设的也还不少。当然，诸多配套设施要一下子全部建设到位有相当难度，可以提前规划，分步到位，尽早到位。

### 三、加强环境保护和治理，营造适宜旅游经济发展的良好氛围

环境保护和治理是经济秩序得以正常维护的重要因素，侗族传统村落发展旅游经济的依托资源之一就是良好的生态环境和人文环境。

（一）加强村落周边生态环境保护

侗族传统村落周边的山水、田园、森林、植被都是村落不可分割的重要部分，也是吸引游客的重点。加强对传统村落周边自然生态系统、生物多样性、田园风光等的保护，保持村落周边生态系统完整性、生物多样性、环境质量优良性及传统村落原有肌理，将与村落内部景点相互映衬、相得益彰，共同展现传统村落魅力。

（二）加强村落内部各项环境秩序治理

治理内容包括：卫生环境上，"改厨、改厕、改客房、整理院落"和垃圾污水无害化、生态化处理等；建筑环境上，整治乱搭乱建、占道占溪流建设、占农田建设、乱伐山林等；美化环境上，清洁、绿化、装饰及摊点规范等。

（三）加强村落人文环境提升

侗寨村民素来勤劳、善良、纯朴，具有较高的文明素质，但要与旅游经济发展相适应，还需要在文化素质、现代科技手段运用、人际交往等方面有所提升，特别是要强化村民的旅游参与意识、旅游形象意识、旅游责任意识。通过系统地教育、培训，村落人文环境得到整体提升，才能更好地适应现代旅游业的发展。

（四）加强安全保障环境治理

建立起村落旅游安全制度，协调旅游、公安、交通、安监、卫生、食药监等有关部门共同构建安全保障网，为村落旅游提供全方位的安全保障。

## 四、加强创业、就业环境营造，助推富民工作

### （一）加强创业宣传，引导村民创业

旅游经济的发展既给以传统农业为主的侗族传统村落带来新的经济发展方式，也带来致富的契机，加大宣传力度，鼓励侗寨村民自主创业能够加速传统村落的经济进程。近些年来，侗族传统村落许多青壮年外出打工，增长了见识、提高了经营管理的能力、积累了一定的资金，鼓励和引导他们回乡创业，可以实现个人及家庭收入增长与促进家乡经济繁荣的双赢。

### （二）加强企业沟通，创造就业机会

长远看，企业化经营是侗族传统村落旅游经济发展的必然趋势。加强与相关旅游企业的沟通与协调，创造条件，通过以景区带村、"企业＋农户"和尽可能地安置侗寨村民到相关企业就业等方式促进村民就业，这也是改善更多村民的家庭经济状况，帮助村民走出经济困境的一种方式，是旅游企业实现经济效益与社会责任担当的一条重要路径。

### （三）改善营商环境，为村民创业保驾护航

信用社、工商、税务、卫生、环保等部门在政策范围内，尽可能地为侗寨村民提供便利和优质服务，能够为村民的创业成功增添更多的保障。

黔湘桂侗族传统村落拥有丰富的旅游资源，在国家促进全域旅游的大背景下，顺应时代潮流，利用自身优势，发展旅游经济，是一条值得大胆探索和尝试的经济发展路径。

# 第五章　侗族传统村落生态环境保护

　　良好的生态环境是黔湘桂侗族传统村落能够存续的宝贵财富，也是今后可持续发展的珍贵资源。如何保护好传统村落良好的自然生态环境、人居生态环境和人文生态环境，仍是值得长期关注的课题。

　　黔湘桂侗族传统村落分布之处位于三省区的交界地带，属于偏远地区。由于远离交通干线和中心城市，受到现代工业和城市化的冲击较小，原生态环境保持相对较好。但应该看到，现代化对侗族传统村落的冲击是不可避免的，只是时间的迟早和力度的强弱。这样的形势下，如何采取有效措施，保护好侗族传统村落的生态环境尤其重要。

## 第一节　侗族传统村落良好的生态环境

　　黔湘桂侗族聚居区土质肥沃，水源丰富，山水条件非常有利于植物生长，对发展农业、林业有天然环境优势，区域整体森林覆盖率在 60％以上，由此也形成了"青山绿水"的良好自然生态环境；错落有致、功能齐备、向心性特征的村落内部空间布局为村民们营造了良好的人居生态环境；勤劳守信、以和为贵、文明礼貌、平等互助等传统美德构建起了良好的人文生态环境。

### 一、生态与生产生活和谐统一的自然生态环境

　　侗族的稻作生产由汉唐时期的游耕与狩猎采集生产方式发展而来，长时期采用刀耕火种的耕作方式，大面积的森林砍伐与农业耕种需要一定数量人群协作，血缘大家庭式的劳作模式是适应这种集体合作生产方式的社会结构，因此形成了聚族而居的侗族村落。

（一）山、水、田、林共同构成的"以水为脉"的和谐生态

谚语"客家住街头，侗家住水头，苗家住山头""高山苗，水侗家，仡佬住在岩旮旯"，描述了侗族传统村落所处的地理环境。侗族传统村落大多位于河谷阶地，有河流可以灌溉，有土地可以开垦，有山坡可以建屋，有群山可以造林，山、水、田、林共同构成了"以水为脉"的良好和谐生态。

此外，由于黔湘桂侗族聚居区多高山陡坡，平坝难寻，也有一些传统侗寨位于山间高地。不过，位于河谷平坝的传统侗寨居大多数。与山间高地的传统侗寨相比较，河谷平坝的传统侗寨规模较大，公共建筑较多，组织形式相对完整，民间节日庆典活动、生产活动经验交流，以及生产工具、生活物资的交流也相对频繁，常常会成为周边地区的中心。

侗族传统村落的外部空间环境主要由居民活动区、农田和林地等要素构成。空间布局理想的模式是"同心圆式"，即以村寨居民活动区为中心，向外扩展的第一层为农田区，将沿河沃土辟为水田或将山间缓坡垦为梯田；外部第二层为林地区，一般种植杉木、松木、楠竹等。位于河谷地带的侗寨会根据山形水系的特征因势利导地做些布局上的调整。若沿溪河两侧都有适于建房的平地或缓坡地，则侗寨的居民活动区以河流为中心，在河谷两侧分布，田地、林地分别自河谷两侧的居民活动区边缘向外扩展。若溪河两岸仅有一侧较为平坦开阔，那么侗民生活劳作的活动区、田地、林地也只主要分布在这一侧，村寨呈"半圆式"。由于河流的侧向侵蚀和侧向沉积作用，常常形成 S 形弯曲河道和马鞍形河岸平坝，位于这些平坝上的侗族村寨也逐渐发展为"扇形"。此外，沿河道或随山形铺就的青石板路，将上述诸多要素联结为一个有机整体，并实现与其他村寨的沟通交流，也在一定程度上影响了侗族村寨外部空间的布局与形态。

（二）生产与生活的可能和便利与自然环境的相统一

适宜耕作的土地、充足的水源、易于盖房的地形以及丰富的自然资源都成为侗族传统村落选址首要考虑的条件。从黔湘桂侗族传统村落的历史传说看，很多传统村落选址的原因都是祖先见此地有天鹅孵卵、狗做窝而认定此地为宝地，这是侗族先祖从自然界中得到的生存经验，动物在此繁育可以说明有较为优良的自然资源与环境，是建寨生活的好地方。与苗族的高山村落不同，侗族村落优先选址于山间盆地与平坝河谷地区，靠近水源便于生产生活，河坝农田又易于耕作，周边又有高山环绕，是村落天然的屏障。也可选址于山脚之下，

背山面水，前是溪流与农田，寨后为山林。这种平坝型侗寨由于自然资源充足，有利于村落的进一步扩展，足以供养较多的人口。平坝村寨一般为历史久远、规模较大的村落，平地建寨也更易于形成向心围合的村落空间。

侗族聚居区素有"九山半水半分田"之称。随着侗寨的发展，耕田由村落周边的平坝田向山坡梯田发展，部分居民随着耕田外扩而搬迁至山区居住并建立新寨，村落位于高坡或山脊之上，建筑散布于山坡之上，形成山麓型的村落。从侗寨的选址上往往也可看出村落发展的历史，平坝寨一般均为母寨，山麓寨多为子寨。这些山麓寨地处高山坡，海拔较高，生存条件较为恶劣。例如在稻作农耕播种环节，海拔低、位于平坝地的侗寨仅需要把秧种直接播撒在水田中；而海拔高、位于山麓之上的侗寨需要先在自制温室中培育秧苗，然后在田里栽秧苗。二者的产量相当，但是平坝田比高山田更容易打理，被当地人视为良田。相比起平坝寨丰富的水源，山麓寨的高山梯田引水有较大的难度，很难打理。

不同的村落选址也造就了不同的村落空间形态，平坝寨具有较强的向心性，一般以河流作为较为明显的村落边界；山麓寨沿山势纵向发展，空间层次更加丰富，但村落的向心性有所减弱[1]。

## （三）信仰崇拜及风水观念与自然环境相吻合

由于生产力低下，经济与文化落后，早期侗族先民改造自然的能力还很弱，自然环境的障碍直接影响了人们对生存环境的选择。对大多数人而言，山地被当作神的驻留场所，可望而不可即，只能对之顶礼膜拜，由此产生了自然崇拜、祖先崇拜等原始宗教信仰，如对祖先土地神（山神）、树神（枫树、杉树、松树）、岩神、桥神等的崇拜。这些宗教信仰不仅影响着人们在村落选址上采取对地形的利用和对地势的依托，同时也影响着房屋的建造。

黔湘桂侗族先民在原始宗教信仰中有着对树神的原始崇拜，因而侗寨多有古树，名曰"风水树"；杉木为吉祥树，侗民视其为"杉仙"，鼓楼仿其树形，建房优先考虑杉木。

人们对自然环境如山地的山峰、脉络走向、坡度、等高线、土质、水源、湿度、温度以及自然领地屏障等特质的认识，是长期逐渐形成的，并由此得出人与自然环境之间关系的规律，风水理论因此而产生。侗族先民自发形成了朴素的风水思想，认为理想的村落基址应该是后有靠山前有朝宗，左右有杉山护

---

① 赵晓梅：《中国活态乡土聚落的空间文化表达》，东南大学出版社，2014年，第91页。

卫，明堂方广平畅，溪河似玉带环抱。水口紧固绵延起伏的山脉为龙脉，山势绵延而来至坝区或河流边戛然而止的地方称之为"龙头"，在"龙头"前面环绕的溪流和开阔的坝子边划地起屋，称之为"坐龙头"。若后山山势凶猛，便在后山多蓄古树木，作为"风水林"，以"镇凶邪"。此外，侗民们还通过修桥、立亭、改道等方法完善、补救"风水"，认为溪水源源流去，会把财源带走，便在河流和溪上设风雨桥，锁住水口；溢口穿风而过，会把财气漏掉，则在风口处修建凉亭，堵住风口；因太阳东升西落，多选择从东面或南面修路进，很少选择西面和北面。

侗族村寨的基址大多趋同于"风水"中的理想村寨基址，彰显着风水观念对村寨择址和修建构筑物的深刻影响。以贵州黎平县纪堂村为例，纪堂村位于麒麟山西端的一块凹地，人们认为龙脉顺山而上于此，故坐落之地被视为"龙口"。纪堂村分为上寨、下寨、寨头3个部分，上寨坐落之地被视为"龙口"的舌尖，所建鼓楼要矮；下寨所居之地被视为龙之下颌，所建鼓楼要高；而寨头则为龙的左额部，建立的鼓楼也要矮，且4根中柱不能落地。人们认为只有这样，才能使村子蒙福受祉，人丁兴旺，生活富裕。

黔湘桂传统村落选址布局是对自然地理环境的适应，是历史发展与迁徙的必然选择，同时深受宗教信仰及风水观念的影响；既体现出侗民族顽强不屈，努力拼搏的生存状态，同时也体现出侗民族因地制宜与自然和谐共处的生活理念。简而言之，黔湘桂传统村落择址特征可概括为：依山而建，择险而居；临近水源，有土可耕；风水为上，兼顾环境；聚族成寨，自成一体[①]。

## 二、错落有致、功能齐备的人居生态环境

作为人们栖息生活的场所，村落居住环境需要满足村民生产、居住与娱乐等多方面的需求。侗族传统村落中，鼓楼、鼓楼坪与戏台满足了村民交流、举行典礼以及休闲娱乐的需求；萨坛体现了寨民的精神信仰；住宅是村民居住与生活的空间，村民在此也进行一些小型生产与娱乐活动；款坪是寨际间议事、娱乐的空间；花桥与道路是重要的交通设施，也是寨民沟通、休憩的场所；禾仓、草仓是储藏居民生产资料与产品的地方；农田、山林与河流、水塘是侗民获取生产资料、从事生产劳动的主要场所。在侗族传统村落中，这一切共同具备了生产生活所需的功能，在布局上错落有致、井然有序，构成了良好的人居

---

① 曹昌智、姜学东、吴春：《黔东南州传统村落保护发展战略规划研究》，中国建筑工业出版社，2018年，第71页。

生态环境。

## （一）村落主体——鼓楼中心与住宅

侗族传统村落中心一般由鼓楼、鼓楼坪与戏台围合而成，选址于较为平坦之处，作为精神信仰场所的萨坛也置于这一中心附近。鼓楼与萨坛是侗寨中最重要的公共建筑，侗族有"未建寨门，先设萨堂（坛）；未建房屋，先建鼓楼"之说，即使建寨之初无力修建萨坛与鼓楼，也会预留出二者的场地。村民的住宅建筑围绕着村落中心，住宅间穿插着村民生产生活的设施，如水塘、禾仓与牲棚等。住宅一般与山面相连，正面与背面相隔形成道路系统，连接着各户。住宅的交接方式决定了村落空间结构，虽然住宅围绕鼓楼建筑，但不都是面向鼓楼的，而是顺应地势的并排串联，将鼓楼围绕在内。平坝型村落，住宅屋脊一般平行于河流方向，形成联排建筑，围合鼓楼中心。山麓型村落住宅布局基本遵循同样的原则，屋脊平行于等高线，形成更为自由、富于变化的空间。住宅布局形式也决定了侗寨的道路交通骨架，主要道路即平行于住宅的横向连接，住宅与山面之间形成小巷。

## （二）村落空间骨架——道路、河流

道路与河流是侗寨内两种不同的线性空间，搭建起村落的空间结构。河流是自然对村落空间的构架；道路是人为规划建设的产物，受河流走向与山势等自然地理条件影响。

作为陆上交通的走廊，道路连接着寨中一个个独立的建筑与空间。黔湘桂侗寨多为自然发展的村落，村落的规模与形态受自然资源与地理环境影响较大。道路体系在村落发展过程中逐渐形成，自由度较大，在山麓型侗寨中依山势而变化较多。主要道路一侧设有沟渠，排泄自然雨水与生活用水。道路最基本的功能是满足社区的交通需求，兼作村民沟通交流之用。往来的村民在路上碰面，相互打招呼、问候，或停下脚步交谈几句。住宅前后的道路是私人居住空间的延续，村民在自家门前从事一些小型生产活动，如木工、织染等。

侗寨中的河流是自然在村落中的延伸。侗族人民理解水源对村落的重要性，寨子尽量选址在河边，傍水而居。有的侗寨选址于河流转弯内侧冲击形成的平坝地区，河流如腰带围绕寨子，成为村落的自然边界。河道两侧或为道路，或在紧邻河岸房屋底层做通廊。河畔也是居民重要的生活空间与交流空间。

### （三）村落节点与边界——水井、水塘、花桥与寨门

除鼓楼中心外，侗寨内部有一些重要的节点，它们往往是居民聚集的公共空间，构成村落内一个个丰富有趣的交流空间。

黔湘桂侗寨发展较为完善，拥有发达的给排水体系。饮用水取自水井或山泉，生活用水取自河流或水渠、水池；位于道路一侧、贯通寨子的沟渠则是村寨的排水系统。水井是侗民生活用水的主要来源，广泛分布于村落内，方便各家各户取用。取用水是村民日常生活中的重要环节，每天各家各户都要到井边挑水，或直接在井边取用井水饮用、洗涮，于是水井成为人们休息与交流的空间。

每个侗寨内均设有若干水塘，散布于村落之中，使房屋之间有所间隔，可以用作消防用水，对侗寨的防火起到至关重要的作用。水塘是村民生活用水的重要渠道，也是居民交流的地方，这里是公共生活的重要组成部分。水塘具有很好的景观效果，村落通常在水塘边安设座椅、凉亭，村民在这里聊天、休憩。水塘养鱼是侗族的传统养殖方式，其原理与稻田养鱼类似，春季将鱼苗投入水塘，村民生活垃圾的一部分作为鱼苗的饲料，入冬前鱼长成即可捕捞。

侗族花桥，即风雨桥，采用廊桥的形式，在木构的桥身之上加盖屋檐。花桥内设有座椅，侗家人说："建鼓楼为自己娱乐，盖花桥供路人休息。"说明了花桥的休憩功能。侗族传统花桥一般规模较小，仅一跨，造型朴素。有的花桥出于美观考虑，在屋面上加建类似鼓楼的屋檐，做悬山重檐或歇山、攒尖屋顶。花桥一般位于河流之上，连接起河流两岸。有的侗寨滨水而建，以河流为界，花桥也兼作寨门。不少侗寨的花桥位于村落内部，成为村民夏日乘凉的地方，既是交通所需，又为村民提供了寨内休憩娱乐的场所。

寨门标记了村落的边界（农田与山林在寨外），也起到保卫村民及其财产安全的作用。寨门一般设置在寨子通向外界的主要道路上，在历史上的动乱时期，村民在寨门边轮流守夜以保卫寨子。寨门为劳动归来的人们提供了休息的场所，也是村民迎宾送客的地方，主寨的村民在寨门前将客人拦下唱拦路歌，客人要以歌应对才能进入寨中。

### （四）村落边缘与外围——禾仓、草仓与田、林

侗族村落边缘原来建有禾仓、草仓与旱厕，禾仓与旱厕为几户人家共用。村民的坟墓也位于寨子周边，有的紧邻村落，有的距离稍远。侗寨外围是村民的农田与山林，环绕着侗寨。

　　储存粮食的禾仓是西南山地特有的建筑形式，采用干栏式建筑（高脚或矮脚），与地面保持一定高度。除架空层外，禾仓储存粮食的空间一般为一层或两层。禾仓为村落居民共同修建，内部分隔成各家的仓储空间。禾仓一般位于寨子外围，村落边缘。禾仓与其他建筑保持一定距离，这样即使寨内受火灾，禾仓仍然安全。20世纪70年代时，土地为集体所有，收获的稻谷都放在集体禾仓中，个人不需要私有禾仓。后来分田到户，集体禾仓失去了原来的使用功能。目前村民多在自家楼上储藏稻谷。

　　草仓即村民存放稻草的仓库，一般位于寨子边缘，靠近农田。草仓为干栏式结构，与禾仓类似而规模较小，每个草仓为一户家庭所有。不少草仓位于水塘、河流附近，这是出于防火的考虑。草仓一般比较集中，很多户家庭的草仓集中于一处，形成草仓群。禾仓与草仓均为村民储备生产资料的场所，仅在取用或存放时使用。平时居民在其附近活动较少。由于承包制的实行以及粮食产量减少、储藏安全性提高等原因，禾仓逐渐减少；传统养殖业的衰落导致了草仓功能逐渐消失；随着生活设施的现代化，厕所也逐渐进入住宅内部，位于村落边缘的这几类半公有建筑设施逐渐减少，反映出侗族社会的发展变化。

　　村落外围是村民进行农耕生产的农田以及林业生产的山林。田、林有公、私之分。私人农田、山林归各家各户所有；公田与封山是村子的公共财产，所得利益用于公共活动。公田在"农改"后逐渐消失，封山仍为村寨所有。紧邻寨子的山林为本寨的封山，种植杉木、松木、竹子和杂木等，任何人不得随意砍伐（竹子定期砍伐出售，树不卖）。封山具有保持水土、美化环境的作用，同时其经济收入（如竹材）也是寨子公共活动的重要资金来源。侗族居民向来重视对自然环境的保护，尤其是对封山的保护，如有个人破坏行为，会受到严厉的惩罚。

　　私人田、林根据人口、土地质量与距离远近进行划分，每家既有临近寨子的农田，也有距离较远的农田；既有平坝良田，也有高山梯田，尽量做到公平。侗寨的耕田在农闲季节可以作为"斗牛"等寨际间活动的场所。

　　寨子之间可能还有款坪，这是各寨过去联款活动的场所，一般选址于山头平地，视线较好。坪上可能立有款碑，上刻款词。随着历史的发展，"款约"制度由最初的军事联盟发展为各寨之间广泛联系的纽带，联款结盟扩展为款内各寨制定规约以及举办寨际间的娱乐活动。

### 三、以"和谐"为精髓的人文生态环境

　　侗族传统文化的内涵十分丰富，为侗族传统村落营造良好人文生态环境奠

定了良好的基础。侗族传统村落人文生态环境的精髓是"和谐"两字，"和谐"构成了侗族传统村落人际间交往相处的主基调。基于"和谐"，侗族儒雅的民族性格及有利于个人发展和社会文明进步的种种传统价值观都得以培植和确立。

### （一）大众之乐是人文生态的基础

侗族认为人生的快乐是人活着的意义和价值，而且这种快乐不仅仅是一个人的快乐，更重要的是群体、集体的快乐。因此，侗族非常讲究个人在群体里的融洽相处，只有和睦相处，构建和谐社会，才能得到快乐。于是古往今来，侗族强调群体性活动，集体玩山赶坳，集体行歌坐月，集体劳动生产，集体做客联欢，集体"多耶"跳舞，等等；在这些集体性的活动中，求得个人与他人、个人与群体、个人与鬼神、个人与大自然的和谐。谋求这些和谐之后，才能得到快乐。"追求快乐"的价值观在侗族婚姻中有着突出的体现。为了追求快乐，侗家女子寻找婆家的首选条件不是"家庭富裕"，而是注重对方年龄相当，会唱歌跳舞、弹琵琶、吹芦笙，说话幽默风趣，性格活泼开朗等能够给婚后生活带来无穷快乐的因素，具备这些条件的，才是她们追求的对象，因为跟这样的人一起生活，才会快乐。

### （二）群体利益高于一切，平等互助蔚然成风

在神话传说里，侗族先民认为天地人都是群体创造的，世间万物也是群体创造的。因此，侗族的价值取向不推崇个人，而是推崇群体，以群体为荣，以群体为上，提倡群体利益高于一切。侗族人主张资源共有，寨物公用，反对独占，提倡共享。侗族自古创立的规矩是：个人服从于家庭，家庭服从于宗族，宗族服从于村寨，村寨之事由寨老或首领召集民间议事组织来商议和决断。通过这样的秩序，个人、小群体高度集中，群体利益得到切实有力的维护。

农闲时节，村民们会组织起来做各种善事和公益：将山间道路两旁的荆棘杂草铲光割净，让行人便于通行；在山冲坳岭或村头寨尾，修建凉亭或蓄养古木、引泉凿井、安置木凳，供行人纳凉休息；凉亭内或桥头桥尾，设有水池或木桶，让行人盛凉水解渴；凉亭内，柱子上常悬挂有草鞋，为行远路的人提供方便；山道小路的岔口处，设立"指路碑"，使过往行人不至于迷路；自发地修建和维护通往村外的桥梁、道路、渡船等公共设施。

### （三）以理服人，文明交往

侗族村民们认为，说理、依理、认理、服理是人类特有的品质。所以，侗家人以理修身，以理为人处事。侗族传统村落的村民特别看重"理"，坚信以理才能服人，对于人理、情理、事理、物理和世理的感悟和认识很有见地。如"千刀不如一斧，万句不如一理""有斧砍得倒树，有理服得倒人""有理一句重，无理万句轻""理字并不重，千人抬不动"等谚语或款词都说明有理才能服人，理的分量最重。侗族人习惯通过说理，提高对人理、情理、事理、物理和世理的认识，做一个懂理讲理的人，以理与人交往，以理进入社会。在歌唱类民间文学作品里，侗族有事理歌、劝世歌和古歌，用来说理；在念诵类民间文学作品里，有浩如烟海的说理赋，而说理赋之中又有数量非常多的理词作品，用以阐明人理、情理、事理、物理和世理等；在讲述类民间文学作品里，有许多故事都是用来说明道理的；在表演类民间文学作品即侗戏里，更有不少台词和唱词是用来陈述事理和情理的。侗族说理作品深受侗族人民喜爱，大量被应用于各种社交场合。

在人与人的交往中，侗寨村民认为"天天待客不穷，夜夜做贼不富"，待人接客就像换背刮痧、换手抓痒一样，并且"水帮水成浪，土帮土成墙"。待客诚恳，无论亲疏贵贱，上门就是客，就要端茶送水相待，遇到就餐的时候还要请吃饭，"来者当敬，客无亲疏"。

### （四）崇尚和谐，融入自然

崇尚和谐不仅是侗族人的价值观，更能体现其民族性格和文化的精髓。侗族的宗教文化、伦理道德、制度文化、歌舞文化、其他民俗文化等，都有一个共同的价值取向，就是谋求与人和、与鬼神和、与大自然和。侗族的社交理念与儒家文化相似，认为与人交往"和为贵""忍为上"，因为只有"和气"才有合作，只有"人和"才能办事。"人和"是侗族最为重要、最为核心的社交价值选择。侗族人所要达到的和谐境界有一个完整的体系：第一是谋求人与鬼神的和谐，第二是谋求夫妻之间的和谐，第三是谋求人与人之间的和谐，第四是谋求个人与社会群体的和谐，第五是谋求人类与大自然的和谐。为了达到这些和谐，侗族讲究个人修养、传统美德、社会公德。在社会生活中，用侗族大歌、集体"多耶"踩歌堂等歌舞来熏陶和谐，用集体做客、村寨联欢来促进和谐，用说理劝世、村寨议款来保障和谐，从而和睦相处、长治久安。

在与大自然的相处中，侗族人主张融入自然。侗族人把山水、林木等自然物也当"邻居"看待，"有林泉不干，天旱雨淋淋""树木成林，雨水调匀""千杉万松，吃穿不空；千棕万桐，吃穿不穷"。侗族的村寨不管建在哪里，都会有自己的树、神林，树既是护寨树，又是图腾树、祖先树、父母树。为了保证自然环境的永续利用，侗族有一套良好的习俗，体现保护林木、发展林业方面的公共道德。不准在封山区用火、放牧、砍柴；自家林地上砍伐也要补栽；违反规定的"山有山规，寨有寨约，不管谁人不听规约，大户让他铲光，小户让他铲落"，注重永续利用；成年林砍伐之后，砍伐者在次年春季一定会补栽杉树幼苗；一块薪炭林往往分成若干片轮番砍伐，实现持续发展和利用。

## 第二节　侗族传统村落生态环境保护面临的挑战

时代在发展，侗族传统村落也必然随之发展。在经济开发、旅游开发、新农村建设等涉及传统村落的保护、建设和开发中，传统村落的生态环境保护受到了一定程度的影响，挑战越来越严峻。

### 一、思路性偏失致使风貌破坏

长期以来，黔湘桂侗族聚居区对于生态环境的保护做了大量的工作，也取得了一定成效。但是，在时代迅猛发展的形势下，由于城市化进程推进、村落空心化等因素影响，在传统村落保护过程中出现一些问题，以致部分传统村落风貌遭到破坏。

按照科学发展观重新审视和深刻反思，不难发现，一些侗族聚居区对传统村落保护发展存在着认识上和理论上的缺失。在传统村落文化遗产保护发展上，片面强调保护而忽视可持续发展，或一味追求发展而忽视保护，人为地将传统村落的生态环境和传统文化保护与经济发展对立起来，甚至把保护等同于守旧，把发展视同为破坏。在片面的发展观和认识论下，就难以寻找到一种符合内在规律的、保护与发展相结合的途径。指导思想的缺失或者偏失，会直接导致村落保护利用陷入困境。盲目追求经济的增长导致村落风貌、格局的破坏，其对传统村落的影响远远大于经济收益，这种指导思想偏失的后果往往造成生态环境和民族文化的庸俗化开发、盲目开发、错位开发、破坏式开发等一系列问题。比如贵州黎平县的肇兴村，在2012年还以舒适优美的山水农田自然人文环境著称，但是近年来，旅游开发占用了其大量农田，为发展旅游而在村寨入口处修建的大型寨门广场破坏了原有的自然环境和人文环境。这些不当的行为严重破坏了村落风貌。究其原因，还是村落在保护发展过程中缺乏正确的指导思想，盲目以旅游开发为导向。

传统村落的保护管理往往需要投入大量财政资金，加强基础设施建设，整治居住环境，提升环境质量，维护和修缮历史建筑、传统建筑，这很容易导致地方将良好的生态环境和文化遗产当作旅游资源进行开发建设。在未制订科学合理的保护利用规划情况下，盲目对传统村落进行旅游开发，简单采取商业化模式运作——"把古迹当景点，把遗产当卖点"，将传统村落变成赚钱的新路[①]。一味追求高额的经济效益，过度开发传统村落搞旅游，必然会在一定程度上破坏民族文化和生态环境，这种现象在已经进行旅游开发的侗族传统村落中比较普遍。加之没有更好地引导村落合理发展，致使经济效益、社会文化效益、环境效益之间的矛盾越发突出。传统村落保护发展应该处理好这三者之间的关系，同时正视并解决三者发生冲突的根结所在，做到有的放矢。

传统村落的保护和发展具有经济利益、文化诉求、社会效应等多个方面协同共生的复杂性，因此必须有科学合理的指导思想对其加以规范引导。目前来说，侗族聚居区传统村落普遍面临着指导思想缺失的问题，村落保护管理制度还不健全，监管力度不强，使侗族聚居区在传统村落保护方面走了一些弯路。

## 二、粗放式开发造成恶性发展

传统村落的自然风貌、村落整体格局和传统建筑，是保护和发展传统村落工作的基础前提。但近年来，部分地方通过过度开发、盲目开发传统村落来获取经济利益，使村落的自然风貌和整体格局受到了不同程度的破坏。在推进传统村落保护发展的过程中，人们往往把保护传统和发展旅游完全等同起来，简单地理解为保护传统村落旨在发展旅游，而发展旅游就应该尽快获得经济效益，误以为保护就是为了赚钱，于是把传统村落的文化遗产当成了摇钱树。甚至不惜以牺牲自然环境和文化遗产为代价，陷入了过度旅游开发和商业开发的困境，形成恶性循环，造成严重危害。毫无疑问，一些经典、有特色、适合旅游的传统村落可以发展旅游，但是绝不可把旅游当作传统村落发展的唯一出路。传统村落的生态资源和人文资源较脆弱，不能一味追求收益最大化而破坏不可再生的文化遗产。联合国对文化遗产采取的态度是合理"利用"，而不是盲目"开发"，因此始终要把村落保护作为前提，在切实保护历史真实性的前

---

① 周乾松：《我国传统村落保护的现状问题与对策思考》，《中国建设报》，2013年1月29日第3版。

提下，发挥其自然和文化的生态功能、精神功能和文化魅力，从而获得可观的经济收益。

忽视文化遗产价值，以牺牲文化遗产为代价，大规模改造，拆真建假进行旅游开发是传统村落保护中的通病。近年来，一些旅游开发公司把传统村落当作新的旅游开发地，进行粗放式旅游开发建设，传统建筑拆建利用无序，维护质量粗糙低劣，并在此过程中随意地改变村落原生态文化，擅自进行迁建、移建，新建"仿古街""假遗存"，严重破坏传统村落原真性文化特征和原生态自然环境。村民对传统村落的发展意识也仅仅停留在旅游开发的初级层面，一旦旅游开展起来，不仅开发商，村民也开始新建餐馆、民宿等建筑，甚至将原有建筑进行修整、加盖高层，传统村落的保护变得舍本逐末。

村落无规划地扩充建筑、占领土地发展旅游，严重破坏了传统村落风貌。具体表现为，有的在新农村建设中缺乏保护意识，结果建成一个新村落导致原有村落风貌消亡；有的旅游开发过度，建"新"景区破坏了村落自然格局和传统风貌，少数民族标志性建筑物如村落寨门、吊脚楼、禾仓等不再原汁原味。种种不当开发与中国传统村落保护传承理念背道而驰。

"重开发轻保护"的商业化过度开发和监管不到位，导致传统村落遭到"旅游性破坏"。由于长期以来传统村落开发主要依靠旅游，对传统建筑价值的认识仅仅停留在创造经济效益上，而对于其丰富的历史、科学、社会、艺术等价值知之甚少。侗族聚居区传统村落保护发展过程中最突出的问题就是重古建轻文化，即重视传统村落文物保护，忽视服饰、饮食、生活起居等民俗的深层次开发。而且"重开发利用，轻保护管理"的现象相当普遍，一些具有重要价值的传统建筑因保护管理不善遭到损坏，与此同时还面临着旅游开发性的破坏，导致文化遗产加速折旧、"文化变异"。

## 三、新兴措施中的"保护性""建设性"破坏

近些年，黔湘桂侗族聚居区开展了新农村建设、美丽乡村建设、全域旅游等保护和建设工作，越来越多的社会力量开始参与传统村落的保护与复兴行动，政府投入大量的精力财力，在一定程度上取得了成效，但一些措施和方法并没有发挥出保护的效果，而是在一定程度上带来了"保护性""建设性"破坏，损害了自然生态和谐之美。

（一）保护和建设的标准存在偏差

1. 以移植的形态建设传统村落

一些侗族传统村落的保护和建设走入跟风移植、粗糙嫁接、简单模仿、盲目复制的误区。用移植其他标志性建筑和用城市手法或元素美化传统村落环境，如占用农田修建不符合传统村落空间和文化内涵的集散广场，用混凝土建造假山……这些用简单拷贝手法营造的空间格局不仅脱离实际，而且丧失了侗族传统村落的自然原生的有机形态，破坏了传统村落原本和谐的空间格局和风貌。

2. 以统一划一的方式建设侗族传统村落

在一些传统村落的保护和建设中，无视环境的自然性、景观的多样性和层次的丰富性，在民居修缮、道路修建、农田及设施配置等方面都趋于标准化。最为典型的是将路边的传统村落进行统一的"穿衣戴帽"，给自然的河流修建河堤和水泥步道，将乡间小路扩宽拉直等。这种标准化、整齐化的追求，村落的气质、秉性、样貌和独特性被格式化，所呈现的同质化事实上加剧了传统村落自然生态环境、人居生态环境的损坏。

（二）保护和建设项目各自为政

近几年，五改工程（改路、改厕、改厨、改电、改灶），"农村环境综合治理一事一议""一村一品、一乡一特"等保护和建设工程为侗族传统村落的新农村建设做了大量有益的事，在一定程度上改善了传统村落的人居环境和生产生活条件，但是，多元性组织管理的各自为政，理解和认识上的差异，导致项目置入的同时，缺乏传统村落整体性生态的关照，具体实施与操作缺乏统筹与协调，各种项目建设所带来的是自然和人文环境不同程度的改变。

（三）保护和建设的舍本逐末

在各种保护和建设工程中，传统村落常常通过硬化、绿化、亮化等项目，实现道路硬化、村庄绿化、路灯亮化、环境美化和公共设施配套化的美丽乡村建设目标，以改善村落人居环境，提升村落颜值。但这些工程大多与传统上采用自然石材的村落环境形成极大反差，自然本真的村落风貌被破坏。特别是河流筑堤、道路扩宽、占地建场、修建高大建筑等项目严重地改变了传统村落自然本真的村容村貌。这种花费大量资本投入的项目，其结果不仅仅是舍本逐末，更有可能让村落最珍贵的价值在短短"突击"中云散烟消，往往是触目惊心的浪费与"保护性""建设性"破坏①。

## 四、多种诉求的矛盾

受现代文明影响，许多传统村落原居民对都市生活越发崇尚，由此引发了与传统村落保护传承相冲突的系列问题，比如为改善人居环境而破坏古建筑或原始村落风貌，为修房建屋而拆毁百年老房等。村民多种诉求与传统村落保护存在越来越多的新矛盾，这在三省区侗族传统村落均有不同程度体现。

应当指出，虽然传统村落属不可移动文物的范畴，然而主宰传统村落沉浮衰荣的不是物而是人。原居民作为传统村落存续发展的主体，是历史文脉传承之根。没有一定数量的原居民及其传统的生活形态，很难保留村落原有文化生态，村落便失去了活态传承的真正意义。然而，近年来，随着现代生活方式的影响，村民对生活条件提出了新的要求，原有的传统村落居住形态、经济模式已经不能满足日益多元化的民众需要。传统村落保护利用要与改善村民生活需求相结合，既要高度重视乡土建筑的抢救保护，又要热切关注群众民生，合理安排保护利用项目；既要科学整治村落格局风貌及其自然生态环境，又要加强村庄基础设施建设。

在城镇化伴随工业化发展的道路上，农村成为城镇与工业发展的广阔劳动力市场，传统村落同样如此。大量农村劳动力弃农务工涌向城市，对于这一部分人而言，他们逐渐接受了城市生活方式，尤其在居住条件方面适应了现代社会钢筋水泥的楼房生活，对于传统房屋不再适应。他们在家乡改造甚至拆迁旧式传统建筑、摒弃祖辈生息的传统村落生产生活方式，使得传统村落格局和风貌遭到破坏。而对于长期生活在村寨内的人来说，他们则希望在保留原有住宅的基础上，通过发展商品旅游获得一定的经济效益来改善生活居住条件。而对于以开发传统村落为目标发展旅游、商品经济的开发商来说，他们则希望通过营建新村，将传统村落内的居民搬迁以达到彻底开发的目的。因此，针对传统村落的保护与发展，不同的主体呈现出不同的诉求，在政府、开发商、村民等共同参与的村落保护开发中就呈现出矛盾化的趋势。

---

① 吴平：《贵州黔东南传统村落原真性保护与营造》，《贵州社会科学》，2018年第11期，第93~94页。

## 第三节　侗族传统村落生态环境保护的对策

黔湘桂侗族传统村落良好的自然生态环境、人居生态环境和人文生态环境所构建的整体性生态环境特征充分体现了天人合一的生态观，但时代的发展，经济、社会的发展和变迁，导致传统村落的生态格局发生了变化，有些变化给传统村落的生态环境变化带来了负面的影响，这并不是人们所期待的，需要与时俱进地运用生态智慧来加强保护。

### 一、确立侗族传统村落生态环境保护的目标

确立侗族传统村落生态环境保护的目标，是开展保护工作的前提。

#### （一）和谐有序的山、水、田、林格局

侗族传统村落能够数百上千年的存续，与其所处的自然环境具有紧密的依存性和关联性，健康永续的村落环境必须立足于和谐有序的山、水、田、林格局基础上，保护自然山、水格局和田、林格局就是保护村落本身。要在保护自然山体、水体、林地等自然生态要素的基础上，限制甚至禁止损害自然生态环境的人工建设活动。人工建设容量须考虑区域生态承载力，对村落人口及用地规模、建设密度和强度等进行控制，优化生态边界，构建山水交融、层次分明、和谐有序的山水格局。

#### （二）绿色开放的生态骨架

在保证和谐有序的山水格局的基础上，传统村落空间还需构建绿色开放的生态骨架，营造舒适宜居、天人合一的村落生态环境。村落自然开放空间构成要素包括山、水、林、田、绿地等，用"基质—廊道—斑块"体系来组织和架构村落生态要素，加强传统村落的景观生态性、生物多样性、能量关联性，促进绿色生态空间与人文活动的交流互促、有机契合，形成人与自然和谐共生的人居生态单元。

#### （三）和谐共生的多维系统

村落人居环境是以自然生态空间为背景，以农业生产空间、人居生活空间、人文交往空间等为主要活动空间的多维系统，对传统村落生态格局的保护

应该遵循整体性原则、系统协调原则、因地制宜原则等，注重村落多维系统之间的相互关联性和依存性，顺应自然、利用自然、融于自然，建设与地形、气候、山水环境相适应的村落空间，实现村落自然生态空间、农业生产空间、人居生活空间、人文交往空间等多维和谐共生①。

## 二、培养生态意识，激活内生动力，倡导生态化生活方式

### （一）培养公民生态意识

培养侗族传统村落村民注重人与自然环境相统一的思想理念。积极对村民进行思想教育，促使村民形成"生态自觉"的意识，通过村民正确的生态观念来引发其合理的行动。生态文明建设不是项目问题、技术问题、资金问题，而是核心价值观问题，是人的灵魂问题②。首先，借助新闻媒体的力量，如通过电视、报纸、微信、抖音等工具，广泛宣传节能减排、绿色产业、低碳生活等有关生态文明建设的文化知识，结合典型实例广泛报道乡村生态文明建设能给村民生活带来的益处，使村民从心理上认可生态文明建设并懂得怎样去落实，进而养成生态环保的生活习惯。其次，经常举办群众性环保活动，由领导干部带头，号召村民积极参加，从而通过实践加强干部和村民的生态文明道德理念，使环境保护成为广大村民和干部的自觉行动。

### （二）发挥基层组织的职能和作用

传统村落保护与村民生产生活有着十分紧密的联系，因此，在传统村落保护与发展过程中必须充分发挥出村民自治组织和村寨内基层行政组织的职能。村寨内基层行政组织作为最了解传统村落内部实际情况的行政机关，在村内有较强的组织力，可以引导村民接受和践行正确的保护发展理念。而寨老制度作为村寨历史遗留的村民自治组织，在村寨的日常活动中发挥着重要的道德约束作用。应发挥村民自治组织和基层行政组织的主体作用，引导村民树立正确的传统村落发展理念，激发村民保护与发展传统村落的意识，对村民进行商品意识教育，广开融资渠道，与市场接轨，让村民充分享有村落发展带来的经济、环境等条件改善的益处。

---

① 朱雯雯：《西南传统村落空间营建的生态智慧及启示》，重庆大学，2019年，第134～135页。
② 陈学明：《生态文明论》，重庆出版社，2008年，第120页。

### （三）倡导生态化生活方式

培养村民建立符合生态文明要求的绿色消费模式，倡导低碳的生活方式。传统村落生态文明建设的终极目标是村落与居民的全面发展。有学者说，西方国家在注重物质财富不断丰富的同时，对物欲的追求没有限制，导致了畸形消费，导致了对自然的无限开发或疯狂掠夺，因而幸福指数因生态危机而降低。这就说明西方国家的畸形消费与我们提倡的绿色消费是对立的。绿色消费的核心理念就是既要摒弃人们对物欲的过度追求，又要能够满足人们得以实现全面发展的需要。摒弃人们对物欲的过度追求，就必须改变生活方式和生产方式，要避免那种对自然资源进行过度索取的生态危机的发生，要在合理开发和利用自然资源的前提下，不断缓解人与自然之间的矛盾①。引导侗族传统村落村民认识到生态环境对村民生活的重要性，从思想上重视节俭，避免浪费和过度消耗，进而通过调整自己的行为来更好地保护生态环境。倡导绿色消费，引导村民采取健康节俭的生活和消费方式，在满足基本物质生活需求的基础上，加强精神文明建设，使得村民的日常生活更加丰富多元和环保和谐②。

## 三、调动政府力量和社会力量两方面的积极性

从政府层面来说，要进一步加强对生态环境保护的重视，并在环保投资方面发挥主导作用。首先，传统村落环境保护是一项比较难落实的公共事业，责任主体很难确定，公益性非常明显，因此很难吸引社会资金的参与。为了整体利益和长远利益，政府必须在生态环境保护和建设的投资中发挥主导作用。其次，加强传统村落的基础环保设施建设。积极争取国家用于支持农村环境改善的专项资金，大力建设用于防治环境污染的基础设施。再次，建立完善的污染物监测管理体系，传统村落在发现环境忧患时，第一时间便可得到重视和改善。同时，充分利用政府投入的资金，加强对传统村落村民有关生态文明建设知识的培训，使他们在实践中学习，不断提高自身保护家园的意识和素质。

在社会力量层面，要进一步加强社会合作。在信息化高速发展的当今社会，传统村落的保护发展更离不开与外界社会的合作。因此，摆在传统村落眼前的现实道路要求其放开思路，以开放包容的态度和相关企业、研究机构、大

---

① 舒永久：《用生态文化建设生态文明》，《云南民族大学学报（哲学社会科学版）》，2013 年第 7 期，第 30 页。

② 李泽瑞：《传统村落生态文明建设路径研究》，西安建筑科技大学，2015 年，第 41 页。

专院校、国内和国际组织建立合作关系。通过整合资源、集聚人才，获取技术和资金支持，打通市场信息渠道，实现传统村落和外界的有效合作，在引进资金和技术的基础上有序开展传统村落的保护、开发、治理工作，深入挖掘村落和民族文化内涵，通过自身的生态、文化的特异性吸引外来人员来此参观调研，实现多方共赢。尤其注意要邀请专家参与，由专家和政府共同研讨和制定保护传统村落与发展规划等一系列关乎传统村落保护与发展的思路与途径。

## 四、用现代的手段支持传统村落的生态环境保护

随着时代的发展，先进的现代规划、现代建筑、现代环保理念逐渐代替了一些传统的理念和技术，但对于传统村落这种诞生于我国古老生态智慧中的特殊聚落、建筑形体等来说，其蕴含着大量能够正确处理人与自然关系的生态理念和技术经验，值得我们在当代传统村落的生态文明建设过程中借鉴学习。在侗族传统村落的保护与开发中，应当利用村落环境中的有利因素，尽量减少村落规划、建筑规划及建设改造过程对自然环境的影响，降低环境的压力，做到"尊重环境，因地制宜"。在建设与规划过程中，保护者、建设改造者、开发者应当深入研究传统村落选址依据、村落布局、建筑形态和空间意向等，把握传统村落能够长期保存的生态理念，改善目前传统村落中与新农村建设、市场经济发展、村民居住条件改善不相适应的一些方面，同时，也不能盲目移植或别出心裁创意与传统村落生态环境不相适应的现代设计和构想。科学规划和合理设计使传统村落既保持传统的自然生态环境、人居生态环境和人文生态环境，又符合现代农村发展理念，成为新农村建设的重要力量。

## 五、传承优势产业，发展生态经济

侗族传统村落生态环境保护所面临的困难，相当程度上是经济的因素。不论是公司型产业开发，还是村民自主山地开发都影响着村落生态环境的保护。传承优势产业，发展生态经济，已成为侗族传统村落可持续保护的关键路径。

### （一）第一产业方面，走精细化的特色路线

根据黔湘桂侗族聚居区传统村落耕地面积少、环境无污染的特点，可走以有机农业为主的特色高端农产品之路，利用发展特色生态农业推动传统村落农耕文明的可持续发展。黔湘桂侗族聚居区毗邻粤港澳大湾区，可以建成特色生态农业产业经济区，着力开发绿色食品、无公害食品和有机食品，解决粤港澳大湾区对特色农产品的需求。

（二）第二产业方面，走特色加工业路线

可依托农产品发展特色农产品加工业，依托民族特色手工艺发展特色手工艺产品。黔湘桂侗族聚居区交通不便，工业基础薄弱，不适宜发展现代工业，因而要扬长避短，根据自身优势来发展第二产业。一是发展特色农产品加工业。利用因地质环境造就的特色农产品地域性，形成一些特色鲜明、比较优势突出的农产品区域布局，然后与加工业结合，提升特色农产品加工业的市场价值和影响力，如香猪、小香鸡、果酒、果酱、侗药等。二是特色手工艺加工业。刺绣、银饰、织锦、箫笛、石雕等是享有一定声誉的侗族传统手工技艺，其中的许多已被列入国家级、省区级非物质文化遗产名录，通过政策帮扶，利用已有企业、合作社，带领村民将传统手工业产业化，创造经济价值，也是产业发展的一大方向。

（三）第三产业方面，走以旅游为主的民族文化创意产业之路

丰富多彩的民族风情是侗族传统村落吸引游客的最大资源。同时，蜚声海内外的"侗族大歌"极大地提升了侗族文化的影响力。目前，从整体上看，侗族传统村落的旅游产业发展已经奠定了一定的基础，在全域旅游的大背景下必然还会得到很快的发展。当然，在发展民族村寨旅游的同时，利用民俗文化发展民俗文化创意产业，利用侗医药材发展养生产业，依托村寨本身打造一些特色服务业也将促使第三产业内涵更加丰富。

## 六、借鉴生态博物馆保护模式

从 1998 年我国与挪威政府合作在我国西南地区创建"生态博物馆"，并且在贵州黎平县堂安村建起了第一个侗族传统村落生态博物馆起，"生态博物馆"的理念在侗族传统村落得到广泛认可。在原地，将包含自然环境、社会、文化等在内的人类社会生态系统进行整体性保护的方式，对于侗族传统村落生态环境保护是值得借鉴和推广的。

贵州黎平县的堂安村和地扪村分别由政府机构主导和民营机构主导创建了生态博物馆，两种模式各具特色，但殊途同归。

（一）由政府机构主导创建的堂安生态博物馆

1995 年 4 月，中国和挪威学者组成的课题小组应贵州省文化厅邀请，对在贵州建立生态博物馆的设想进行实地考察。专家组来到黎平县堂安侗寨考察

时，被堂安侗寨优美的环境、丰富多彩的侗族文化、热情好客的民风深深地感染。1999 年 12 月 9 日，中国和挪威相关部门决定在黎平县堂安侗寨合作建立贵州黎平堂安侗族生态博物馆。

堂安侗寨距离中国最大的侗寨肇兴 5 公里，距黎平县城 75 公里。这个侗寨历史悠久，建寨已有 700 多年，至今仍保持着原汁原味、古朴浓郁的侗族风情。寨子里有 180 多户人家，近 800 人口。堂安侗寨坐落在半山腰上，四面青山，峰峦叠嶂，阡陌纵横，梯田层叠。山腰间的民居依山就势，悬空吊脚，井然有序。寨中的鼓楼是该寨的标志物。鼓楼与戏楼、歌坪形成三位一体，显示出侗族村寨的特征。寨中四通八达，小径曲曲。寨中信道均用青石板墁地。鼓楼上坎那眼四季长流的清泉，流入用青石打制成的 2 尺见方而带把的石斗中，石斗下用多边形石磴支撑，清冽的泉水在斗中聚满，又从左右凹槽流出。这里的侗家人把这种带把的斗井称为瓢井，因为其形状如同木瓢。这里的鼓楼、戏台、吊脚楼、石板路、古瓢井以及侗族服饰等保持着原始的风味，成为"浓缩的侗乡"，被世界著名的挪威生态博物馆学家约翰·杰斯特龙称为人类返璞归真的范例，从这个寨子的实物细细品味，完全可以证实它的历史悠久性。这里有着深远的历史科学研究价值，有着侗族文化以及侗族风情研究价值，有着侗民族旅游资源开发价值和人类生态保护价值。

### （二）由民间机构主导的地扪人文生态博物馆

地扪人文生态博物馆（简称地扪生态博物馆），成立于 2005 年 1 月，是在黎平县政府的支持下，由香港明德创意集团投资，其下属非营利性研究机构中国西部文化生态工作室（以下简称"工作室"）担任文化保护和旅游发展顾问，在地扪侗族社区规划建设的人文生态博物馆。该馆由 15 个文化社区和 1 个社区文化研究中心构成。文化社区以地扪侗寨为中心，包括地扪、腊洞、登岑、罗大、樟洞、蚕洞、己炭、中闪、额洞、茅贡、高近、流芳、寨南、寨母、寨头等 15 个村，46 个自然寨，覆盖面积达 172km²。其中地扪、腊洞、登岑 3 个侗族村寨是博物馆的核心文化保护区域。社区文化研究中心则设在地扪，由资料信息中心、若干个专题的"文化长廊"、专家工作站、接待服务中心等构成，由"工作室"负责日常管理和营运，开启了中国生态博物馆民营模式的探索。地扪生态博物馆自然风光优美，历史悠久，有民居、鼓楼、花桥、戏台、寨门等传统建筑及禾仓群、古井、古道、凉亭等，有传统侗族音乐、侗戏、原始造纸技术、传统纺织印染技术、刺绣技术、传统饮食、特色食品制作技艺及民族节日、地方风俗、道德风尚等非物质文化遗产。

# 第六章　侗族传统村落文化保护和传承

　　文化是民族之"魂"。黔湘桂侗族传统村落传承着众多侗族物质文化和非物质文化，但随着经济社会的变化，保护和传承工作面临着越来越大的挑战。顺应时代发展，积极地推动保护和传承工作与时代发展合拍，积极地在思路、理念、方式、途径等方面进行探索和创新，侗族文化之"魂"方能得以永续传承。

　　文化，是人类在社会历史发展过程中所创造的物质财富和精神财富的总和，常特指精神财富，如文学、艺术、教育、科学等。文化是一个民族区别于其他民族的重要标志，也是一个民族赖以生存的原动力。黔湘桂三省区接边地区是我国侗族的主要聚居地，这里的传统村落是我国侗族文化主要传承场域，传奇的神话、古朴的史诗、迷人的音乐、炫丽的舞蹈、精彩的戏剧、多样的节日、多彩的服饰、古老的村寨、神奇的鼓楼等，还有独特的民风民俗，都蕴藏着远古的文化奥秘，构成了形式多样、内涵丰富的侗族文化资源。随着时代的变迁，侗族地区的经济、社会发生了巨大的变化，侗族文化的保护和传承必然受到时代发展的影响，作为侗族文化主要的保护和传承地——黔湘桂侗族传统村落任重而道远。

## 第一节　侗族传统村落文化的类型

　　侗族文化丰富多彩，从存在形态上，可以分为物质文化和非物质文化。不论是物质文化还是非物质文化都有着多样的表现形态。

### 一、丰富而厚重的物质文化

　　物质文化是侗族人民在千百年的生产生活中运用智慧和技术生产创造物质产品而形成的一种文化或文明状态，这种文化或文明状态与传统村落村民的

"物质"生产紧密结合，而且遗存至今，仍是传统村落村民生产生活的重要组成部分。

## （一）赖以生存和繁衍的稻作文化

侗族祖先是中国稻作文化的创始者之一。稻作起源之前，侗族先民们主要靠狩猎和野生采集来维持生计。随着人口增长，野生资源的持续减少，以及社会复杂化等，人们仅依靠野生采集及狩猎等简单的生产方式难以维持生计。侗族先民们开始寻找新的生存方式，后来发展到野生稻移植、驯化、培育，提高其产量，为人们提供赖以生存的粮食，为人类生存发展壮大创造了条件。侗族地区以糯谷种植为主，历史十分久远。据《史记·货殖列传》记载："楚越之地，地广人稀，饭稻羹鱼，或火耕而水耨。"[①] 侗族的水稻种植早已形成一整套传统耕作方式，从选种、育秧到防治病虫害，从施肥到精耕细作，从生产工具到水利设施的运用等，均积累了丰富的经验，不误农时地安排耕作。因此，侗族的稻作文化是侗族先民在长期的水稻耕作实践中，通过千百年积累而形成的原始的民间文化的沉淀，是中国乃至全世界的文化遗产。

## （二）智慧而又包含商业气息的林业文化

侗族的林业文化体现了侗族人民对自然规律的认识和尊重，以及与自然和谐相处的生态理念。栽培杉木、桐油、油茶，是侗族林业文化的主体，也是侗族地区传统的营林方式之一，形成了一系列的造林营林习俗。由于长期从事林业生产，侗族人民对树木油然而生特殊的感情，侗族民间文学中也就产生了大量描写树木的故事和歌谣，创造了许多树木的艺术形象，如侗族神话中的树神、树仙、树怪、古树老人等。黔东南境内的从江、黎平、榕江、锦屏、天柱等地素有"杉乡""林海"之称。早在明代，侗族地区的杉木就已通过水运而进贡京城、远销外地，成为侗族地区与外界经济交往的主要商品。目前，流传于锦屏周边清水江中下游地区的三穗、剑河、天柱、黎平等县，以林业契约为主要内容，主要反映当地林业与侗族人民生存、发展等社会关系的数十万件"锦屏文书"（又称"清水江文书"），就是侗族林业发展的活历史、活文物，是优秀的历史文化遗产。这些林业契约是绿化造林、封山育林、森林防火、天然林保护的历史借鉴、警戒和启迪，对当今保护森林、发展林业仍然具有较大的参考价值。

---

① 司马迁：《史记》，岳麓书社，1988年，第936页。

### （三）精巧而灵动的建筑文化

侗族以高超的建筑技艺著称，俗语有云："侗族三件宝，鼓楼、大歌、风雨桥。"其中有两宝是侗族建筑——鼓楼、风雨桥。侗族建筑文化是人类文明长河中一道独具特色的亮丽风景。侗族地区的木构建筑，分布之广，数量之多，工艺水平之高，在全国乃至世界各民族中极为罕见。侗族建筑文化的特色，主要体现在吊脚楼（宅居）、鼓楼、风雨桥的建造上。吊脚楼结构独特，造型精巧，保持了干栏式建筑的传统技艺，又融合了侗族历代工匠的智慧，自成体系。侗族鼓楼，除了具有与吊脚楼共有的工艺水平和艺术特色外，其内部结构在力学方面的运用，达到了更高的层次，是侗族工匠的发明创造，其建筑艺术达到了极高的境地。侗族风雨桥，集亭、塔、廊、桥于一身，不仅建筑风格独具，且建造水平也很高，被建筑学家们称为"榫卯抵承梁柱体系之大观"。风雨桥的下部建造，有的采用密布式悬臂托架简支梁体系，有的采用编联式木拱梁体系。其在力学方面的运用，也达到很高的水平，为中外建筑学家所称颂。

### （四）精美而多饰的服饰文化

侗家人大多穿自纺、自织、自染的侗布。喜青、紫、蓝、白各色。侗族服饰多种多样，因支系、地域、年龄、季节之别而富有多种特色。女装，有的颜色斑斓，花团锦簇；有的端庄素雅，宽松和道。男装，有的古朴奇特，保持古越人之风；有的威严神秘，具有首领或武士雄姿。童装，则多充满童趣和吉祥富丽之色彩。侗族传统服饰有"穿不离带，饰不离银"之说。装饰有左衽、右衽、对襟，有布扣、铜扣、银扣，有裤装、裙装，有头饰、颈饰、腰饰、手饰、脚饰等等。其中头饰达 50 余种，以银饰为主，有银花冠、银簪、银梳、银发链、银耳环、银耳坠、银耳线等。妇女盛装时，唯见银光闪闪。妇女的发式较特别，分前、后、左右绾或盘发辫于头顶，区域差别明显。侗族妇女善刺绣、挑花，图案有花鸟鱼虫和飞禽走兽，绣于胸襟、领襟、袖口、头巾、枕巾、被面、背扇、袜底为饰，形象生动，色彩绚丽而调和。

### （五）依山傍水的居住文化

侗族一般聚族而居；侗寨依山傍水而建，坐落在群山环抱之中。大的侗寨六七百户，小的二三十家。所居之地或与溪流有关，如注溪、潭溪、等溪等；或与洞有关，如贯洞、腊洞、婆洞、石洞等。四面皆有高山或原始森林作为屏障，防范严密，环境优美。侗寨一般由民居、鼓楼、寨门、寨墙、戏台、禾仓、禾晾、水井、石板路、池塘、排水沟等不同功能的建筑和设施组成。鼓楼一般建在村寨中央，形似宝塔，是村民聚会、休息和娱乐的场所。逢年过节，村民都要聚居在鼓楼前的广场上尽情歌舞。房屋建筑是用杉树建造的干栏式木楼，多依山建寨，以高栏为居。楼下堆置柴草杂物，关栏牲畜。在古老的侗族村落，不少寨子至今还有木栅围栏，建有寨门，立有寨神成门神守护，夜晚常常将寨门紧闭。不仅村寨如此，连菜园也是这样。

### （六）糯、酸为主的饮食文化

侗族以大米为主食，尤其喜欢糯米，小米、玉米、小麦、高粱、薯类也食用，只是作为调剂口味而搭配。肉食以家养的禽畜为主，有猪、牛、羊、鸡、鸭、鹅等，尤其喜食鱼类。蔬菜品种较多，以青菜、白菜、萝卜、茄子、豇豆、黄瓜、冬瓜、白瓜、辣椒最为普遍。酒在侗族饮食中有着极重要的位置，多以糯米酿成，家家都会自酿自烤。糯米、油茶、腌酸和鱼是侗族人民最喜爱的传统食品。这类食品与民族习俗息息相关，被公认为是侗家风味。另有"牛瘪"、烤鱼、血酱鸭、红肉等特殊食品。以"油茶""酸宴"和"合拢饭"款待宾客。侗家的酸食，品种繁多，有酸肉、酸鸭、酸鱼、酸酱、酸黄瓜、酸笋、酸蕨菜、酸萝卜等 20 多种。平日的饭桌上，总会有两三样酸制品，迎宾待客时，会有多种酸制佳肴。因此，侗族有"吃不离酸"之说。

## 二、绚丽而多姿的非物质文化

侗族的非物质文化十分丰富，其中不少已列入我国非物质文化遗产四级名录之中。如"侗族大歌""侗族琵琶歌""侗族萨玛节""月也""侗族刺绣"等20 余项被列入国家级非物质文化遗产名录，特别是"侗族大歌"还被联合国教科文组织列入人类口头和非物质文化遗产代表作项目名录。

### （一）规范而严谨的制度文化

"款"（也称"侗款"），是侗族民间的社会组织。款组织为了规范成员的行为，制定了一系列的制度规定，称为"款约"。款约的内容丰富多彩，包括成员行为规范、道德规范、家庭组织、民族起源、区域划分、宗教崇拜等各方面的内容，囊括了侗族社会生活的各个层面。《约法款》是侗族社会的"基本大法"，也是侗族制度文化的核心内容。《约法款》，在历史上是侗族款组织通过各地款首的集会，以"歃血盟誓，竖岩立碑（无字石碑）"的方式创立，是规范侗族社区成员行为道德的约定，带有较浓厚的原始契约制度色彩。《约法款》共有十八条规约，通称《六面阴规》（处以极刑的条规）、《六面阳规》（除极刑以外的处罚条规）、《六面威规》（以劝告教育为主要内容的条规）。这十八条规约，均以款词的形式出现，内容简练，易于朗诵和记忆。以《约法款》为核心，以村寨世代传承下来的"甫腊"（buxlagx）制度（家族制度）、"斗"（doux）制度（氏族制度）、家庭婚姻制度、礼俗制度、节庆制度、交往制度、亲属制度等相配合，共同构成了具有侗族社会特征的制度文化。侗族地区流传的契约文书，如清水江流域的林业契约文书，则是侗族制度文化在林业生产经营管理上的体现。

（二）绚丽多姿的歌舞文化

侗族人民擅长音乐，唱歌在侗族人民的社会生活中占有重要的地位。年长者教歌，年轻者唱歌，年幼者学歌，歌师传歌，代代相传，成为社会风习。侗族民间有传统的歌班、歌队组织，每逢节日或重大喜庆活动，都要组织对唱。侗族歌谣种类繁多，内容丰富，曲调多种多样，而又以多声部大歌最为著名，享誉中外。大歌侗语称为"嘎老"，"嘎"即"歌"的意思，"老"即"大"的意思，主要流行于黎平、榕江、从江等南部侗族地区，演唱形式有领唱、合唱。合唱为多声部，有高、中、低三部，也有的仅高、低两个声部。其和声完美和谐，曲调优美，节奏自由，缓急有序，时而气势磅礴，热烈奔放；时而平稳流畅，富于抒情；时而清脆悦耳，悠扬婉转，引人入胜；具有较强的艺术感染力。因其大气，演唱人员众多，演唱场面盛大，演唱方式为多声部多曲调，具有庄重、典雅、华丽、优美等特点。侗族大歌多声部结构、多声部演唱技巧、歌词所表达的思想内容以及所产生的文化意蕴有着独特的文化艺术价值。

"多耶"是侗族民间一种古老而主要的歌舞艺术，由多人参加表演和演唱。"多"是侗语，是唱的意思。"多耶"用汉语直译就是唱耶歌或唱歌跳舞，俗称"踩歌堂"。"多耶"的舞蹈动作及队形变化都比较简单。舞时，分成男女两队，手拉手或手搭肩围成两个圈，由长者或歌手领唱。曲调有男声耶曲、女声耶曲等多种，且有领唱、合唱等多种形式。男声耶曲明快、高亢、浑厚，女声耶曲婉转悠扬。侗族多耶，多在节庆期间、村寨之间文化交流及迎宾送客时进行，是侗族地区喜闻乐见的文化娱乐活动。

侗族舞蹈有祭祀舞蹈、款会舞蹈、娱乐舞蹈三种类别，其中以芦笙舞最有艺术特色。芦笙舞有祭祀性和娱乐性两种功能（即娱神、娱人功能）。如在祭祀祖先和丰收庆典时跳的芦笙踩堂舞，主要以娱神为目的，其他庆典场合和芦笙比赛时跳的各种芦笙舞（含踩堂舞），则以娱人为主要目的。侗族芦笙舞有单人舞、双人舞、四人舞、集体舞（可多达数百人参与）等多种，又以单人舞、双人舞技艺性较高。

### （三）精彩迷人的戏曲文化

侗戏，侗语称为"戏更"，主要流行于黎平、从江、榕江、通道、三江等地的侗族村寨。侗戏产生于清道光年间，创始人为贵州黎平县腊洞村的吴文彩。传说他将汉族传书《二度梅》《薛刚反唐》改编为用侗语道白和演唱的侗戏脚本《梅良玉》和《李旦凤娇》，同时又设计唱腔，教年轻人演唱。最初之时，侗戏曲调单一、形式简单，只是演员分列两排，坐着对唱，且限于男子扮演，拘泥于说唱形式，保持叙事歌特点。后来，侗戏在发展过程中也不断地受到其他戏曲的影响，逐渐得到提高和完善，唱腔发展到有过门曲、普通腔、仙腔、山歌腔等多种；舞台表演也增加了许多生活化的动作，演变成今日有男女演员参加，有说有唱，并配以鼓、钹以及二胡、侗笛等器乐，曲调丰富多彩，别具一格的独立剧种，其艺术性逐渐得到提高。清代末年，侗戏已在南部侗族地区广泛传播，其中反映榕江三宝地区侗民如何对待真、善、美、丑的侗戏《珠郎娘美》流传至今，久唱不衰。

### （四）丰富多样的节日文化

在不断向前发展的历史进程中，侗族形成了很多独具特色的传统节日。侗族地区素有"百节之乡"的美誉，"大节三六九、小节天天有"。既有全民族普遍过的节日，也有一村一寨、一族一姓的节日。侗年、春节、活路节、尝新节、三月三、林王节、牛神节、芦笙节、花炮节、四十八寨歌节、斗牛节等节会最为隆重。节日的内容广泛，涉及时令、生产、祭祖、信仰、姓氏、英雄、爱情、娱乐、体育等。随着民族文化的交融，侗族还过清明、端午、中秋、重阳等汉族节日。这些节日是侗族人民精神和情感的重要载体，已深深扎根于民众之中，具有强盛鲜活的生命力，历经岁月的变迁，逐渐成为侗族灿烂文化中的珍贵财富。

### （五）虔诚的信仰文化

侗族相信万物有灵，信仰多神。在侗族人看来，山、水、花、草、鸟、兽、禽、风、雨、雷、电、巨石、太阳、月亮、土地、树木、洞穴，甚至对生产生活影响较大的桥梁、水井等，都拥有某种神秘的力量，因而将它们视为神灵并加以崇拜，并衍生出了一系列行为规范、伦理道德，形成人们尊老爱幼、勤劳节俭、诚实善良等品质。在侗族祭祀的传统神灵中，既有自然神灵，也有祖先神灵和英雄神灵，以传统女性神灵占多数，如萨岁（saxzis，最高女神，村寨保护神）、萨样（saxyansp，谷神和酒神）、萨姜妹（saxjiang laoih，始祖神、婚姐之神）、四萨花林（siip saxwap liemc，生育神）、萨刀堆（saxtouedih，土地婆婆、土地神）、萨高条（saxkaot jiuc，桥头婆婆、护佑灵魂之神）。侗族祭祀的男神，主要为飞山神（唐末五代时的侗族大款首杨再思）；也有的地方祭三王公（夜郎王竹多同之三子），或梅山神，但不普遍。

### （六）璀璨而凝实的宗祠文化

侗族北部方言区的宗祠文化是侗族款文化、苗族议榔文化和汉族宗族文化相结合的产物，其中以天柱宗祠文化习俗为主要代表，县内至今仍保存有明清时期的古宗祠 95 座[①]。天柱宗祠文化习俗代代相传，具有 500 多年历史，地域性文化特征突出，蕴藏着家族史、迁徙史、宗教制度和礼仪伦常等广泛内容。宗祠是祭祀祖先、缅怀先辈、晒谱议事、教育子弟遵纪守法、尊老爱幼、勤劳诚实、团结乡邻、惩罚不孝的场所，同时也是传承祖先优秀品德，弘扬民族优良传统习俗的精神依附场所。宗祠活动以族姓为纽带，超越民族的界限，同一个宗祠内有侗族，有苗族，也有汉族。使用不同语言、穿着不同服饰的民族在同一个宗祠内和谐相处。宗祠能维系宗族人的团结和邻里的和谐，传续祖先优良的道德，维护当地人民群众的和睦相处，传承民族与宗族的优秀文化和崇高精神。

### （七）沧桑而厚重的碑刻文化

碑刻文化是侗族历史文化的一个重要组成部分。它集历史、文学、书法、镌刻为一体，是侗族传统文化中的瑰宝。侗族地区的碑刻大致有款碑、公有建筑碑（风雨桥、鼓楼、庙宇、石板路、井亭等碑记）、墓碑、告示碑、指路碑等。款碑是侗族基层款组织在盟立约时，在款坪或交通要道以及村寨鼓楼坪旁边立的碑石，以示所立规约，谁人也不能触犯。公共设施碑是侗族村寨在风雨桥、鼓楼、庙宇、石板路、井亭等公共设施建设竣工时，立碑记述该设施修建的缘由、过程、时间以及乐捐者捐献的钱物数量，以表彰这种乐于公益事业的

---

① 天柱县人民政府网：《天柱县——宗祠文化习俗》，http://www.tianzhu.gov.cn/zjtz/mfxs/202002/t20200214_49031500.html。

善举，因此，有些地方也叫功德碑。墓碑是侗族地区受汉文化影响，给历代祖先坟头立的碑刻。一般碑的上方刻有日月和飞鸟图案，碑的正中刻有墓主姓名，墓主姓名右边刻有其生卒时间，左边刻有孝子孝孙姓名，两边刻有对联。界碑是毗邻地区在接界之地所立，用于明确划定两地之间山林水土地域的石碑。告示碑多为地方官府所立，以向地方通告或告诫某事。指路碑则是在大小道路岔路口所立，用于指示道路方向和里程的石碑，以侗族群众为子女祈福所立者居多。在黎平县潭溪寨，还存有侗族人杨映云于嘉庆十五年（1810 年）七月为竹坪村学堂撰写的碑文《以破天荒》。该碑文为文言体散文，在描写山寨风光的同时，抒发了作者热爱并立志从事侗族文化教育事业的思想感情，意境高雅、文笔流畅。

# 第二节　侗族传统村落文化保护和传承面临的困境

历史上，地处偏远、交通不便、信息隔绝的侗族传统村落为其自身原始文化的保护和传承提供了一个少受外界影响的、相对自然的环境和空间，使得以农耕经济为基础的侗族文化能够保持其原真性，并世代相传。但随着工业化、信息化时代的到来，以及我国西部大开发的不断推进，侗族地区原本相对封闭的状况被打破，侗族传统村落几乎是全方位地受到外界因素的冲击，侗族文化的保护和传承面临的形势也越来越紧迫。

## 一、基于现代文明交流的语言变迁改变着侗族母语的使用

母语，亦称第一语言，是一个人最早接触、学习并掌握的一种或几种语言。它是一个民族文化赖以产生和传承的根本基础。母语一般自幼即开始接触并持续运用到青少年或之后，并且，一个人所受的家庭或正式教育中，尤其是早期，有相当部分是通过母语传授的。侗家人的母语是侗语，大量的侗族文化的语言载体也是侗语，如传统音乐、传统戏剧类运用的全部是侗语，名列世界非物质文化遗产名录的"侗族大歌"是其典型代表，民俗、民间文学离开侗语也失去了原汁原味、失去了原真性。可以说，侗族母语的使用范围越窄，侗族文化的传承空间就越小。现实中，由于现代文明交流的需要，侗族母语使用的范围不断缩小，影响着侗族非物质文化遗产的存续空间。贵州黔东南侗学会副会长、凯里学院傅安辉教授对黔东南苗族侗族自治州侗族母语使用情况的调查表明：①成年侗家人中，有 6％的只能使用侗语；有 50.5％的使用的是侗语和

另外一种以上语言，即使用双语或多语；还有 40％的人只能使用汉语方言；另有的是使用汉语普通话或其他民族语言。可见，侗家人能够使用侗语的比例只有 56.5％。②侗族世居乡镇所在地中，只有 25％的人坚持使用侗语进行交际，50％左右的人是侗语和汉语兼用，其余的 25％已全部使用汉语。在全州的侗族村寨中，有 18％的村寨已改用汉语交际，侗语已完全退出这些村寨的社交场合。③中小学学校教育中，乡镇所在地一般都用汉语教学，在侗乡腹地的行政村，小学 1~3 年级一般同时用侗语和汉语教学（即所谓的"双语"教学），小学 4~6 年级一般都采用汉语教学，初中以上则更是采用汉语方言和普通话教学①。由此可见，侗族母语使用的情况令人担忧。

如何保护民族语言已引起了全球性的关注，据统计，在联合国注册的语言有 6700 多种，而全球 97％的人使用的语言种类仅占全部语种的 4％——也就是说，占全球人口 3％的人说着全球 96％的语种。而且有一半的语言只有不到 10000 人会说，有 1/4 的语言不到 1000 人会说。在我国，有 5 个语系的 130 多种语言，但现在有 19 种语言已显露濒危特征、活力不足，73 种已走向濒危或属濒危语言，8 种已完全失去交际功能。现在世界上 6700 多种语言，大致一百年左右至少要消失一半。应该说，侗族语言的使用状况还不是特别糟糕的，但使用范围缩小的趋势，已是侗族母语使用中值得十分重视的问题。

## 二、趋于集中式的现代教育改变着侗族文化传承的教育基础

世居黔湘桂交界处的侗族传统村落，由于地处偏远、交通困难、封闭性强，教育非常落后。加之历史上侗族有语言没文字（现行的侗字是 1958 年根据拉丁字母创造的，使用范围十分有限），文化的传承方式主要是"口传心授"，其中的"侗语"，即侗族本民族的语言——侗话，在其中起着至关重要的作用。中华人民共和国成立前，侗族地区的绝大多数人没有受过正规教育，或者说没有接触过主流文化的教育。侗族地区解放后，特别是改革开放后，侗族地区的教育得到了很快的发展。"普九"工作的全面展开，使得侗区的孩子早早地进入了课堂，学的是汉字、讲的是普通话。目前已构建起较完善的学校体系，从小学到大学，一应俱全，侗族青少年得到了进入课堂集中接受现代教育的机会，教育的内容以汉文化为主体。"口传心授"决定了侗语教育的量小面窄、无规模、内容不规范；而没有文字的记载，又决定了侗族缺乏可以进行普

---

① 傅安辉：《贵州省黔东南侗族使用民族母语情况研究》，贵州省侗学研究会，《侗族地区经济文化保护与旅游》，中国言实出版社，2011 年，第 583~594 页。

遍文化传播的典籍和范本。当现代学校教育在侗区进行推广时，只得采用汉文化的教育方式和教育内容。目前，侗族地区有的学校在小学低年级采用侗汉双语教学，但更多地可以理解为是向全面开展现代学校教育的过渡。

乡镇学校的集中布点也影响着侗族非物质文化遗产的传承。交通条件的改善缩短了侗寨等居民点之间的距离，也缩短了侗乡与各级城市（城镇）间的距离，促使侗族地区的基础教育呈现集中的状况。其主要体现在两个方面：一是向乡镇集中，一般的村寨已很少有村小了，小学就要到乡镇中心校住校学习，中学就更不用说。二是向县城或更高层级的城市集中，包括地级城市、省会城市甚至是大都市，这种现象主要体现在中学阶段，年级越高越明显。如贵州省省会贵阳市的中学就可以直接在黔东南苗族侗族自治州的县域招收优秀学生。从现代教育理念的角度看，这种集中化的教育无疑是有效率的，但对于侗族文化的传承来说却并非有益。侗族文化中许多内容通过"口传心授"的方式进行传承，像民族音乐、民族舞蹈、民族手工技艺等。由于侗族没有文字，这种传承有的需从孩提时代就开始，有的甚至需花费十数年的时间。集中的教育方式使得父母与孩子相处的时间相应减少，少年儿童也因住校而与侗族社会相融的时间减少，文化传承的机会也相应缩减。集中的教育方式对民族文化传承还有另一个负面影响，即集中教育要考虑到多民族学生的学习，在语言上就必须采用所有学生都能接受的语言，于是，普通话成了唯一的通用语言，"侗话"就慢慢被忽略、被淡忘；而侗族文化中涉及语言的类别，都以"侗话"为基础，不懂民族语言就不可能进行传承。可以说，现代学校教育的兴起使得侗族文化传统的家庭传承方式、学校传承方式难以适应时代的变化。

由此可见，对于年轻的一代侗族人来说，不仅学习侗族文化的机会少，运用的机会更少。

### 三、趋于快速化的交通加快了人口流动，改变着侗族文化传承的连续性和完整性

侗族聚居区的地理特征导致了该区域交通极不方便。也正是交通的闭塞，使得侗族能数千年集聚此地，且人数众多，与外界交流甚少。中华人民共和国成立后，侗族聚居区的交通条件得到了改善，209、320、321国道及枝柳铁路、湘黔铁路在相当程度上为侗区提供了便利的交通。近几年，村、乡公路的修建，高速公路网日臻完善，沪昆高铁、贵广高铁的通车，芷江、黎平机场的正常营运，使侗族聚居区的大部分地方的交通已非常方便，历来交通发展滞后的侗族地区迎来了高速时代。交通的发展给侗族人民带来了便利、带来了发展

的机遇，也由此打开了侗族的寨门，使得侗族地区由封闭变为开放。因开放带来的文化交流无法避免地对侗族传统文化产生巨大影响。

交通条件的改善使得侗族地区"天堑变通途"，实现了"天涯若比邻"，人们的出行变得轻松而随意。随着我国沿海地区经济的快速增长，侗族地区的年轻一代甚至许多中年人有了"东南飞"的念头，并且付诸行动，他们试图通过外出打工改变经济状况。目前，在临近交通线的侗寨，大部分中青年人已外出打工，这种现象还正向边远的侗寨蔓延。他们有时在外打工，有时在家务农，有的甚至会一出去就是数年不回，呈现出不稳定的流动状态。这种人口的动态变迁也给侗族文化的传承带来了不稳定因素。

特别是长期在外打工的侗家青年，脱离了侗族的社会环境、脱离了侗族的文化氛围，原来的民族生活方式已难觅踪影，即使是侗族主食"糯米饭"一年也难吃上几顿，更谈不上其他的民族文化活动，久而久之，身上可能难觅侗族的文化气息。现实中，不少的侗族青年经历过"打工"之后，深感"城里的生活很精彩，城里的生活也很无奈"，意欲回乡生活。而回到家乡后的他们不会说侗话、不会干农活、不会唱侗歌、不会"行歌坐月"，已成为"边缘人"。目前，15~35岁这一民族文化断层在侗族人群中已悄然形成。

这种状况与改革开放前相对封闭的情况下的传承状况有着天壤之别，文化传承的连续性和完整性面临着考验。

## 四、趋于多样化的产业发展以及现代生产方式改变着侗族文化传承的产业基础

改革开放和交通条件的改善改变了侗族地区崎岖难行的交通状况，使得原本相对封闭的区域大幅度地提高了对外的开放性，也使得侗族地区的通达性和深入性大幅度增强。开放性、通达性和深入性的增强也必然带来侗族地区自然资源（如矿产、旅游资源等）、人文资源、地产资源等的可开发性，由此促使了侗族地区的工业、采矿业、旅游业、房地产业等产业的发展，逐步改变农业在侗族地区经济中的主导产业地位。现代科技的推广和引进，也促使生产方式和生产手段现代化，传统的低效率的生产方式面临着被替代。

农业是侗族文化传承的产业基础，稻作文化是侗族文化的主要组成部分[①]。糯稻种植、稻鱼鸭共生、林粮间作，是侗族的三大传统生计，也是侗族

---

① 曾梦宇、胡艳丽：《生境变迁与侗族文化传承》，《经济与社会发展》，2011年第6期，第82~85页。

稻作文化的核心。糯稻：因煮熟后便于携带、不易变馊、食后耐饿等优点，历史上一直为侗族人民所青睐，是侗族最主要的粮食作物。稻鱼鸭共生：在同一作物生长期，在同一稻田里种稻、养鱼、放鸭，三者共生，既形成生态生长和循环系统，又保证产出的稳产、高产。林粮间作：在人工营林的前3年，实行林木与农作物的套种，既实现短期与长期生计的协调，又不影响林木的产出等。这些侗族稻作文化随着现代农业科技的推广正不断地被改变着。"糯改籼""籼改杂"的品种改良，使得侗族地区的大部分稻田都种植上了杂交稻，糯稻的种植范围越来越小。品种的改良，加之"以粮为纲"思想的指导，"稻鱼鸭共生"技术难以实施。汉族的不套种、幼苗期清除杂草的营林方式，由于在生长期前5年长势好于侗族的套种营林方式，也在侗族地区与传统营林方式并用。生活生产方式的改变，必然带来文化的改变；稻作文化被冲击，不断地改变着侗族的基本生存方式，也改变着侗族许许多多的传统文化，像腌鱼、腌肉、油茶、禾晾等生活习俗在逐渐地淡化。

在农耕技艺上，"刀耕火种、火耕水耨"的侗族农林技艺，遭遇到以"机械化、水利化、化学化和电气化"为主要特征的现代农业，其产业化、规模化上的不足之处显现无遗；在手工技艺上，以服饰、建筑为主要载体的侗族手工技艺是侗族文化的瑰宝之一，但其繁复的工序、精细的技巧耗时费力，遭遇到现代工业产品时，其在经济、品质、式样、效率上的缺陷显而易见。随着现代产业、现代科技的进步，侗族生产方式的改变是历史的必然。生产方式的改变对侗族传统村落的经济发展有着积极的意义，但对于侗族文化的传承来说，却在一定程度上损害着其产业基础。自古以来，侗族文化的产生和发展的产业基础是农业，上述的稻田养鱼习俗、林粮间作习俗、香糯稻种植技艺等侗族文化都直接产生于农业，侗族大歌、侗族织绣也与农业发展息息相关。可以说，侗族文化是农耕文明的产物，没有农业这一产业基础，侗族文化的传承难以为继。

## 五、趋于城镇化的生活方式改变着侗族文化传承的环境基础

侗族地区的经济发展、交通条件改善也带来了人口的集聚，加快了城镇化的进程。近些年，侗区各县的县城发展非常快，人口集聚迅速，一些建制镇也在快速发展。目前，320国道、湘黔铁路沿线的城镇化已初具雏形，沪昆高速、厦蓉高速、包茂高速沿线的城镇化趋势也已显现，沪昆高铁、贵广高铁也在城镇化中发挥着越来越重要的作用。城镇化的发展使得侗族地区人口趋于集中，生活环境城镇化、生活方式城镇化，侗族文化保护和传承的环境也由此发

生剧变，导致一些传统文化失去生存的基础。以侗族文化中最具代表性的，也是列入世界非物质文化遗产名录的两项非物质文化遗产为例：一项是"侗族木构建筑营造技艺"。现代建筑材料和技术的广泛运用使其生存空间越来越小，除了一些相对边远的侗族传统村落和个别旅游景点尚采用木质结构修建外，在大多数城镇已是无法生存，已越来越多地被砖混结构、混凝土结构甚至钢混建筑技艺代替。另一项是"侗族大歌"。"侗族大歌"中最精华部分的"声音大歌"以模拟大自然的昆虫鸟兽、万物生长、时令变化等为精髓，如《蝉歌》《知了歌》《三月歌》等，如果远离自然山水，身处喧嚣的都市，还可能会有"侗族大歌"吗？生境变迁，给我们提出了新的课题。

### 六、趋于开放式的旅游开发模式改变着侗族文化发展的方向

侗族丰富的民族文化资源越来越为人们所关注，也给侗族地区的旅游业带来了新的机遇。侗族居住的核心区——黔东南苗族侗族自治州，有着"人类疲惫心灵最后的栖息地"之称，其原生的自然资源、浓郁的民族风情和远古的历史烟尘构成了"原生态"的旅游资源。其资源优势吸引着众多不同旅游目的的游客。在交通不便的情况下，游客人数不多，侗族地区更多的是以松散型的村寨模式开展旅游经营。其表现特征是：①组织机构为村委会，没有独立的经营机构，管理粗放；②旅游场地为自然村寨，没有基础设施建设；③民俗表演原汁原味，没有太多的表演成分；④整体规划原始，各景点旅游项目雷同。交通的改善，必然给侗族地区带来人流。厦蓉高速、贵广高铁通车以后，到桂林旅游后的游客有一部分会分流到侗族地区来，这就对现行的侗族传统村落旅游开发模式提出了挑战。原有的模式显然已不适应新形势的要求，公司化、产业化成为趋势。黔东南在苗族村寨旅游开发模式转型上已有先例，即准公司化管理的"千户苗寨"代替了粗放管理的南花苗寨、朗德上寨。产业化运作下的旅游开发模式，对于旅游业中运用的侗族文化提出了新的要求，侗歌表演中的技巧运用、舞蹈中的现代元素、银饰中的时尚因子、织绣中的现代工艺等，都成为吸引游客的因素。经济基础决定上层建筑，旅游产业发展的需要会对文化的发展产生影响，旅游模式的改变对文化传承和发展的方向也会产生影响，侗族文化的发展由"原生"走向与"现代"的结合已不可避免。

### 七、趋于现代化的传媒、娱乐方式改变着侗族文化保护和传承的影响力和感召力

侗戏和"吃相思""行歌坐月""月也"等诸多侗族传统文化活动都是一种

群体性的活动，很多活动还是村寨之间的活动，需要众多人群甚至是团体性参与。但随着电视、DVD、录像机、电话、手机、互联网等现代传播手段进入侗乡，人们交往的手段丰富了、时空距离缩短了、文化生活多彩了，同时人际交往的便利，又进一步促进了交往的频繁和新的娱乐方式的传入，传统的文化活动就显出了费时、费力方面的缺点，慢慢地在消退。侗族地区有"百节之乡"的美誉，一年之中节日不断，应该说，侗族是我国少数民族中文化娱乐活动较多的民族，但与现代传媒所展示的全球各民族的文化相比，只是沧海一粟，何况侗族人们从小接触的就是那些年复一年的形式和内容，其新颖性已大打折扣。现代传媒和现代娱乐内容上的丰富性和兼容性、形式上的新颖性和先进性、参与上的随意性和深入性对侗族地区的人们，特别是年轻一代产生着巨大的吸引力。"侗戏"是侗族非物质文化遗产中重要的内容之一，也是我国民族民间戏剧艺术瑰宝之一。它的演出一般是演员在戏台上演，观众在戏台前露天的场地里披星戴月地看。演员是业余的，一演就是三五天或七天。演出的场地、质量、音响设备、舞美效果，以及观看的环境等能与坐在家中观看精彩的电视相媲美吗？它能比网络游戏、KTV更吸引午轻人吗？传统文化传播者和传承人"老年化"的现象正是传统文化影响力、感召力下降的现实表现。现在，侗家人更愿意放着侗戏的光碟慢慢欣赏侗戏，而不愿几天几夜守在戏台下观看；侗族青年更愿哼唱流行歌曲，而觉得侗歌太古老了，或者说太土了。传统的侗族文化正在为现代的大众文化所替代[①]。

## 第三节 侗族传统村落文化保护和传承路径

毋庸置疑，时代的发展必然会对侗族文化的保护和传承产生很大的影响，即便是地处偏远的侗族传统村落也未能例外。人类实践已经证明从农耕文明到工业文明，再到信息文明是人类发展趋势，是不可逆转的，试图像农耕文明时代一样保护侗族传统村落和传承侗族文化已不再可能。顺应时代发展，与时俱进地探索保护和传承的新途径、新方法，才能使侗族文化在传统村落得以长久的传续。

---

① 胡艳丽、曾梦宇：《高速交通视野下侗族"非遗"存续方略研究》，《学术论坛》，2012年第10期，第71~75页。

## 一、以政策法规为依据，从制度层面为保护和传承提供保障

民族文化保护和传承的相关政策法规是国家在制度层面上所作的规范，这些政策法规不仅强调了民族文化的重要性，还对民族文化保护和传承内容、方法、路径作了相应的规定，从制度层面为民族文化的保护和传承提供了保障和依据。

党的十九大报告指出："文化是一个国家、一个民族的灵魂。文化兴国运兴，文化强国家强。""满足人民过上美好生活的新期待，必须提供丰富的精神食粮。""加强文物保护利用和文化遗产保护传承。"

《中华人民共和国宪法》的相应规定：

第 119 条：民族自治地方的自治机关自主地管理本地方的教育、科学、文化、卫生、体育事业，保护和整理民族的文化遗产，发展和繁荣民族文化。

第 121 条：民族自治地方的自治机关在执行职务的时候，依照本民族自治地方自治条例的规定，使用当地通用的一种或者几种语言文字。

《中华人民共和国民族区域自治法》的相应规定：

第 21 条：民族自治地方的自治机关在执行职务的时候，依照本民族自治地方自治条例的规定，使用当地通用的一种或者几种语言文字；同时使用几种通用的语言文字执行职务的，可以以实行区域自治的民族语言文字为主。

第 36 条：民族自治地方的自治机关根据国家的教育方针，依照法律规定，决定本地方的教育规划，各级各类学校的设置、学制、办学方式、教学内容、教学用语和招生办法。

第 38 条：民族自治地方的自治机关自主地发展具有民族形式和民族特点的民族文化事业。民族自治地方的自治机关组织，支持有关单位和部门收集、整理、翻译和出版民族历史文化书籍，保护民族的名胜古迹、珍贵文物和其他重要历史文化遗产，继承和发展优秀的民族传统文化。

黔湘桂侗族传统村落分布区有 1 个侗族自治州（为苗族侗族自治州）、7 个侗族自治县（其中 1 个为各族自治县、1 个为苗族侗族自治县），这些自治地方的自治机关在侗族文化的保护和传承中依据政策法规出台了许多相应的条例和办法，为侗族文化的保护和传承做出了积极的努力。

从以上党的路线方针政策到国家法规再到地方权力机关，无不对民族文化的保护和传承做了顶层设计和相应规定。这些都是侗族传统村落文化保护和传承的指导方针和行动指南。

## 二、以乡村振兴为契机，营造保护和传承的环境及氛围

随着我国脱贫攻坚的完美收官，黔湘桂侗族传统村落的经济发展水平有了一定的提升，同时也为侗族文化的保护和传承创造了更好的条件。侗族传统村落应把握时代机遇，加速脱贫攻坚与乡村振兴的有效衔接，为侗族文化的保护和传承营造良好的环境和氛围。"产业兴旺、生态宜居、乡风文明、治理有效、生活富裕"是乡村振兴的总要求，对于侗族传统村落来说，就是要推进"产业振兴、人才振兴、文化振兴、生态振兴、组织振兴"的乡村全面振兴。侗族传统村落只有把握住时代脉搏，跟紧时代的步伐，以乡村振兴为契机，通过努力，真正实现乡村振兴的目标，才能营造出良好的侗族文化保护和传承的环境及氛围，保证侗族文化的有效传承。

发展经济是基础。侗族传统村落大量的青壮年外出务工，导致文化传承后继无人，其最主要的原因就是经济落后。通过乡村振兴，在传承传统的稻作文化、林业文化等物质文化的同时，对它们的技术路线、经营方式等方面进行改进或改造，使之适应市场经济的要求；充分利用传统建筑文化、服饰文化、饮食文化、手工技艺以及民风民俗等发展现代乡村旅游产业，依托传统物质文化和非物质文化实现产业兴旺，这样就能够在物质上留住村民不外出，吸引外出务工者返乡。通过乡村振兴战略的实施，做大做强农业特色经济、民族风情旅游等与农业文明相关联的经济产业，在一定程度上，能够为农耕文明的回归和重现营造良好的产业基础和文化生态环境。

乡风文明的实现，能够使侗族人温和、善待、恭敬、节俭、忍让的"和谐"文化与传统美德得以传承光大；能够使传统的调适人际关系和规范行为准则的"款约"文化在法制社会的建设中以"村规民约"的形式发挥辅助性作用；能够为侗族传统村落的歌舞文化、戏曲文化、节日文化等非物质文化的保护和传承创造良好的人文环境。

"产业兴旺、生态宜居、乡风文明、治理有效、生活富裕"目标的实现，将为传统村落的侗族人安心留在侗寨、合力建设侗寨创造条件。如此，从产业振兴到人才振兴再到文化振兴，有了"人气"的经济发展了传统侗寨，文化传承自然而然也会得到恢复和加强。

## 三、以文化自觉为目标，激发保护和传承的内在动力

世界发展史证明，文化是人类的灵魂。习近平总书记指出："我们说要坚定中国特色社会主义道路自信、理论自信、制度自信，说到底是要坚定文化自

信。文化自信是更基本、更深沉、更持久的力量。""增强文化自觉和文化自信，是坚定道路自信、理论自信、制度自信的题中应有之义。"① 文化自觉意味着对民族文化地位与作用的认识自觉，意味着对民族文化建设客观规律的遵循自觉，意味着对推动民族文化发展历史责任的担当自觉。② 当文化传承成为一种自觉时，民族文化的承载者们会随时随地、千方百计地开展文化传承，人活了，方式就活了，内容就活了，活态传承也必将成为一种常态。

侗族人，理所当然地包括侗族传统村落的所有村民，应深入全面了解和把握丰富而灿烂的侗族文化，深深地融入其中；并在与其他民族文化的相互交流和比较中品味和欣赏侗族文化的内涵和特点，在这样的了解、把握、比较、欣赏中，内心深处必然油然而生认同感和归属感，产生强烈的民族文化自信心。这种文化自信心又能够进一步增加侗族人民的文化自豪感，更加自觉地使用侗族语言，保护和传承侗族文化，更加自觉地传承侗族生产生活习俗，弘扬侗族的传统精神。如果侗族所有人都怀有了文化自觉和文化自信之心，就必然会产生侗族文化保护和传承的内在驱动力，就会使保护和传承侗族文化成为一种自觉。

## 四、以现代科技为支撑，创新保护和传承方式

现代科技在文化传播上的运用，促使文化传播正从文字时代向图像时代切换，与此对应的是印刷文化向视觉文化转化。AI（人工智能）、AR（增强现实技术）、VR（虚拟现实技术）等现代技术在文化传播上的广泛运用，非常值得侗族传统文化保护和传承借鉴。

数字化保护，已经在侗族传统文化保护和传承中得到运用，如国家级非物质文化遗产项目数字化保护、侗族传统村落数字化保护、侗族建筑数字化保护等，通过数字化，建立了相应的数据库，作为电子档案永久保存。但是，由于数字化保护时强调其素材的完整性，所需的人力、财力、物力都比较大，对参与人员的专业水准要求比较高，目前尚有许多工作要做。

在 VR（虚拟现实技术）基础上发展起来的 MR（混合现实技术）能够将虚拟场景融入真实世界，为侗族传统文化在教室里、博物馆、科技馆、社区等场合进行传播和体验提供可能。如何将侗族传统文化资料与现代技术尽快结合已成为保护和传承中的一个重要课题。

---

① 习近平：《坚定文化自信，建设社会主义文化强国》，《实践（思想理论版）》，2019 年第 7 期，第 6 页。

② 覃正爱：《文化自觉与以人为本的内在关联》，《重庆社会科学》，2014 年第 8 期，第 74 页。

"短视频"是目前文化传播的一种重要方式。"短视频"是顺应时代变化而产生的一种传播方式，一种文化载体，一种展现形式。在人类历史上，从来没有像今天这样，每一个普通民众都可以成为活跃的生产者，也从来没有像今天这样海量的内容源源不断地从各个角落冒出来，而每一条视频都是对生活的微观记录，而海量的微内容显然在广阔的层次上，展现了社会的样貌、时代的情绪。通过"短视频"传播"长文化"的方式非常值得借鉴。我国有近300万侗族人口，还有许许多多关心侗族传统文化的人，如果都能行动起来，时常拿起手机录下侗族传统文化的个个片段并通过网络进行传播，将是一股巨大的传播和弘扬的力量。

### 五、以学校为重要阵地，奠定保护和传承的基础

民族文化的传承必须以人的接代为前提。前述所罗列的法律条款允许民族自治地区在国家教育方针下决定教育规划、办学方式、教学内容和使用的语言，这使民族文化进入校园成了可能。在实践中，黔湘桂三省区都已经做出了有益的探索。例如，2002 年贵州省教育厅、贵州省民宗委发出《关于在全省各级各类学校开展民族民间文化教育的实施意见》，2008 年又发出了《关于大力推进各级各类学校开展民族民间文化教育的意见》，2014 年贵州省教育厅、贵州省文化厅、贵州省民宗委三个部门联合下发了《贵州省推进职业院校民族民间文化传承创新工作实施办法》；湖南省、广西壮族自治区也都有相关文件出台。与之相对应，各侗族自治地区也都出台了相应文件进行落实，并开展民族文化校园传承活动，如 2008 年 3 月，贵州省黔东南苗族侗族自治州教育局、黔东南苗族侗族自治州民宗委修订了《黔东南州民族民间文化教育规划方案》，同年，又下发了《关于进一步做好我州民族民间文化教育工作的意见》（州教通〔2008〕197 号）等。

在历年实践的基础上，仍可以继续探索在侗族聚居区，特别是侗族传统村落集中分布的地区，初中及以下的学校开设侗文化课程，编写适合各学龄段、各年级的侗文化课教材，使用侗汉双语教学。在学校开设侗文化歌舞艺术兴趣班，在社会上培养侗文化爱好者和传承者作为师资向学校输送。建立侗文化教学成果考评激励机制。定期举办区域性的侗文化展示活动，培养出既有本民族文化素养又有中华大文化修养的新侗民。

以学校为重要阵地，从小培养侗族传统文化的保护者和传承者，将为侗族传统文化的保护和传承奠定牢固的基础。

## 六、以创意为创新突破口，不断拓展保护与传承的空间

随着物质的极大丰富，文化艺术已经成为人们日常生活中不可或缺的一部分，融入了人们生活的方方面面，现实中，与文化艺术相关的作品随处可见。文化艺术越来越多地以润物细无声的方式影响着人们，在大众中普及。侗族传统文化的保护和传承在方式上也应顺应形势发展，采取更多让侗族民众、让其他民族的民众喜闻乐见的形式来传播。在当今信息大爆炸的时代下，就需要有新的创意及创新的方式来吸引人们的关注。

以侗族传统文化为元素的文化创意探索已经在侗族聚居区各地兴起，像比利时钢琴家尚马龙创意地将原无伴奏的"侗族大歌"与钢琴、电声伴奏结合在一起演奏；通道县萨岁产业文化发展有限公司将侗族的鼓楼、寨门、侗男形象、侗女形象等图案装饰在手机壳、扇面、文化衫、食品包装等上面，还有用侗锦制成的时尚围巾、手提包，用"侗锦精灵""芦笙精灵"为形象的动漫，侗族元素和时尚因子结合的银质项链、耳环、戒指、手镯、发簪等。这些创意对侗族传统文化的传播发挥了积极的作用。在传统文化创意上，李子柒的成功之路值得我们借鉴，她将传统文化和传统美食相结合，自拍自导古风美食短视频，并利用视频平台进行宣传和推广，取得了非常成功的效果。如 2017 年 4 月，制作秋千的视频在美拍上点击量突破 1000 万，全网播放量达到了 8000 万，点赞超过 100 万；2018 年 1 月，发布的《汉妆》《面包窑》《芋头饭》等作品在 Facebook 也获得了数百万的播放量；2019 年 9 月，创作的短视频《水稻的一生》播出，在 YouTube 平台上的粉丝数达到了 735 万。截至 2020 年 4 月，李子柒在 YouTube 上的粉丝突破 1000 万，成为第一个拥有超过 1000 万粉丝的中文创作者。因为影响力广泛，她还成为成都非物质文化遗产推广大使，受聘担任了中国农民丰收节的首批推广大使。其成功之路非常值得侗文化创意和推广借鉴。

加大侗族传统文化创意，将会为其保护与传承拓展出无限可能的空间。

下篇　实例篇

# 实例一　肇兴侗寨聚落群整体性保护与发展

　　贵州省黔东南苗族侗族自治州黎平县的肇兴侗寨，有居民 1000 余户，6000 多人，是全国最大的侗族村寨之一，素有"侗乡第一寨""侗都"之美誉。侗寨一座座吊脚楼鳞次栉比、错落有致，历经千年的禾仓、碾坊、井亭、古桥，还有流水、鼓楼、戏台诉说着千百年来侗寨人的勤劳、善良以及繁衍生息历程。近年来，肇兴侗寨也加入了旅游开发的行列，但原始的生态环境、原生的民俗文化、远古的历史烟尘依然清晰可见。目前，肇兴侗寨还是原生状态保持得非常好的侗寨，本实例对肇兴侗寨及其与周边侗寨共同构成的聚落群进行解析，着眼点在"原生"，而非"景区"。

　　"聚落"，在古代通常是村落的代名词，近代泛指"居民点"；而"聚落群"是指以血缘为纽带近距离相聚在一起而形成的一种特定空间与遗存形态。

　　由于历史的原因，居住在黔湘桂三省区交界处的侗族村寨发展相对滞后，城镇化进程缓慢，至今仍有相当一部分村寨以传统的聚落和聚落群形态存留。在交通日渐通畅、社区日趋开放、经济不断融合、信息交流不断加速的形势下，传统侗族聚落群究竟如何与时代接轨，走出一条既保护传统，又适应时代发展的路径，是值得研究的一项课题。位于贵州省黎平县的肇兴侗寨是我国最大的侗寨，以它为核心的传统侗寨聚落群在侗族地区有着一定的代表性，以其作为样本进行分析，具有相当的典型意义。

## 一、肇兴侗寨聚落群概况

　　肇兴侗寨聚落群是指以肇兴侗寨为中心的传统侗寨聚落群。其所覆盖的范围难以十分准确地确定，主要是指肇兴侗寨及其周边的几个侗寨，包括肇兴寨、堂安寨、厦格寨、纪堂寨、登江寨、己伦寨（主要区域见图 1）。聚落群的 6 个侗寨现划分为 10 个行政村，其中肇兴侗寨包括肇兴村、肇兴上寨村和肇兴中寨村三个行政村，纪堂侗寨包括纪堂村和纪堂上寨村两个行政村，厦格侗寨包括厦格村和厦格上寨村两个行政村，其他 3 个侗寨各为一个行政村。聚落群的 10 个行政村有 8 个已被列为"中国传统村落"，其中第一批 5 个（肇兴村、肇兴中寨村、堂安村、纪堂村、纪堂上寨村），第二批 3 个（肇兴上寨村、厦格村、厦格上寨村）①。堂安侗寨和厦格侗寨还被列入我国申报世界文化遗产项目——"侗族村寨"之中。

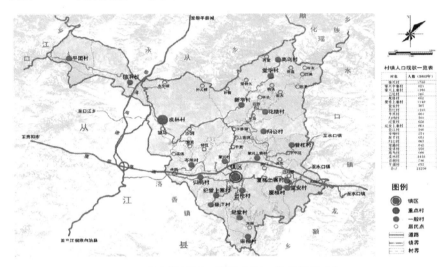

**图 1　肇兴镇域图（资料来源：肇兴镇政府）**

肇兴侗寨（图 2），原名肇峒，1940 年改名为肇兴。民间族谱记载：南宋正隆五年（1160 年），肇兴先民就已建寨定居，距今有 840 多年历史②，"中国传统村落"名录确定的建寨时间为"元代及以前"③，与民间族谱记载大体一致。肇兴侗寨是传统侗寨聚落群中最早建寨的。

---

　　① 此组数据和名单来源：根据中国传统村落网（http://www.chuantongcunluo.com/）公布的第一～五批《中国传统村落名录》整理统计。

　　② 贵州省住房和城乡建设厅：《贵州传统村落（第二册）》，中国建筑工业出版社，2016 年，第248 页。

　　③ 曹昌智、姜学东、吴春：《黔东南州传统村落保护发展战略规划研究》，中国建筑工业出版社，2018 年，第 304 页。

**图 2　肇兴侗寨寨门远眺**

　　肇兴侗寨由 5 个自然寨组成，分别是仁团（侗语高懈，下同）、义团（登格）、礼团（殿邓）、智团（闷）和信团（拍）。其中礼团，侗语"殿邓"，意思为"最先到这里定居"，可见，礼团是肇兴侗寨居民最早的聚居区，其他各寨为后来发展和迁入形成的。现 5 个自然寨被划分为 3 个行政村，仁团和义团为肇兴上寨村，礼团为肇兴中寨村，智团和信团为肇兴村。肇兴侗寨有近 900户，人口 4000 余人[①]。姓氏有对外姓氏和内姓之分，对外时，全寨统一为"陆"姓，寨内则保留了 12 个内姓，分别为赢、郭、孟、白、曹、鲍、邓、马、夏、满、龙、袁。

　　纪堂侗寨，大约成寨于宋代后期，主要由肇兴侗寨智团、信团内姓为郭姓、孟姓、白姓、曹姓和鲍姓的五个家族部分成员外迁形成的。来自智团的孟姓家族成员独自形成小寨，来自信团的其他四个家族成员混杂居住，逐渐形成上寨、中寨、下寨。后因中寨鼓楼失修倒塌而又未重建，中寨人口分化到上寨和下寨，纪堂侗寨分成了两个自然侗寨。后在行政村划分时，将下寨命名为"纪堂村"，将上寨命名为"纪堂上寨村"。纪堂侗寨距肇兴侗寨约 2.5 公里，全寨 650 余户，3000 余人。

　　己伦侗寨，大约成寨于元代及以前，由肇兴侗寨智团孟姓家族部分外迁成员与其他杂姓家族迁入人员组成。己伦侗寨距肇兴侗寨 1.5 公里左右，80 余户，近 400 人，是聚落群中较小的侗寨。目前，己伦侗寨与肇兴侗寨的智团、

---

　　①　本节所述肇兴侗寨聚落群各侗寨成寨时间、居民户数及人口数等数据均来源于曹昌智、姜学东、吴春共同编写的《黔东南州传统村落保护发展战略规划研究》（中国建筑工业出版社，2018）中附表一"黔东南州传统村落基本信息表"。

信团共用一个萨坛，两者保持着比较密切的来往。

登江侗寨，由肇兴侗寨信团的郭姓、鲍姓、曹姓家族部分成员外迁形成。登江侗寨距肇兴侗寨约 2 公里，210 余户，近 1000 人。登江侗寨与纪堂侗寨毗邻，历史上，两寨曾与周边其他小寨合款形成"登堂款"，是低于肇洞的小款。

厦格侗寨，始建于元代，始祖为嬴姓，迁入时，最先落根于现在的厦格村（下寨），随着家族的不断繁衍、肇兴侗寨及其他地方人员的迁入，侗寨不断扩大，于是，另外在地势较高处选址建鼓楼，形成新的自然寨——厦格上寨。目前，厦格侗寨由厦格寨和厦格上寨共同组成。厦格侗寨距肇兴侗寨约 2.5 公里，430 余户，近 2000 人。

堂安侗寨，始建于清嘉庆年间（1795—1820 年），最早由厦格侗寨的嬴、潘两姓家族部分成员迁往山顶建立，后有兰姓、吴姓、石姓等家族成员迁入，是一个杂姓侗寨。由于历史的渊源，堂安侗寨与厦格侗寨关系仍然比较密切，两寨一直保持着联姻关系，许多节庆活动也共同举行。堂安侗寨距肇兴侗寨约 5 公里，站在堂安侗寨左边的大石头上，可以俯瞰肇兴侗寨的全景，肇兴侗寨像一艘停靠在岸边的大船，船的缆绳就拴在堂安侗寨的这块大石头上[①]。堂安侗寨有 200 余户，近 900 人。

以肇兴侗寨为中心的传统侗族村寨聚落群，不仅在地缘上相互毗邻，而且还有着或深或浅的血脉联系。历史上，它们就以"款约"的形式建立了休戚与共的和谐发展关系，今天，随着侗族地区的开放发展，又共同进入了肇兴地区旅游开发的"八寨一山"发展规划，整体性保护与发展仍然十分重要。

## 二、肇兴侗寨聚落群的保护与发展要素分析

历史悠久的肇兴侗寨聚落群在交通、通信、科技、经济、文化、生态等日新月异的情形下，无法回避时代的洗礼。特别是肇兴侗寨聚落群建立旅游景区，对外开放程度提升，市场经济冲击加剧，聚落群的保护与发展任务日益繁重。分析其关键因素，对其保护与发展有着基础性作用。

### （一）山水协调的选址、顺地应势的聚落成长

肇兴侗寨聚落群在环境的选择上做到了山水协调、顺地应势，非常有利于聚落的扩张与聚焦。

最早形成的核心村寨——肇兴侗寨，坐落于低山峡谷之中，四面环山，东

---

① 苏东海：《中国生态博物馆》，紫禁城出版社，2005 年，第 80 页。

南北三面的大山都在海拔 800 米以上，山上林木郁郁葱葱，大自然既赋予侗寨
优美的自然环境，又为人类生存涵养了水源。由东向西和由南向北的两条溪流
在侗寨内汇流形成肇兴溪，而后蜿蜒向西。肇兴侗寨形成后，有人从风水的角
度看侗寨，觉得侗寨就像一条船，行进在青翠的山间谷地。东南山高，像船的
撑篙；东北山麓低矮，像划船的摇橹。仁团鼓楼稍矮，只有 7 层，像是船头；
居中的义团鼓楼有 11 层，像是船舱；而礼团鼓楼（见图 3）和船尾的信团鼓
楼各有 13 层和 11 层，像是船的桅杆；而夹在其中的智团鼓楼只有 8 层，恰似
船帆。由于两条溪流在寨头汇合，向西流去，整个侗寨看起来就像一条由西向
东溯流而上的大船，船帆高挂，"一帆风顺"。

**图 3　肇兴侗寨礼团鼓楼**

肇兴侗寨聚落群成长和形成的因素有很多，但其中最主要的是肇兴侗寨的
不断扩展。其扩展方式有两种，一种是沿河流两侧逐渐延伸，另一种是沿山势
向山上发展。距离近的侗寨在地缘和血缘关系上都与肇兴侗寨联系较紧密，随
着距离的不断疏远，地缘和血缘关系在不断减弱。从整个聚落群出发，可以看
到肇兴侗寨是聚落群的核心区域；纪堂侗寨、己伦侗寨、登江侗寨距离肇兴侗
寨不超过 2 公里，属紧密联系区域；而厦格侗寨、堂安侗寨距离肇兴侗寨的侗

寨都在 5 公里以上，属边缘区域了。像堂安侗寨，虽然现在乘车上堂安多经过肇兴侗寨，但由于堂安最早的住民主要是由厦格侗寨外迁的，所以至今与厦格侗寨的联系较紧密，而与肇兴侗寨的联系则松散许多。

在山与水的环抱中，肇兴侗寨聚落群的外部环境非常优美。翠绿的青山、清澈的泉流、层层叠叠的梯田、满山开放的野花，令人流连忘返。加之高耸的鼓楼、长长的风雨桥、鳞次栉比的吊脚楼、神秘的萨坛、喧闹的戏台、悠长的青石板驿道以及日出而作、日落而息的侗寨村民，构成了一幅幅天人合一的美好画卷。

### （二）经典的侗族村落布局、众多的传统建筑

肇兴侗寨聚落群，不仅是我国侗族最大的集聚区之一，也是典型的侗寨村落集聚区。我国南部侗族聚落具有明显的向心性，一般由鼓楼、款坪及戏台为侗寨中心，寨民的住宅围绕侗寨中心顺应地势建造，住宅之间穿插水塘、水井等生产生活设施，禾仓、畜生棚等处于侗寨的边缘，寨外是农田与山林。侗寨建筑在村落布局上大体形成同心圆的格局。肇兴侗寨聚落群各侗寨基本都是这样的村落格局。

在肇兴侗寨聚落群，鼓楼和住宅构成了聚落的主体。"未建房屋，先建鼓楼"是侗族修建村寨的基本原则，聚落群的每一个侗寨都建有鼓楼，有的还有多座。肇兴侗寨规模庞大，从整体上看，是典型的侗族村寨由鼓楼中心逐渐向外层次延伸的同心圆村落布局。从内部结构看，由于肇兴侗寨包括了 5 个自然寨，大寨内有 5 座鼓楼，布局特点有所不同，但不影响侗寨的整体布局。厦格侗寨以楼兰鼓楼、楼兰戏台、款坪、萨坛为中心向外延伸。纪堂上寨的两个团寨分别以塘明鼓楼和宰告鼓楼为中心向外拓展。其他侗寨的布局也大体如此，向心性布局是共同的特征。

道路和河流构成了聚落群各侗寨的骨架。如肇兴侗寨，住宅沿着溪流两岸而建，顺着溪流延展，道路的走向或与溪流平行，或与溪流垂直，垂直的主干道上常有风雨桥连接溪流两岸。溪流的两岸边，或为道路，或为临河住宅底层做的通廊，方便行走、洗涤、漂洗侗布、饲养鹅鸭等。

水井、水塘、风雨桥、寨门等构成了侗寨的节点和边界。在侗寨内部，还散落着许多水井、水塘、风雨桥、寨门，它们与鼓楼、住宅等共同构架起侗寨的建筑体系。水井是寨民生活用水的主要来源，也是寨民停留驻足、休息与交流的空间。水塘，既拉开房屋间的间隔，利于防火、采光、通风，又利于消防取水。风雨桥，与鼓楼、侗族大歌一道被称为"侗族三宝"，既是交通所需，

也是寨民休憩娱乐的场所。寨门的功用也是多重的，通常情况下，寨门是村寨的边界，寨门之外是农田、山林和墓葬区，同时也是保卫寨子及财产的第一道防线。现堂安侗寨还有着7处寨门。

侗寨的边缘常建有禾仓、草仓、旱厕。每个侗寨至今仍有自己的一些禾仓，像厦格侗寨，在厦格寨和厦格上寨就各有2个禾仓群，用以储存粮食。禾仓一般建在寨边，与其他建筑物拉开一定距离，防止因火灾而失去赖以生存的粮食，像堂安侗寨的禾仓都位于寨门外，肇兴侗寨的禾仓位于寨子边缘。不过，现在村民们更习惯将稻谷储存在家中，禾仓的作用越来越小，也逐渐被弃用。侗寨的外围则是田地和山林，是历史上寨民们获取生活资料的主要场所。

肇兴侗寨聚落群有着众多的传统建筑，其中相当一部分是古建筑。肇兴侗寨的五座鼓楼、五座风雨桥都始建于清代，数百栋穿斗干栏式木构民居建筑多建于20世纪60—70年代，戏台、萨坛、古井（见图4）、古墓群都有遗存。厦格侗寨有4座鼓楼、3座戏台、1座檐公祠、4组禾仓群以及大量干栏式民居，相当一部分建于清代。堂安侗寨的风雨桥始建于明代，还有鼓楼、戏台、萨坛以及260余栋传统民居。纪堂侗寨有3座鼓楼，其中下寨鼓楼建于清嘉庆年间，塘明鼓楼建于1803年；纪堂上寨的380多栋木质干栏式民居中，超过100年的有60多栋，50~100年间的有183栋，30~50年间的有140栋[①]；纪堂寨的民居也基本是木质干栏式，大部分修建于20世纪70年代，部分修建于新中国成立前或新中国成立初。

**图4　堂安侗寨的"瓢儿井"**

---

①　贵州省住房和城乡建设厅：《贵州传统村落（第一册）》，中国建筑工业出版社，2016年，第150页。

遗存至今的古老建筑，还在用它们沧桑的身影诉说着侗寨的历史与传说。

### （三）传统的农耕生产方式与现代旅游业的兴起

在以传统的农耕经济为主时期，肇兴侗寨聚落群相比其他侗寨聚居区来说，生产条件还是比较好的。充沛的雨量、丰富的灌溉水源、河谷与山地结合的地势等为传统农业的发展奠定了较好的条件。肇兴侗寨聚落群近千年的繁衍与发展充分说明了其传统农业发展状况一直是良好的。肇兴侗寨聚落群的农业以水稻生产为主，其他农作物也有所生产，如油茶、油菜、棉花、茶叶等，但这些农产品的生产以小农生产方式进行，未能形成规模，基本停留在自然经济状态。

历史上，林业生产状态也比较好，既为保持良好的自然生态创造了条件，也为鼓楼、风雨桥、民居等木构建筑的修造提供了主要材料。不过，未能形成大规模的商品材料。

围绕村民们日常生产生活所需而发展起来的手工艺，如木器、铁器、竹器、藤编、织机、刺绣、银饰等，在肇兴侗寨发展较好，这与肇兴侗寨在聚落群中的中心地位密切相关，其他侗寨则零零散散地存在。

正因为肇兴侗寨聚落群生产方式的滞后，村民们的经济状况堪忧。据调查，加上近些年旅游业的发展，在聚落群中，肇兴侗寨和堂安侗寨的村民人均可支配收入在 2018 年也仅 1 万元左右，其他侗寨更低。相比 2018 年全国农村居民人均可支配收入的 14617 元，差距甚大。

旅游业是肇兴侗寨聚落群经济发展新的转折点，虽然起步较晚，发展的时间较短，但已显示出蓬勃的生机。近几年，肇兴侗寨聚落群村民人均可支配收入的快速增长也得益于旅游业的发展。

肇兴侗寨聚落群旅游业萌芽于 20 世纪 80 年代初至 90 年代中期。1982年，美国《国家地理》杂志记者提姆·奥克斯到肇兴采访，回国后，在出版的著作中介绍了肇兴侗寨，使肇兴侗寨走向世人的视野。1985 年起，日本民俗学者田畑久夫和金丸良子多次到肇兴侗寨考察，1989 年 9 月，他们合著的《中国云贵高原的少数民族·苗族·侗族》一书在日本出版发行，书中刊印了大量肇兴侗寨、纪堂侗寨、登江侗寨的图片，影响非常强烈。1986 年，在法国巴黎金秋艺术节上，以黎平歌手为主的侗歌队演唱的侗族大歌技惊四座，大放光彩，被认为是"清泉般闪光的音乐，掠过古梦边缘的旋律"。由此，黎平、黎平肇兴侗寨开始蜚声海内外。之后，法国电视三台、台北《万里江山大陆寻奇》摄制组、美国《八千里路云和月》摄制组、世界旅游组织、人民日报社、中央电视台等诸多媒体到肇兴侗寨聚落群进行考察、采风、采访、拍摄，肇兴侗寨聚落群逐渐揭开神秘的面纱。

1995 年，肇兴侗寨成立了"文艺表演队"，开始进行商业接待表演，旅游业的序幕正式拉开；1998 年，首家涉外旅馆正式挂牌；2000 年，黎平县提出"旅游兴县"战略，肇兴侗寨被列为旅游发展增长极；2000 年 10 月，"黎平·中国侗族鼓楼文化艺术节"举行，肇兴侗寨是规模最大的分会场；2004 年 1 月，肇兴侗寨被国务院批准为国家级重点风景名胜区；等等。这些都对肇兴侗寨聚落群旅游业的发展产生了较为深远的影响。

2003 年，黎平县旅游开发投资有限公司、肇兴侗寨三村村民委员会与贵州世纪风华旅游投资有限公司签订《肇兴景区开发经营合作协议》，肇兴侗寨聚落群的旅游开发正式进入国内旅游业市场营运体系，真正开始与市场接轨。"2007 中国·贵州乡村旅游节"首游式活动在肇兴侗寨成功举办；2008 年，国庆黄金周游客突破万人。到 2008 年底，肇兴侗寨民居旅馆发展到 48 家 800 余床位，旅游纪念品店开设 32 家。肇兴侗寨聚落群旅游业发展不断扩张[1]。

2009 年以后，随着贵广高铁、厦蓉高速、三黎高速的修通，肇兴侗寨聚落群融入了全国高速交通网，通达性越来越好，加之基础设施的改善，吸引力越来越强。2018 年央视春晚的四个分会场之一落户在肇兴侗寨，既是对肇兴侗寨聚落群民族文化资源的认可与褒扬，同时，也为肇兴侗寨聚落群旅游业的发展做了极大的宣传，形成了广泛的广告效应。在 2018 年春节长假期间，肇兴景区共接待游客 20 万人次，实现旅游综合收入 1.5 亿元；2018 年国庆长假期间，肇兴景区共接待游客 8.23 万人次，旅游收入 7529.4 万元；2019 年国庆长假期间，肇兴景区共接待游客 10.47 万人次[2]。

旅游业日渐成为肇兴侗寨聚落群经济发展的支柱产业。

## （四）丰富的非物质文化遗产成为侗族民风民俗的主要内容

肇兴侗寨聚落群在千百年的繁衍生息中，孕育和传承了自身的文化和审美情趣，延续至今，它们成了聚落群丰富的非物质文化遗产，诸多文化的因素与侗寨的各种物质遗产一道构成了侗寨聚落群独具特色的民风民俗。这些非物质文化遗产既蕴藏了侗寨聚落群人们的精神寄托和价值观念，也成了当下旅游产业开发最重要的构成要素。

---

① 谢芝：《传统文化保护视域下的民族乡村文化产业发展研究——以肇兴侗寨为研究个案》，贵州大学，2016 年，第 27 页。

② 本组数据来源于黎平县文体广电旅游局。

## 1. 建筑文化

如前所述，聚落群拥有大量传统的木构建筑，如鼓楼、风雨桥、吊脚楼、寨门、凉亭、禾仓、草仓等。这些木构建筑物古朴自然，有着浓郁的民族特色。鼓楼、风雨桥和干栏式吊脚楼民居是肇兴侗寨聚落群最具代表性的建筑。黎平县申报的包括肇兴侗寨聚落群在内的"侗族木构建筑营造技艺"于2008年进入国家级非物质文化遗产项目名录。

鼓楼，侗族有"未建房屋，先建鼓楼"的说法，不仅村寨的布局以鼓楼为中心层层展开，它还是侗寨村民祭祀、议事、社交和休闲娱乐的场所，在南侗地区侗族人们的心中有着极其神圣和重要的地位。肇兴侗寨聚落群的鼓楼以杉木为柱坊，槽榫衔接，再加假柱，层层支撑而上，不用一钉一铆修建而成，体现出了精湛的建筑艺术和技巧，被誉为"世界建筑艺术的瑰宝""民间收藏的国宝"[1]。聚落群的每个侗寨都有鼓楼，每座鼓楼建筑式样各不相同。肇兴侗寨中有5座鼓楼，集中展示了侗族鼓楼建筑艺术。

风雨桥，在肇兴侗寨聚落群也称"花桥"，是一种廊桥建筑，与"鼓楼""侗族大歌"一道被誉为侗族"三宝"。聚落群各侗寨的风雨桥都是集廊、亭、台、楼、阁于一体的桥梁建筑。风雨桥用杉木建成，檐牙交错，所有的梁、柱、坊、板，全系穿榫逗扣衔接结合，不用一钉一铆，构造牢固、坚毅，造型壮观、优美。桥上有桥廊，桥廊内过道两侧有供人休憩的长椅。梳状的栏杆，既美观实用又通风透气。桥廊上方是集民族文化大成的彩绘壁画，壁画的内容丰富多彩，有侗族神话故事、祖先传说、风俗节日场景，也有侗民族的图腾标志。站在桥上，仿佛置身民间艺术长廊[2]。

干栏式吊脚楼。肇兴侗寨聚落群的民居多为干栏式吊脚楼，只是肇兴侗寨由于地势平坦有着部分地面式住宅。因肇兴侗寨聚落群气候比较湿润，房屋多依山而建，既为防潮湿和虫蛇，又为解决地势崎岖，所以多建吊脚楼。干栏式吊脚楼采用杉木建成，楼上屋壁用杉木板安装，有的殷实之家喜用桐油漆刷外壁。屋顶用杉木皮或青瓦覆盖，屋檐洁白，以三间三层的吊脚楼最为常见。至今，肇兴侗寨聚落群的民居仍以20世纪70年代以前修建的干栏式吊脚楼为主，不少已有百年左右历史，每个侗寨的吊脚楼都是依山就势，鳞次栉比，错落有致，形成侗寨建筑的主要外观风貌。

---

① 欧阳昌佩：《黎平乡村旅游，带富一方百姓》，贵州日报，2007年2月5日第2版。
② 胡光华、杨祖华：《贵州古村落肇兴》，贵州民族出版社，2007年，第14页。

### 2. 歌舞文化

自古以来，侗族是能歌善舞的民族。联合国人类口头与非物质文化遗产项目——"侗族大歌"，在肇兴侗寨聚落群几乎人人会唱。1986年，"侗族大歌"享誉法国巴黎金秋艺术节时，歌队成员中就有肇兴的侗族姑娘。侗戏是肇兴侗寨聚落群盛传的戏剧表演形式，侗寨的戏台每逢节庆都有侗戏表演，《珠郎娘美》等剧目至今仍有着广泛的观众基础。"芦笙舞""踩堂舞""匏颈龙舞""天魂舞""祭祀舞"等侗族舞蹈也时常表演。

### 3. 节庆文化

肇兴侗寨聚落群的节庆活动比较频繁，保留也比较完整。至今流传范围较广的有侗族芦笙会、抬官人、祭萨节、泥人节、祭萨、天赐节、吃新节、侗年等，这些侗族的传统节日具有浓郁的民族特色，也是侗族人们和谐相处的方式与外在表现，每逢节庆，各个侗寨的人们都穿着节日的盛装，吹响欢快的芦笙，载歌载舞，欢聚一堂。

### 4. 饮食文化

侗族的饮食有着自身的特点，带有浓郁的民族特色。"吃不离酸，食不离糯，喝不离茶，敬不离酒"是其饮食文化的大致特点。历史上，肇兴侗寨聚落群的村民们以糯米饭为主食，佐以腌菜和辣椒。现在，籼稻种植面积扩大，糯稻生产量减少了，糯米饭也吃得少了。野菜是侗家人餐桌上常见的，原生态的食物对于城市来的游客具有很大的诱惑力，也常令人胃口大开。腌鱼、腌肉（见图5）是侗家人菜品中的佳肴，平常家人舍不得吃，当有贵客光临，才端上餐桌。也有一些较为稀奇的食物会让人面临挑战，如油炸的蚱蜢、九香虫（俗称打屁虫、臭板虫等）及从溪河边捞取的一些叫不出名的虫子。"合拢宴"（又称"长桌宴"）是侗寨聚落群最为隆重的宴客形式，在宽阔的场坝或长长的街道上，各家各户搬出自家的餐桌，拼接成一长排，然后捧出自家酿造的美酒，端出精心烹饪的菜肴，抬出装满竹箩的糯米饭，琳琅满目地摆满那长长的餐桌，当芦笙吹响，主人和宾客欢聚一堂。互敬互让间，宾主还常互相手拉手唱起侗歌，跳起哆耶，气势壮观，气氛融洽。

**图 5　侗家腌肉**

肇兴侗寨聚落群的侗族文化还有着诸多的传承，许多已被列入各级非物质文化遗产名录，如服饰文化、银饰制作文化、蓝靛靛蓝工艺、芦笙制作工艺、木雕技艺等，这些多姿多彩的文化泉源都显现出侗寨聚落群丰厚的文化底蕴和源远流长的精神传承。

### 三、肇兴侗寨聚落群整体性保护与发展的对策

历史上，由于交通闭塞，肇兴侗寨聚落群一直"养在深闺人未识"；近些年，随着厦蓉高速、三黎高速、贵广高铁的通车，其才逐渐揭开神秘的面纱，进入人们的视野。地方政府和相关部门认识到了肇兴侗寨聚落群蕴含的文化价值和经济价值，着手进行旅游业的开发，实施了"八寨一山"的开发规划，并且取得了一定的成效。但是，在现代旅游开发和传统侗寨的保护上的冲突是无法避免的，如何在交织的矛盾中对侗寨聚落群进行保护并促进其发展，仍值得慎重考量。

#### （一）以旅游业整体开发为契机，激发传统侗寨聚落群活力

以传统农业为主的生产方式显然已难以跟上当代经济发展的速度。改革开放以来，经济上的巨大差距使得侗寨聚落群的许多村民离开侗寨前往沿海地区务工，侗寨"空心化"逐渐显现。实施旅游开发之后，侗寨聚落群的生产方式在一定程度上与现代经济接轨，村民的收入得到较大幅度的增长，"人气"重

新得以凝聚。抓住旅游开发的契机，激发传统侗寨聚落群的活力，是保护和发展的重要基础。

1. 着眼长远，加强规划

肇兴侗寨聚落群的旅游开发，既涉及"八寨一山"中各村寨的统筹兼顾，更关系到传统文明与现代文明、传统经济与现代经济的和谐交融。交通、通信、产业、文化、环境、人居、民俗风情、民族关系等诸多影响因素较一般的"自然风光"旅游开发要复杂很多，如何处理好这些要素之间的关系，需要有较好的长远规划，并有步骤地落实和实施。

2. 突出特色，塑造品牌

如前所述，肇兴侗寨聚落群拥有着相当丰富的侗族文化资源，十分有利于旅游产业的开发。但是，周边的侗族居住区也不乏资源丰富且具开发价值的侗寨聚落群，如榕江县的"三宝侗寨"聚落群、"大利—宰荡"聚落群，从江县的"七星侗寨"聚落群，通道县的"坪坦河流域侗寨"聚落群、"独坡八寨"聚落群，黎平县的"盖宝"聚落群、"述洞—岩洞"聚落群等，各地都将侗族风情旅游作为重要的支柱产业在打造。要在激烈的竞争中稳固地占有一席之地，打造自身独有的特色，形成广为市场所接受的知名品牌，是肇兴侗寨聚落群发展旅游产业的必由之路。

3. 让利于民，人兴业旺

以民俗风情为主的旅游，人的因素至关重要。肇兴侗寨聚落群在旅游开发中，要正确处理好各方的利益关系，如当地政府、开发公司与当地村民三者的利益分配关系，核心区——肇兴侗寨与其他侗寨的开发进度及利益分配关系，经济利益与社会利益的取舍关系等。村民之间也存在沿街村民与背街村民、就业于旅游企业的村民与非就业村民等不同的利益诉求。要协调好它们之间的相互关系，要坚持让利于民，而不是"竭泽而渔"，人兴才能业旺，人兴业旺了，传统侗寨的保护和发展才有坚实的基础。

4. 协调分工，做好"旅游+"产业拓展

旅游业发展的核心要素是"食、住、行、游、购、娱"，侗寨聚落群可以发挥群体优势，围绕游客做文章，对产业进行拓展，打造产业集群，如围绕"美食+"，发展生态农业；围绕"安居+"，发展林业和木构建筑业；围绕"交通+"，发展交通运输业；围绕"观景+"，发展观光农业；围绕"购物+"，发展银饰制作、侗族服饰（见图6）等民族手工艺；围绕"娱乐+"，发展民族歌舞演艺业、音像制作业等。侗寨聚落群相互间的血脉相连、历史渊源以及绵延的村落空间是"旅游+"产业拓展的坚实基础和发展底蕴，整合聚落群各村寨的地理、资源优势，围绕旅游业六大要素进行协调分工，合作实施产业拓展，实现经济的共同发展是可以期待的。例如"食"，肇兴侗寨是发展侗族饮食业最集中的场所，以饮食服务为主，食材需求量非常大，仅依靠自身努力难以为继，由此，其他侗寨可以在糯稻种植、稻田养鱼、蔬菜种植、油茶种植等方面发展，既可以满足肇兴侗寨及聚落群各村寨旅游饮食业的需求，还可以借旅游发展塑造农业品牌优势，发展生态农业和生态民族食品业。

图 6　民居上晾晒的侗布

（二）以观念引导为手段，强化村民自我保护意识

侗寨聚落群的村民是传统侗寨的保护主体，他们的观念和行为直接影响到传统侗寨的保护与发展。在保护和发展的过程中，树立正确的保护和发展观念，强化村民的自我保护意识非常重要。

现代经济观念：从传统农耕经济的观念中解放出来，正视侗寨不断发展的旅游业、艺术品加工业、餐饮业、演艺业、交通运输业等，并加入这些侗寨的"新兴产业"中，与现代经济活动接轨。

行为规范观念：现代社会中，人的行为规范较传统农耕社会数量更多、约束更严，村民必须跟上时代的步伐，在商业经营、住宅重修或改造、废物或垃圾处理以及个人的言行举止上都要与时代合拍。

文化传承观念：流传数百上千年的民俗风情一直是侗寨村民生产生活中不可或缺、水乳交融的组成部分，但随着环境的不断开放，外来的文化观念、文化形式、文化载体等都将对侗寨的传统文化产生影响。在这些外来因素的影响下，侗寨传统文化面临着消失、变异、失去核心价值等方面危机。因此，侗寨村民树立文化传承观念十分必要，也只有让文化传承成为侗寨村民的一种文化自觉，侗寨的传统文化才能得以很好的延续。

不论从历史发展渊源，还是今天的现实状况，侗寨聚落群一直是休戚相关的整体，要保护和发展侗寨聚落群，就需要在传统与现代的冲突中，对侗寨聚落群村民的观念进行整体的引导。侗寨村民的自我保护意识整体上加强了，侗寨保护成了一种自觉，侗寨聚落群的保护和发展才能减少阻碍、形成共识，真正实现可持续。

### （三）以原貌保持为基本原则，延续侗寨聚落群环境与格局

肇兴侗寨聚落群的历代延续与发展，与其周边环境及侗寨内部的功能布局是密不可分的。在旅游开发背景下，要做到侗寨聚落群的保护和发展，"原貌保持"是一项基本原则。开发过程中，如果未能保持聚落群中各个侗寨的基本"原貌"，久而久之，侗寨就不成其为"侗寨"，有可能就会变成冠以"侗寨"之名的旅游"商业街"或现代新兴城镇。目前，肇兴侗寨聚落群在外部环境上还能够保持基本的原貌，但是，在侗寨内部的环境和格局上，已存在不少值得警醒和重点关注的地方。例如，20世纪70年代，黎从（黎平—从江）公路的修建和乡政府的设立，使肇兴侗寨的村落结构发生了非常大的变化，不少民居和公共建筑物被拆除，商业主街形成，对传统侗寨内部格局的中心部分产生了较大的改变。近几年来，气势恢宏的肇兴侗寨新寨门的修建、肇兴侗寨博物馆的选址、人工湖的建造等，又在相当程度上影响了侗寨特点的展现，使肇兴侗寨"看起来不像侗寨"了。堂安等侗寨将部分人行石板台阶改为水泥车行道等也在一定程度上影响了传统侗寨的原貌。

就肇兴侗寨聚落群的保存现状而言，传统的原貌保持是比较好的，但仍需要在今后的开发中时刻注意。规划中原则的设定、规划的设计，以及规划的执行是保持侗寨聚落群原貌最关键的因素和环节，十分值得重视。

肇兴侗寨聚落群是一个整体，各侗寨间一荣俱荣、一损俱损，某一侗寨传统风貌遭到较大破坏，就会影响到整个聚落群形象，甚至会产生不良的影响，蔓延到其他侗寨。利用建设规划，利用侗寨村规民约，利用政府的引导、监督及约束，整体上对侗寨聚落群的生态环境和村落格局进行保护是一项需要长期坚持的措施。

### （四）以传统技艺修缮为主，保持侗寨建筑物的原始风貌

肇兴侗寨聚落群的建筑物，不论是公共建筑，还是民居建筑都是以木构为主，只有部分学校、机关建筑物用的钢筋水泥材料，建筑物的材质及建筑风格基本是一致的，由此也形成了侗寨的建筑风格和建筑景观。但随着老旧建筑的重建或翻新，有的村民出于防火、坚固耐用、房屋布局或经商等需要，开始用钢筋水泥等现代建筑材料来重建，特别是临街房屋，可以更好地利用空间来经商。为此，要通过规划和制度来约束。对于新建、重建的建筑物以及翻新、修缮的建筑物都必须以传统的木构技艺来施工。1999 年，堂安侗寨在与挪威共同建立"堂安侗族生态博物馆"时就与村民们有协议，侗寨中不再修建现代材质的建筑物，20 年来，这一协议在村民的共同努力下得到了很好的坚守。肇兴侗寨也有相关的协议。聚落群的其他侗寨也应该及早制定相关的协议或村规民约。即便是现在村民还不够富裕，旅游开发尚处于初期阶段，对现代材质建筑物的需求及建造能力都还不够，但可以防患于未然。

侗寨建筑物原始风貌的保持，是侗寨传统形象的标志和呈现。它既是精湛的"侗族传统木构建筑技艺"活生生的体现，也是一道道饱经历史沧桑的旅游景观，更是形成"侗寨"旅游特色的象征。历史价值、文化价值、科学价值、经济价值在其中都得以体现，保护势在必行。

### （五）以活态传承为主要手段，保持民族精神文化的永续传承

肇兴侗寨聚落群的侗族非物质文化遗产无疑是十分丰富的，这些蕴含着民族精神、民族品格、民族观念、民族文化的遗产是肇兴侗寨聚落群，乃至整个侗族文化中的瑰宝，需要得到妥善的保护和传承。利用旅游开发的契机，促使民族文化通过一定的产业形式与旅游业结合，通过"活态"的方式进行保护和传承十分必要。

#### 1. 合理设计发展规划，增加文化产品含量

旅游产业发展的六要素"食住行，游购娱"中，侗族的传统文化因子是能够广泛发挥作用的。食有腌鱼、腌肉、糯米饭、"合拢宴"，住有吊脚楼，游有建筑技艺、生产技艺，购有侗族银饰、服饰，娱有侗族歌舞、民俗活动、节庆等，它们能够或独立或综合地参与到旅游业的局部开发、阶段性开发或整体性、全面性开发中。文化因素是构建民族风情旅游最核心的要素，要使民族文化在旅游业中发挥核心作用，并在旅游开发中得以良好的传承，就应在规划设计时未雨绸缪，合理地布局文化产品，并有序地推进。

2. 加强民俗活动互动，促进民族文化传承

侗寨聚落群的文化是一脉相承的，大多数民俗活动的内容和形式也基本相同或类似，特别是一些节庆活动；村民们从小耳濡目染受到的文化熏陶也基本相同，不同侗寨村民都有着许多共同的文化语言。虽然由于侗寨聚落群外出务工人员较多，传统的以侗寨为主的民俗活动开展受到影响，但可以通过民间自发组织、村寨联谊组织、政府活动安排等组织形式，加强民俗活动互动，激发侗寨村民的文化活力，让传统的民俗文化活动重新活跃起来，形成良好的文化传承氛围，促进民族文化的繁荣和发展。

3. 加大传承人培养力度，培养更多传承人才

肇兴侗寨聚落群的文化传承有着良好的群众基础，不过，在代表性传承人的培养上还有极大的提升空间。目前，聚落群中，尚没有国家级代表性传承人，省级、州级的代表性传承人数量也非常少，代表性传承人多是县级的。而在侗寨聚落群流传的非物质文化遗产项目中，许多层级都非常高，像侗族大歌、侗族琵琶歌、侗戏、侗族芦笙、侗族花桥建造技艺、侗族鼓楼建造技艺、侗族银饰锻制技艺等都是国家级、省级非物质文化遗产项目。要传承好民族文化，要在文化旅游中不断提高文化的含金量，代表性传承人的培养不可忽视（见图7）。建立健全培养机制、加大经费投入、拓宽培养路径、提供发展平台等，在目前都是势在必行的，也是能够施行的。

图7　肇兴侗寨的非遗技艺培训　图片来源：黔东南非遗微信

### 4. 多措并行，全面推进民族文化传承

肇兴侗寨聚落群蕴含的侗族文化类型与数量非常多，有些已经融入旅游业中，像侗族大歌、侗戏《珠郎娘美》、侗族琵琶歌、银饰制作等，但是，旅游业只能传承部分适宜于市场的类型和项目，要真正传承好民族文化，还需要更加广泛的途径和渠道。譬如，博物馆展示、数字化推广、民族文化进校园等都是民族文化传承的重要手段。采取多样化的手段和方式，全面推进侗寨的文化传承，才能够使侗寨的精神文化得以永续。

# 实例二　坪坦河流域申遗侗寨保护与发展

通道侗族自治县坪坦河流域是我国传统侗寨形制保存最为完好、侗族文化遗存保存最为完整的区域之一。在我国倡导保护传统村落的时代背景下，对坪坦河流域传统侗寨的保护与发展进行研究具有一定的典型意义。本实例试图以该流域中步、高步、阳烂、坪坦、横岭和芋头6个申遗侗寨为例着手，探究新形势下传统侗寨的保护与发展的有效路径。

湖南省通道侗族自治县境内的坪坦河自南向北流经了20余个大大小小的侗族村寨（以下简称"侗寨"），该区域是湖南省境内侗寨集中分布的区域之一。坪坦河流域的侗寨大多有着悠久的历史，这里遗存着大量历经风雨的鼓楼、饱经沧桑的风雨桥、润泽数代的古水井、世代安居的吊脚楼，还保留着承载人们数百年精神寄托的古萨坛、飞山宫、南岳庙、雷神庙等，传承着穿侗服、做腌肉、吹芦笙、跳哆耶、过"月也"、行"祭萨"等侗族传统的民俗文化。由于同属坪坦河流域，这里的侗寨山水相连、族源相同、民俗相近、意气相合，是典型的传统侗寨分布区。在当今保护和发展传统村落的大背景下，对坪坦河流域传统侗寨的保护和发展研究具有十分典型的意义。

由于该流域侗寨众多，研究中，仅撷取了2013年入选《中国世界文化遗产预备名单》，并准备申报联合国"世界文化遗产"的"侗族村寨"项目中的6个村寨（以下简称"申遗侗寨"）为样本。6个村寨从南至北分别是中步、高步、阳烂、坪坦、横岭、芋头（见图1）。其中，芋头侗寨被列入第五批"全国重点文物保护单位"，芋头侗寨和坪坦侗寨入选了第六批"中国历史文化名镇（村）"，芋头侗寨村落古建筑被列为国家级景观村落。坪坦河上的回龙桥、普济桥、文星桥、永福桥、回福桥、永定桥、观月桥、中步一桥、中步二桥共九座风雨桥整体被列为国家级"重点文物保护单位"。在已公布的五批"中国传统村落名录"中，中步、高步、坪坦、横岭、芋头五个侗寨入选。

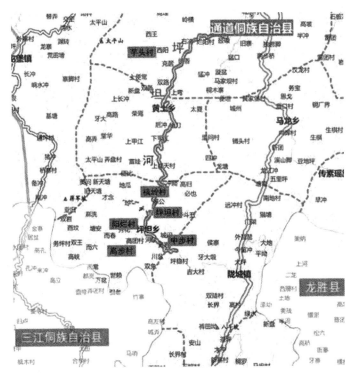

图1　申遗侗寨分布图　王诗若制

中步侗寨位于坪坦河的东南部，坪坦河支流陇梓河（当地人习惯称"梓坛河"）由北向南绕寨而过。中步侗寨建寨历史悠久，其由来可追溯至公元980年，属通道县庚辰古村落①之一。中步侗寨以杨姓居多，全寨217户，1005人。

高步侗寨位于坪坦河的西南端，由高上、高升和克中3个行政村组成，坪坦河自西向东流经侗寨（村民称坪坦河该段为"高秀溪"）。据记载，明洪武年间就有居民定居于高步侗寨，目前村内公共建筑最早纪年为村尾石井井壁的乾隆年题记，据此可推测侗寨历史至少已有200年。寨中居民以吴姓、杨姓、龙姓居多，全寨507户，2500余人。由于高步侗寨覆盖3个行政村，有一定的"片区"特点，所以，我国在公布第四批《中国传统村落名录》时，称之为"高步片"。

阳烂侗寨位于高步侗寨的东北部，坪坦河自侗寨西面而来，流向东面，后

---

　　①　据记载，中步村与周边的陇城、路塘、坪寨、双斗、吉大、下宅、坪稳、牙大共9个侗寨均于北宋至元朝庚辰年间（980年）建村，故称"庚辰古村落"。

又转北而去，将阳烂侗寨包围起来。阳烂侗寨建寨不晚于清乾隆年间，寨中的2座鼓楼都建成于清代乾隆年间。寨中居民以杨姓、龙姓居多，全寨154户，752人。

坪坦侗寨位于坪坦河的中部，略偏南，坪坦河由北向南贯穿全境。坪坦侗寨始建于宋代，现为乡政府所在地。寨中居民以杨姓、吴姓居多，全寨239户，1168人。

横岭侗寨位于坪坦侗寨的北部，坪坦河的中部，坪坦河包覆着侗寨的北面和东面。横岭侗寨建寨不晚于清代乾隆年间。寨中居民以吴姓、杨姓居多，全寨326户，1398人。

芋头侗寨位于坪坦河的西北面，坪坦河支流芋头溪流经全寨。芋头侗寨始建于明洪武年间，至今已有600多年的历史。寨中居民以杨姓、粟姓居多，全寨184户，875人[①]。

6个申遗侗寨中除芋头侗寨外，其余5个侗寨基本相连，形成较大的侗寨聚落。芋头侗寨距通道县城约9公里，其余侗寨距县城在20公里左右。

## 一、坪坦河流域申遗侗寨的特色及传统

坪坦河流域申遗侗寨有着自身鲜明的特色和悠久的传统，古老的遗存延续至今，为传统村落的保护与发展提供了自然与人文、经济与社会、物质与精神等诸多方面的条件与基础。

### （一）依山傍水、顺应自然的选址和功能分区

俗谚云：苗人依山，侗人傍水。坪坦河流域的申遗侗寨都坐落在坪坦河及其支流边上，与我国大多数侗寨一样，傍水而建。申遗侗寨的选址既基于本身对自然的朴素认识，又在一定程度上相信风水、龙脉之术。侗寨民居选址均讲究风水，多立于山地，山地之中往往有小溪流穿越而过，形成平缓谷地，即"坝子"[②]。侗寨大多立于"坝子"的周边地带，当地居民称之为"坐龙嘴"。蜿蜒的山脉谓之龙脉，龙脉止于坝子，称为"龙头"。在龙头之后的龙脉，具有很强的锐气，居民为保村寨之平安，于是在龙脉上种植"风水林"，以挡住

---

① 6个申遗侗寨的户数与人口数等相关数据均系课题组成员于2018年11月实地调查时所得，由于外出务工人员较多，统计可能存在误差。

② 坝子，是山区或者丘陵地带局部平原（直径在10公里以下）的地方名称，主要分布于山间盆地、河谷沿岸和山麓地带。坝上地势平坦，气候温和，土壤肥沃，灌溉便利。

过强的气势①。由于坪坦河流域位于云贵高原东缘向南岭山脉过渡地带，山区起伏，多有变化，所以各个侗寨虽然邻近但选址也略有差异。中步侗寨、阳烂侗寨、高步侗寨属山麓河岸型，坪坦侗寨、横岭侗寨属平坝田园型，芋头侗寨的上寨和下寨属山脊型。中步侗寨东西两侧为由北向南两条连绵的山脉，西侧有上铲山、始梁山，东侧有牙大山、铲船山，中间为陇梓河，中步侗寨的5个自然寨均沿河流呈背山面水之势。高步侗寨地处山地丘陵中一片河畔平坝之中，西南较高，东北略低，平坝四隅都是山丘。阳烂侗寨向东北背靠鹭鸶鸟山，面向坪坦河，坝子非常宽阔，传说中有人夸耀阳烂时说："我们的鸟落坪，没有哪一只鸟能够不落地换气而飞跃过去。"横岭侗寨和坪坦侗寨选址于坪坦河与逐渐低缓的群山斜坡之间形成的平坝之上，背山面水，藏风聚气。芋头侗寨背靠连绵起伏的群山，面向蜿蜒而过的芋头溪，其民居就坐落在典型的"坐龙嘴"上。各个侗寨的选址在保证充足的水源的同时，还具备一定数量适宜耕作的土地、一定面积易于建房的地形以及丰富的自然资源等。

侗寨在功能分区上大体相同。以鼓楼为中心进行布局，最核心的是围绕鼓楼修建居住建筑而形成的居住区，村民们基本居住在这一区域。居住区的外围是耕种区，田地将居住区围绕。侗寨的耕种区分为两类：一类是水田，种植水稻，水稻是侗寨的主要农作物；另一类是旱地，种植寨民们日常食用的蔬菜瓜果，有的也种植一些经济作物。再往外是林地、墓葬区。坪坦河流域山地绵延，各寨都有山林，山林中，既有自然生长的松树、杉树、竹林，也有人工种植的杉木和油茶。近些年，政府提倡种植油茶，油茶林有一定的规模。坪坦河流域在老人去世之后仍采用土葬，墓地通常坐落在寨子周边的山上，多数的侗寨都规划有家族的墓地。由于各侗寨所处的地形地势有所差异，功能分区大体如此，具体到各个侗寨，则有所区别。例如，阳烂侗寨，耕种区不在居住区的外围，而是与居住区隔坪坦河相望，林地将居住区和耕种区环绕起来。横岭侗寨，由于坪坦河呈弧形流过，受河道限制，居住区、耕种区、林地都是呈扇形依次向外分布，而非呈环状。坪坦侗寨，旧时由于水运便利，商业贸易得到一定的发展，在普济桥下形成了较大的码头，并由此在沿河一带形成了较为繁荣的商业区。坪坦侗寨现在是乡政府所在地，功能分区更加复杂，除传统的居住区、耕种区、林地、墓地外，还有专门的养殖区、商业和服务区、文教区等。

可以说，坪坦河流域申遗侗寨在选址以及布局设计上做到了依山势、就水

---

① 任爽、程道品、梁振然：《侗族村寨建筑景观及其文化内涵探析》，《广西城镇建设》，2008年第2期，第56~58页。

形，顺应和利用了地理地势的自然状态和自然条件。

（二）古朴的建筑、合理的村落布局

申遗侗寨都有着数百年的历史，虽然历经了岁月沧桑的洗礼，但依旧留下了不少历代的建筑，它们与静静流淌的坪坦河一道，见证了侗寨的兴衰起伏。

中步侗寨建于北宋至元朝庚辰年间（980年），是坪坦河流域9个"庚辰古村落"之一。侗寨现存明清时期的古建筑有中步头桥、中步二桥、百年民居一栋、南岳宫、飞山宫等。中步头桥，位于村东，始建于清咸丰二年（1853年），为穿斗木构架廊桥。中步二桥（又称中步文星桥），始建于清嘉庆二年（1797年），后毁于大水，1921年民众捐资出力重新修复，为叠梁式木构架廊桥（见图2）。两座桥都是全国重点文物保护单位。南岳宫，始建于清乾隆年间，与中步二桥毗邻，为穿斗抬梁构架，内置天井，天井四周以青砖围合呈山墙，是县级文物保护单位。

**图2  建于清嘉庆二年（1797年），1921年修复的中步二桥**

始建于明代洪武年间的高步侗寨，有民居吊脚楼480余栋，鼓楼、风雨桥、戏台、古井、古墓群、古驿道、萨坛、古石碑等古建筑52处，最具代表性的有永福桥、廻福桥、高升鼓楼、龙姓鼓楼、河上鼓楼等。永福桥位于高上村村口，始建于清乾隆五十年（1786年），为单孔叠梁穿斗式木构架廊桥。廻福桥位于高升村村郊，始建于清道光二十年（1840年），为三墩两孔叠梁穿斗式木构架廊桥（见图3）。两桥皆为国家文物保护单位。高升鼓楼始建于清道光年间，龙姓鼓楼始建于清光绪年间，河上鼓楼也始建于清代，都是县级文物保护单位。

**图3 建于1840年的廻福桥 选自游多多旅行网**

始建于清代的阳烂侗寨拥有着众多的历史遗迹。寨中有吊脚楼140余栋、鼓楼2座、风雨桥1座、古井4口、碑文多处、古驿道1条、石板路5条等。文星桥，始建于清乾隆五十三年（1788年），系单孔叠梁木构架廊桥，在桥身建造方面采用侗族吊脚楼工艺中的"挑梁代柱外展法"，是全国文物保护单位。阳烂鼓楼（也称河边龙头鼓楼），始建于清乾隆五十二年（1787年），纯木结构，分门楼、主楼、一楼和连廊四个部分，是省级文物保护单位（见图4、图5）。中心鼓楼建于清乾隆二十九年（1764年）。《明发友怀》碑和序，刻于清嘉庆十五年（1810年）。古井"珍珠泉"，建于清嘉庆十七年（1812年）。

**图4 建于清乾隆五十二年（1787年）的阳烂鼓楼**

图 5　建于清乾隆五十二年（**1787 年**）的阳烂鼓楼（二）

　　坪坦侗寨始建于宋代，历代遗迹比比皆是。寨中有吊脚楼 230 余栋、鼓楼
3 座、风雨桥 1 座、寨门 3 座、古萨坛 1 座、古水井 4 处、古飞山宫 2 座、古
孔庙 1 座、古城隍庙 1 座、古碑文 12 通、古石板道 1 条。横跨于寨西边坪坦
河上的普济桥（见图 6），始建于清乾隆二十五年（1760 年），系伸臂悬梁式木
构架廊，单孔净跨度 19.8 米，被桥梁专家称为"桥梁建筑的活化石"，也是国
家重点文物保护单位。坪坦鼓楼，位于中心寨中南部，始建于清同治年间，题
梁"皇图巩固帝道遐昌风调雨顺国泰民安"。位于坪坦鼓楼旁的孔庙（见图
7），始建于清代，曾办过学堂，现在，里面除了供奉着孔子像外，还是坪坦侗
寨的小型图书馆。

图 6　建于清乾隆二十五年（**1760 年**）"普济桥"

图 7  建于清代的孔庙

横岭侗寨，始建于明天顺年间，至今遗留着地面式木构建筑房屋近 200 栋（见图 8）、鼓楼 3 座、风雨桥 1 座、戏台 1 座、祠庙多座、祭台 1 座、古碑刻 4 组、古道 4 条。外寨鼓楼建于清咸丰五年（1855 年），鼓楼正门外立有清同治三年（1864 年）增建时修的鼓楼碑，鼓楼后门右墙镶嵌了清光绪九年（1883 年）增建时修的鼓楼碑，是省级重点文物保护单位。南岳庙建于清光绪年间，现为寨中老年人冬天休息娱乐的场所。

图 8  横岭侗寨的古建筑

芋头侗寨始建于明洪武年间，清顺治年间遭火灾后复建，由 7 个聚居群组成。芋头侗寨是侗族建筑文化遗产的集中地，有较古老的吊脚楼 78 栋、鼓楼 4 座、风雨桥 4 座、门楼 1 座、萨坛 2 个、古井 2 口、古驿道 1.6 千米，其中国家级文物保护单位 23 处。牙上鼓楼，建于清乾隆五十四年（1789 年）；龙氏鼓楼（又称高牙鼓楼），建于清乾隆五十二年（1787 年）。塘坪桥，建于清光绪七年（1881 年）；塘头桥，建于清嘉庆五年（1800 年）；旧回龙桥，建于清嘉庆年间。乾隆古井（见图 9），开凿于清乾隆五十六年（1791 年）；下寨古井，开凿于清乾隆五十七年（1792 年）。古驿道（见图 10），修建于明万历年间，另存有清道光九年（1829 年）维修驿道的石碑 1 通。古驿道一般宽 1.8 米至 2.4 米，最宽处达 3.8 米，依山就势筑成，青石板踏步。

申遗侗寨尽管历史久远，融数百年的各类建筑于一寨之中，但错落有致、井井有条，布局合理而有序。申遗侗寨的内部结构布局既有我国南部侗族地区共同的特点，如以鼓楼为中心布局，层层向外延展，又有各个村寨依地形地貌形成的独特个性。下面以阳烂侗寨（单一团寨式）和芋头侗寨（多团寨式）为例来分析。

**图 9　开凿于清乾隆五十六年（1791 年）的乾隆古井**

**图 10　修建于明万历年间的古驿道**

　　阳烂侗寨的人口规模在申遗侗寨中是最少的，建筑布局以单一团寨的形式组成。阳烂侗寨的中心鼓楼与其对面的戏台一道，形成了侗寨最核心的室外公共空间，也构成了侗寨的中心，各村民的住宅以此为原点向外辐射。在辐射的建筑群中，南岳庙、飞山庙、雷祖庙、土地庙、龙氏先人等神明的祭祀空间又夹杂其中，形成了下一个层级的室外公共空间的中心节点，周边的住宅依次展开。寨内的道路主要是石板路，这是阳烂侗寨与附近其他寨子最大的区别，也是阳烂寨民引以为傲的公共设施。阳烂侗寨的石板路历史可上溯到清嘉庆年间，青石板一般是 0.5 米宽，长度在 1 米左右，有的更长些。青石板路从寨外路边铺到寨门鼓楼，又铺到中心鼓楼和戏台，再从中心鼓楼分出几条寨中小道，一直铺到寨中 150 余户寨民的吊脚楼前。阳烂侗寨有句侗语俗语："阳烂按岩帮，改用着凳拖劳常。"（该句为汉字记侗音）意思是"阳烂侗寨的青石板路相当干净，走过之后不用洗脚就可以上床睡觉"。阳烂侗寨的住宅在朝向布局上也有着自身的特点，尽管寨子地基是坐东朝西，但住宅的"坐相"并不是一律坐东朝西的，而是有两种。大致是以河边龙头鼓楼为界，寨子北边的呈坐东朝西，纵向沿着坪坦河水流走向布局；寨子南边的则坐南朝北，以住宅的侧立面对着西面的沙帽山。虽是两种朝向，但由于各自比较统一，从寨子的整体形态看还是比较协调的。

芋头侗寨的内部结构以芋头溪为主线进行布局，建筑物分布在芋头溪两岸的山坳。芋头侗寨曾分为上寨（三近堂、界场坪、望灿）、中寨（中和堂）和下寨（太和堂）三部分，依地势的不同，有各自特点。上寨建于芋头溪北面的山脊上，主要属山脊型布局；中寨是沿溪型布局；下寨则主要是山麓型布局，形成了各自的小团寨。上寨与中寨的分界点在萨坛；中寨与下寨的分界点则不明显，呈慢慢过渡状。建筑物围绕鼓楼分布依然也是芋头侗寨的特点。上寨主要以牙上鼓楼为中心，以住宅为主的建筑物呈环状向外展开；龙氏鼓楼周边的布局也是如此，只是规模比牙上鼓楼周边的规模小些。中寨以建在溪边台地的芦笙鼓楼为中心，建筑物环绕分布。下寨因与中寨距离较近，没有中心鼓楼，建筑物仍以中寨的芦笙鼓楼为中心沿山麓漫延分布。寨中鼓楼位于下寨，但位置较偏，四周主要为农田和水塘，被村民们称为"田中鼓楼"。环鼓楼分布的建筑物中，住宅是最主要的，数量也是最多的；住宅群中，还建有戏台、活动中心、学校、村委会等建筑；建筑群之间还间插地建有粮仓、牲畜棚、晒谷坪等，它们多在靠山坡的位置，较少占平地。

申遗侗寨的内部布局结构大体如此，不同的侗寨也还有些自身较为独特的内容。如水井，高步侗寨中分布着8口水井，坪坦侗寨中分布着7口水井；再如鱼塘（或水塘），坪坦侗寨中分布着6口鱼塘，横岭侗寨中分布着4口水塘。它们既给侗寨增添了魅力和景致，同时也为消防提供了更多的水源。总体上看，申遗侗寨的内部布局是较为合理的。

### （三）历史悠久的族群、不断外流的人口

坪坦河流域申遗侗寨的村民都声称自己的祖先是宋元或明清时期从外地迁徙而来，一直居住于此，由此可见，申遗侗寨的历史悠久且族群形成后较稳定地得到发展。虽然坪坦河流域的侗族族源缺乏可靠的史料印证，但从村民的"历史记忆"中，能够寻找到一定的痕迹。从村民的口述中可以了解到关于申遗侗寨的祖源地大致有两种说法：一种说法认为祖先来自江西省泰和县，另一种说法认为来自广西梧州或贵州古州（今黔东南苗族侗族自治州榕江县）。两种说法中有一个共同点，都认为湖南靖州的飞山或绥宁的东山曾经是祖先迁徙的"中转地"。

由于坪坦河流域是始祖寻找到的适宜生存繁衍的居住地，由此也不断地吸引并留住了后来的迁徙者，并形成一个个的侗寨。从申遗侗寨的姓氏上可见一斑。总体上，申遗侗寨以几个大姓为主，融合了其他十多个姓氏，属于杂姓村寨，但大姓的人口明显居多。杨、吴、石等在申遗侗寨中称得上是大姓，而其

他的如龙、马、蒙、粟、肖、陆、李、冯、银、冼、黄、梁等为小姓，在岁月的磨砺中，有的小姓以改姓的方式加入了大姓之中。

例如，中步侗寨的杨姓人都自称是杨四郎的后代，但族源却有两种说法：一种说法是来自广西，最初居于广西，因为逃难迁至靖州，最后定居于中步；另一种说法是来自江西百约塘。中步侗寨的家族姓氏较简单，基本由杨姓和吴姓组成，杨姓为大姓，原来还有几户姓罗、肖的，现在这两姓都没有了。

芊头侗寨的祖先迁徙史原来在"款约"中有所记载，遗憾的是现在没有人会讲"族源款"了。不过，口传芊头侗寨开创于明洪武年间，至今 600 多年。存留至"文化大革命"前的芊头侗寨的杨氏族谱曾记载，芊头侗寨的祖先来自江西省泰和县朱石巷，随后搬迁至湖南的洞口，再迁至今通道县的下乡乡，又迁至与芊头侗寨毗邻的上团村，最后定居在芊头侗寨。芊头侗寨的姓氏主要有杨姓、粟姓和龙姓 3 个，到近代迁入了熊姓、袁姓。据传，芊头侗寨最初定居的只有杨姓，迁居之后因为祖辈们的血缘关系较近，无法近亲通婚，由此先后引入了粟姓、龙姓。粟姓的老人们说粟姓大约是明嘉靖年间迁入的。在一户粟姓人家中，有一本记载了十代本房族的家谱，时间跨度约为 300 年，在一定程度上印证了芊头侗寨族群的稳定发展。

坪坦侗寨的姓氏较多，有十余个，石、杨、吴是最先居住于村寨内的三个族群，也是三个大姓。三姓村民都认为自己的祖先均来自江西省泰和县，但已经记不清楚泰和县的详细地址了。大约在宋朝时，"三公"祖先落脚在今湖南省会同县的官保渡，以后吴、杨二姓的迁徙路线为：会同官保渡—靖州飞山—靖州太阳坪—通道县江口—坪坦寨和横岭寨之间的务坪寨—坪坦寨。而石姓的迁徙路线为：会同官保渡—靖州飞山—绥宁县东山—通道陇城—务坪寨—坪坦寨①。

关于侗寨历史信息的民间文献虽然不多，但从《广西龙胜地灵村侗寨史记·四仔村八》《侗款集》《尝民册示》《族源款·宗支》《庚辰村寨志》《古侗阳烂村俗》《独坡八寨志》等文献中，可以片段性地看到坪坦河流域传统侗寨的建寨历史和主要姓氏人口的迁徙史。这些文献资料与侗寨村民的口传口述形成了相互印证，反映出坪坦河流域传统侗寨及族群数百年来的稳定繁衍。

改革开放以来，我国经济社会事业的各个方面都飞速发展，位于湖南西南边陲、一直非常闭塞的通道县也不可避免地受到影响。特别是交通条件的改善

---

① 姜又春：《从"移民"到"土著"——坪坦河申遗侗寨的历史记忆与社会建构》，《民族论坛》，2015 年第 8 期，第 41 页。

促使通道县不断地加快融入国内经济的步伐。焦柳铁路、包茂高速公路、武靖高速公路、209 国道贯穿全境，周边接邻广西桂林国际机场、贵州黎平机场、湖南芷江机场、沪昆高速铁路、贵阳至广州高速铁路、厦门至成都高速公路，形成了铁路、公路、航空"三位一体"的交通格局。南可下两广，西可进云贵，向北向东则入中原腹地。

坪坦河流域申遗侗寨距离通道县县城双江镇近的 9 公里，远的 25 公里，距离相对其他乡镇的村寨较近，信息灵通、交通便捷。因此，21 世纪初以来，侗寨的青壮年外出务工的人员不断增多。目前，侗寨外出务工的人员大约占总人口的 40%，主要是青壮年，留在侗寨的基本是老人和小孩。此外，外出务工后在城市定居的情况也已经出现，这种现象给侗寨族群的繁衍带来了不利。

6 个申遗侗寨外出人员的情况有一定的差别。高步、阳烂、横岭和中步 4 个侗寨的情况大同小异：18～50 岁的男女青壮年基本都外出了；50～60 岁的，有的外出务工，有的在侗寨里务农。由于坪坦侗寨是乡政府所在地，人口流动的双向性要好于其他侗寨，有外出务工的，也有到坪坦侗寨来创业谋生的。芋头侗寨在 21 世纪初时，开发了侗寨民俗风情旅游，由于离县城较近，且交通方便，留住了一部分青壮年，村民外出的情况没有其他村寨严重，但是，由于侗寨旅游产业规模有限，留住青壮年的能力也基本饱和，新增劳动力外出人数在逐步增加。

## （四）以农业为主的经济结构、自给自足的经济状态

至今，坪坦河流域申遗侗寨的经济发展水平仍处于自给自足的状态，自然经济的成分比较大。从产业结构看，农业居于主导地位，工业是空白，服务业零零星星。产业层级非常低。

在农业上，因为坪坦河流域属于"九山半水半分田"的山区，不具备规模农业发展的条件，农业发展水平也比较低。通道县国土资源利用资料显示，坪坦河流域土地中，农用地占总面积的 93.37%，建设用地和其他用地只占 6.63%。而在农用地中，耕地占 9.98%、林地占 81.7%、园地占 1.52%、牧草地占 0.17%[①]。申遗侗寨中，种植业、林业是主要的经济来源（见表1）。

---

① 数据来源：通道县国土资源局 2012 年土地利用变更数据。

表 1  坪坦河流域申遗侗寨产业类型情况表

| 侗寨名称 | 种植业 | | 林业 | 养殖业 | 商业 | 服务业 | 手工艺 | 其他 |
|---|---|---|---|---|---|---|---|---|
| | 粮食作物 | 经济作物 | | | | | | |
| 中步 | 水稻 | 油茶、板栗、生姜、木棉、梨 | 杉树 | 鱼 | 零星小卖部 | — | — | — |
| 高步 | 水稻、玉米、红薯 | 油茶、棉花、豆类、麻、蔬菜 | 杉树、松树、楠竹 | 鱼、家畜、家禽 | 少量小卖部、1家超市 | — | — | — |
| 阳烂 | 水稻（原有糯稻）、玉米、薯类 | 油茶 | 杉树、松树、楠竹 | 鱼、鸭 | 零星小卖部 | — | 银器制作 | — |
| 坪坦 | 水稻（糯稻）、玉米 | 油茶、棉花、蔬菜、瓜果、树苗（丹桂） | 杉树、松树 | 鱼、猪、山羊 | 集市、商业街 | 饮食、医疗、邮政等 | — | 运输业、建筑业 |
| 横岭 | 水稻、玉米、红薯、 | 油茶、棉花、生姜、蔬菜 | 松树 | 鱼、家禽 | 少量小卖部 | — | — | — |
| 芋头 | 水稻、少量玉米和高粱 | 树苗（杉、松）、生姜、西瓜、蔬菜等 | 杉树、松树、楠竹 | 鱼、家畜、家禽 | 少量小卖部 | 少量农家乐、歌舞表演 | 侗布侗锦织造、竹编、葫芦刻画 | — |

资料来源：课题组根据调查情况统计。

申遗侗寨在粮食作物的种植上以水稻为主，也种植一些玉米、高粱及红薯为主的薯类为补充。虽然侗族村民喜欢糯食，但由于与杂交水稻相比，糯稻生产周期长、产量低、费人工，糯稻种植的面积不断缩小，水稻主要种植杂交水稻了。

林地主要种植杉树、松树、楠竹。坪坦河流域及周边侗寨的建筑物木构成分仍比较大，需要一定的木材，县内及周边县市的一些木材加工企业的需求也为生产的林木提供了市场。

经济作物中，经济效益最高的属大量种植的油茶树，其果实供榨取茶油之用，由于茶油的市场价值较高，所以种植的区域较广、面积较大。在茶油榨取上，有的侗寨有榨坊，能够自己加工；而有的侗寨没有榨坊，只能出售原果，效益要低很多。坪坦侗寨、芋头侗寨也有些村民繁育丹桂树苗、杉树苗、松树苗进行出售，有一定的经济效益。种植的其他作物，如棉花、板栗、瓜果、蔬菜等，面积都不大，多是自用，剩余的多在集市上销售。

养殖业中，养鱼在申遗侗寨中非常普遍。侗寨村民历来有"稻田养鱼"和制作"腌鱼"的习俗，加之坪坦河流域水源丰富，鱼塘在各侗寨随处可见。申遗侗寨的鱼塘数量非常多，大部分的家庭都有自己的鱼塘，有的在溪水边，有的在稻田中，如阳烂侗寨 150 余户村民就有 110 多口鱼塘。但是，由于农药的使用，稻田养鱼的面积在不断萎缩。产出的鱼除了制作腌鱼和自家食用外，多销往市场。除坪坦侗寨外，其他侗寨的家畜、家禽饲养量都非常小，主要是自用。坪坦侗寨有十余户养猪专业户和养羊专业户，数量虽不是很大，但也初具规模。

商业服务业不太兴旺，除坪坦侗寨外，其他侗寨只有少数几个小卖部，服务业也几乎是空白。坪坦侗寨因是乡政府所在地，占有"人和"优势，建成了一条商业街，有 40 余个门店，经营着五金建材、饮食、服装等，也开设有卫生院、通信公司等公共服务机构。坪坦侗寨在运输业、建筑业上的发展也较其他侗寨好许多。芋头侗寨因旅游业相对发展较好，侗寨内开设有少数几家农家乐——"侗家乐"，也组织了专门的队伍（村民组成）进行侗族歌舞表演。

其他的产业如银饰加工、侗布侗锦制作等都只是零零散散的，没有形成量产。

### （五）多样的民风民俗、丰富的民族文化

数百年的历史传承，使坪坦河流域申遗侗寨保留了丰富多彩的侗族文化，独特的民风民俗构建起了村民们的信仰与精神寄托。

#### 1. 民间口头传说依旧延续

语言是一个民族最重要的标志。侗语，在坪坦河流域依然是主要的交际语言之一。无论老少，侗寨村民们都能够说侗语，村民们相互之间的日常交流都讲侗语，民族最显著的特性得以传承。由于侗语方言区的分布关系，坪坦河流域的侗族村民与广西侗民交流比较容易，而与贵州侗民交流比较困难。大约在 20 世纪 60 年代，通道县才开始推广普通话，所以，坪坦河流域 50 岁以下的人一般都会说侗语和普通话，而 50 岁以上的人很少会说普通话。坪坦河流域还有众多的历史和故事通过口头的方式在传续，如族源（始祖）传说、姓氏故事、英雄（人物）故事等，一代一代，传说着侗寨的历史和荣光，激励着村民们前行。

#### 2. 传统的风俗、礼仪、节庆等保存较好

"社节""四月八（牛王节）""六月六（尝新节）""敬老节""花炮节""吃冬节"等民族特色浓郁的节庆依旧红火，行歌坐夜、对唱情歌、月也、赶墟等

婚恋社交尚存余韵，说款和"打三朝""欺美"等礼仪习俗或多或少地得以延续，食腌鱼腌肉、吃合拢宴、喝油茶、吃糯米饭等饮食习俗仍是生活的常态。

侗族服饰的保留依然是坪坦河流域申遗侗寨风俗传承的重要标志之一。侗族服饰依然是侗民们的主要装束。衣料的来源是侗民们自纺自织自染的侗布，衣料颜色以深红紫色、蓝色、白色为主，深红紫色被认为是最正式和隆重的。女性服装主要分为两种：一种是日常穿着的，称为"便衣款"，包括便衣、包头裤、压发带和翘头鞋；另一种是盛装，也称"合上衣"（音"合上"，即五色之义，指衣服上的带子为五种颜色），包括肚兜、上衣（大襟、无领、无扣衣）、裙、银梳、绑腿、翘头鞋或凉鞋。首饰主要为银饰，常用的有银梳、银耳环、银项圈、银手圈等，节庆时，还有银质花冠。男性的服饰只有一种式样，包括包头巾、对襟短衣、包头裤、绑腿、鞋。

### 3. 传统表演艺术是日常生活的重要组成部分

侗歌、侗戏、吹芦笙、弹琵琶、哆耶等娱乐活动至今仍是坪坦河流域申遗侗寨村民生活不可或缺的组成部分。不论是节庆时期，还是日常生活中，这些娱乐活动随处可见。阳烂侗寨是通道县侗戏的发源地，侗戏在这一带流传甚广。《珠郎娘美》《三郎五妹》《薛仁贵征西》《奔岁》等传统曲目有着较广的影响力。侗族大歌、侗族琵琶歌、敬酒歌、山歌等依旧在传唱。哆耶、芦笙舞等是集体活动时必不可少的内容。

### 4. 原始崇拜、信仰，禁忌和丧葬习俗仍有保留

坪坦河流域至今仍保留着一些原始的崇拜和信仰，以及一些传统的丧葬习俗。这些习俗大多不一定科学，但仍是村民们生活中的客观存在。

"萨"崇拜，在坪坦河流域比较流行，各寨都置有萨坛，"祭萨"活动往往规模都比较大。传统的"风水观念"得到普遍认同，"风水先生""地理先生"受到村民们的尊奉，一般建房选址、上梁仪式和红白喜事等都要请风水先生帮忙。祖先崇拜、自然崇拜（树神、河神、南岳、土地神）等信奉的村民有相当数量，飞山宫、始祖坛、孔庙等祖先崇拜建筑物以及南岳庙、城隍庙、土地庙等自然崇拜建筑物在坪坦河流域申遗侗寨到处可见。丧葬习俗中停枢待葬、丧葬礼仪及还愿、千照、打时、化符等还有保留。

其他的像忌"争路"、忌见妇女梳头、忌乌鸦叫、忌屋中打伞、忌婚礼上打破碗等类似的生活禁忌在各侗寨也不同程度地存在。

### 5. 传统手工技能和艺术等得以良好传承

与侗寨村民衣着服饰相关的技艺，如侗布纺织、侗锦织造、服饰制作技艺

传承面较广且传承效果相对较好。坪坦河流域申遗侗寨的村民穿着的民族服装基本是自家生产的，很少有在外面买的。银饰是侗族服饰中最受欢迎的装饰品，银饰锻制技艺也得到了传承，阳烂侗寨的几位银匠在周边村寨非常有人缘。侗族木构建筑技艺源远流长，流域内侗寨的鼓楼、风雨桥、寨门以及民居都是匠人们技艺传承的结晶。类似的许许多多生产技艺、生活技能都得到一定传承，并在日常生活中得以展示。

## 二、坪坦河流域申遗侗寨保护面临的现实困境和存在的不足

改革开放以来，我国的经济发展速度不断提升，现代化和城市化在不断加速，广大农村地区也受到深刻的影响。在农村，传统文明与现代文明、农耕文明与工业文明正发生着激烈的碰撞。坪坦河流域所在的通道县虽地处偏远，但也毫无例外地被时代浪潮波及，原本相对封闭的社会环境趋于开放，原本落后的经济条件已无法满足村民的需求，紧跟时代文明、追求现代化生活，成了这方水土上人们的美好愿望。在追求和实现美好愿望的过程中，坪坦河流域申遗侗寨的保护和发展中的诸多问题也不断引起人们的关注。

### （一）"人"的发展令人忧思

"人"是传统侗寨保护和发展的核心要素，"人"的全面发展是侗寨充满活力，紧随时代发展的前提。坪坦河流域申遗侗寨在"人"的全面发展上还存在许多不足。

#### 1. 思想观念陈旧、进取心弱

不少侗寨村民的思想观念趋于保守，怕困难、怕风险、进取心弱，主动改变生活状况的意识薄弱，"等、靠、要"的依赖心比较重。他们宁愿忍受不够富有的自然经济现状，宁愿被动地外出务工挣微薄的工资，也不愿多开动脑筋，想方设法在家乡干出一番事业。

#### 2. 外出人口过多、建设能力不足

如前所述，坪坦河流域申遗侗寨有 40％ 左右的人口外出务工，且都是青壮年劳动力，留在侗寨的大多是老年人和儿童。目前，留守人群连完成基本农业生产的劳动力都已嫌不足，更难以抽出人力去进行其他项目的建设。同时，青壮年劳动力的外流也使得侗寨里高素质的人群留不住，申遗侗寨保护和发展所需要的人力、智力资源都得不到保证。

### 3. 基础教育堪忧、后续力量培育艰难

由于坪坦河流域申遗侗寨受交通不便、经济落后、外流人口多、侗寨人口数量有限等因素的影响，基础教育发展困难，设点布局难、师资引进难、好生源留住难，给一代一代后续力量的培育带来了难题。如申遗侗寨在 20 世纪 70—80 年代都有村小，基本承担了小学阶段全部教学，儿童们不出村就能完成小学阶段的全部学业。后来，由于计划生育政策的实施，适龄人数的减少，以及农村中小学的"撤点并校"，基础教育力量大幅度削弱。现在，6 个申遗侗寨中，中步侗寨和阳烂侗寨没有小学，中步侗寨的适龄儿童在小学三年级前大多到邻近的吉大村上学，之后多去陇城镇小学；阳烂侗寨的适龄儿童一般是到坪坦小学上学。高步侗寨、横岭侗寨、芋头侗寨有村小，但只开设学前班和小学 1~2 年级。坪坦侗寨是乡政府所在地，条件稍好，有一所私人幼儿园和一所公办小学，坪坦小学从学前班到五年级都开设有班级。求学条件的艰难，给侗寨下一代的培育带来了一些负面的影响，子女教育陷入困境。例如，家长不得不筹集资金购车、包车、租车接送低年级儿童上下学，家庭负担加重，辍学概率增加；小学高年级学生起早贪黑地赶路上学，或独自背井离乡地住校求学，生活都难以自理，学习质量更是难以保证；初中以上多是到陇城镇的县三中和县城的县一中上学，家庭的经济负担和个人的心理负担都受到考验。

### （二）老旧与新建并行，村寨"形"制遭到破坏

古老的侗寨延续至今，老旧与新建的问题必然存在，目前，"新"与"旧"都给侗寨的"形"带来了影响。

### 1. 建筑物年代差异大，有的已经破败，外观参差不齐

坪坦河流域申遗侗寨内建筑物的年代差别非常大，包括明代、清代、民国以及"改革开放"之前的，虽然寨内的建筑物以 20 世纪 80 年代修建的居多，但外观上仍存在巨大的差别。由于老建筑都是全木构的，历经长期的风雨侵蚀，不仅表面显得非常老旧，而且有的比较残破。有的农户因为长期在外务工，很久没有回家了，老的住宅基本被废弃了，这样的建筑更是给人以破败之感。与此形成反差的是，近些年修建的新住宅则是崭新、牢固的形象。两者同时立于侗寨之中，既让人感叹历史的沧桑，又令人惊讶落差的巨大，甚至产生立马拆除这些古老建筑的冲动。近些年坪坦河流域申遗侗寨开展了传统村落的保护工作，许多老旧建筑得到了修缮，但破败的建筑依然存在。

2. 新式建筑的材料采用和建筑设计与申遗侗寨的建筑风格格格不入

按照建筑形制和材料，坪坦河流域申遗侗寨的住宅可分为地面式、干栏式、底部砖混式和完全砖混式四种。老的住宅和新建的地面式、干栏式建筑都是全木制的，建筑风格与侗寨原有风格相融合。底部砖混结构的住宅通常是底层材料用砖混，二、三层仍采用木质结构，与侗寨原有风格基本能够融合，只是视觉上有点不妥。而完全砖混的住宅通常采用红砖及空心砖、水泥、钢筋等材料建成，大面积地采用铝合金窗，外墙贴瓷砖作为装饰。外墙砖混式住宅风格已与侗寨风格完全不搭调，特别是一些贴着白色瓷砖的建筑物，其颜色与木构建筑的木质颜色色差明显，显得格外刺眼，严重破坏了侗寨风格的整体化。

（三）经济落后、产业结构层级低、"业"不兴旺

通道县曾是湖南省 11 个国家级深度贫困县之一，可想而知，身处其中的坪坦河流域申遗侗寨的经济发展水平也是非常落后的。

1. 产业层级低

坪坦河流域传统侗寨的生产方式以种植业、林业为主导，工业为空白，服务业星星点点。其中，中步、高步、阳烂、横岭侗寨几乎全是农业；坪坦侗寨和芋头侗寨的情况稍微好些。坪坦侗寨因是乡政府所在地，有一些商业、服务业、运输业，养殖业也稍有规模；芋头侗寨因距县城近，旅游业有所发展，服务业也有一点点。但总的来看，产业水平仍是非常低的。

2. 村民收入低

处于自然经济状态下的坪坦河流域传统侗寨村民的产出和收入是可想而知的。调查中，除一些拥有木工手艺、银饰锻制手艺的村民外，绝大多数村民的人均可支配收入只有几千元，维系日常生活开支的一个重要来源是青壮年外出务工收入。坪坦河流域申遗侗寨的外出务工者多在广东、浙江、福建等地，月收入仅三四千元，除去个人的生活费及日常开支，省吃俭用寄回家的数量也不是太多。据统计，2018 年通道县农村居民人均可支配收入仅 7968 元，而全国农村居民人均水平为 14617 元，湖南省农村居民人均水平为 14093 元。坪坦河流域传统侗寨村民的收入与县里的平均水平差不多，但与全国、全省的平均水平相比较，差了将近一半。

3. 可持续发展能力低，侗寨经济振兴难

坪坦河流域申遗侗寨不仅仅是现有的 18~50 岁青壮年基本外出务工，年

轻的一代在初中毕业后也很少有上高中继续学习的，绝大多数也是选择外出务工。如此情形之下，如果没有一些特别的机遇，外出人员是很难回乡发展的，振兴坪坦河流域的经济前景渺茫。

### （四）村容村貌不尽如人意，"境"有提升空间

没有工业的污染，没有城市的喧闹，河水蜿蜒流淌，青山逶迤绵延，坪坦河流域申遗侗寨所处的外部环境一如数百年来那样宁静而秀美，如一幅静谧的山水田园画卷。坪坦河流域申遗侗寨内部的村容村貌整体上还是不错的，不过，除前述的建筑物风格迥异外，其他个别地方仍然存在一些不尽如人意的地方，"境"的方面有着很大的提升空间。

#### 1. 侗寨垃圾处理状况有待提升

申遗侗寨的卫生垃圾处理方式大多为：各家进行垃圾装袋—扔往定点的垃圾桶（箱）—专门人员定期进行焚烧。由于村民公德素质不一、处理不及时等，乱扔垃圾的现象时常可见。采用焚烧的方式处理垃圾，其烟尘、气味也给村民们的生活带来影响。芋头侗寨因旅游公司进寨开发，其卫生处理情况与其他侗寨不一样，景区内的卫生由旅游公司负责，而景区外的卫生由村民负责，使得景区外村民产生心理不平衡，卫生意识下降，时常出现卫生状况恶化的情形。

#### 2. 污水处理情况堪忧

申遗侗寨的污水处理方式普遍落后，通常采用明渠、明沟的方式进行排放。生活污水未经处理直接排放到农田、鱼塘、河道、小溪之中，对河水、溪水水质产生影响，使鱼塘、农田的水质产生氧化，有的积水还导致难闻的气味及繁衍细菌苍蝇。如芋头侗寨的排水系统，各家各户在自己门前修建排水沟，多是在路两边的泥土中挖沟，然后相互连通，形成最初的排水沟。然后，上寨在萨坛向北的主干道东侧修建了一条较大的排水沟，各家各户的生活污水汇集到这条大的排水沟里，然后在萨坛岔路的位置汇入芋头溪；下寨在萨坛东面主干道靠北的一条小路边修建了一条较大的排水沟，各家各户的生活污水汇集到此沟后最终也排放到芋头溪。但也有个别村民的排水沟直接通往农田和鱼塘。高步侗寨的情况要好些，2010年，侗寨建起了生活污水生态化处理工程，日处理量为50吨，污水经处理后排入坪坦河。不过，规模还是不足，村民们常抱怨河水远不如以前清澈了。

### 3. 侗寨内的道路建设不太协调

历史上，坪坦河流域申遗侗寨内部的道路多是石板路和土路，有一定坡度的地方常用石头或石板铺就台阶。现在，随着侗寨村民农用车和摩托车的增多，大多改成了水泥路，原来的台阶很多也改成平整的路面。水泥路面给车辆行驶、卫生清洁带来了方便，但与传统建筑物的风格相映衬却显得格格不入。不过，阳烂侗寨仍保留着原来的道路风格，侗寨内的主干道都保留了石板路，次级道路也不铺水泥路面，而是用碎石铺筑，与古老的建筑相映成趣。

### （五）非物质文化遗产传承陷入困境，"魂"脉传续困难

坪坦河流域申遗侗寨淳朴的民风民俗之中，蕴含着诸多的侗族非物质文化遗产，这些非物质文化遗产中充满了坪坦河流域申遗侗寨村民生存的智慧、思想的哲理、精神的寄托、创造的乐趣、审美的情调、人际的醇厚，是侗寨村民"魂"之所系。非物质文化遗产的传承直接关系到坪坦河流域传统侗寨村民传承了数百年的文化文明能否得以继续传承。事实上，这些传承陷入了前所未有的困境。

### 1. 非物质文化遗产的传承出现断层

申遗侗寨青壮年大量外出务工，一方面，使得侗寨非物质文化遗产的传承出现了断层，无人承续；另一方面，外出务工者远离了孕育这些文化的土地，没有了传承环境，没有了可以传承的血脉，生计的繁忙也没有了更多的闲暇，有的有心无力，有的已经淡忘。对于那些在侗寨里或其他乡镇和县城上学的青少年、儿童来说，由于受现代科技和娱乐方式的影响，心思都集中到了手机游戏、电脑游戏以及少儿电视节目上，对于费心、费力、费时的民族文化传承，特别是那些传统技艺传承没有什么兴趣。

### 2. 不少的非物质文化遗产正在散失

申遗侗寨的非物质文化遗产传承一直处于一种无序的状态，没有人去组织、去规范。历史上一直延续的家庭传承方式因为现代教育和人员外出务工而难以开展，群体性的社区传承也因手机、电视、现代娱乐方式而不断减少。掌握传统侗医的越来越少，而且年龄日长；熟练传统木工技艺的年轻人也为数不多；侗寨里自己纺纱、织布、染布及自制衣服的多是中老年人，不少妇女的织布机已闲置阁楼多时；年轻人很少有能完整唱出一首侗族大歌的；"月也"几年才开展一次；"行歌坐夜"几乎消失。传承状况较好的项目主要是吹芦笙，寨子里的男人大多数都能吹；跳哆耶，步伐简单，加之广场舞流行的影响，会

的人多且经常跳；会唱侗戏的人也不少，不过年轻人不多。各种民俗节庆活动的传承还不错，每逢节庆，寨子里的村民都会自觉踊跃地参加。

### 3. 传承中同化和变异的情形出现

虽然申遗侗寨的开放程度有限，但仍然会受到外界的影响，特别是民族村寨旅游之风的影响，侗寨在传统文化传承中出现了同化和变异的情形。譬如，木构建筑的外观设计、材料采用与建筑技巧的现代化，服饰的式样及色彩选择的潮流化，歌曲和舞蹈表演的流行元素运用，年轻人开始过洋节，等等，都与坪坦河流域传统的侗寨文化有着一定的差异。

## 三、坪坦河流域申遗侗寨保护和发展路径

翠绿的青山、清澈的河水、远古的历史、原生的文化，经过数百年岁月沧桑的洗礼，坪坦河流域申遗侗寨仍给我们留下了巍峨的鼓楼、神奇的风雨桥、传奇的故事、迷人的音乐、炫丽的舞蹈、精彩的侗戏、多样的节日、多彩的服饰、独特的民风民俗，古老的侗寨充满着迷人的色彩。不过，在工业化、信息化、城市化不断推进的新时代，坪坦河流域申遗侗寨究竟如何在与时代同步发展中实现保护与发展，仍是值得深思的课题。

### （一）以"人"为核心，激发申遗侗寨保护和发展的活力

坪坦河流域申遗侗寨的保护和发展与其他传统村落一样，最核心的因素是"人"，没有了"人"，传统村落就会空心化，久而久之，传统村落就可能成为遗迹。坪坦河流域传承侗寨面临着人口流失、人口素质下降、下一代基础薄弱等问题，亟待解决。

### 1. 积极推进产业发展，创造有所为的环境，留住人口

传统侗寨人口外流的根本原因是收入低下。要从根本上解决人口外流的问题，就必须发展产业。县、乡两级政府可以通过产业规划、产业政策、产业投入来引导和推进传统侗寨的产业发展，以旅游业、传统手工艺、种植加工业等为主要方向，实现产业振兴，从而提高村民的收入，让村民不离乡就能获得与外出务工差不多的收入，让他们愿意留下来，并且还真正留得住。

### 2. 提供优惠政策，营造创业环境，吸引外来人口和务工人员回村寨

与产业政策相配套，在金融服务、生活服务、教育服务等方面制定切实有效的政策和措施，营造良好的创业环境和发展环境，既吸引外来人员到侗寨定

居创业，又让原外出务工人员看到家乡的发展机遇，从而回乡发展和创业。

3. 积极开展培训，全面提高村民素质

政府可通过宣传、培训、参观等方式，对村民进行多方面的素质教育，使村民在思想道德、文化知识、法律法规、技术技能、文明礼貌等方面的水准都有较大程度的提高，为传统侗寨的保护与发展奠定较深厚的人文情怀。

4. 改善义务教育条件，为申遗侗寨保护和发展培养后备力量

要实现好申遗侗寨的长期保护和发展，侗寨村民是最中坚的力量。他们爱侗寨、保护侗寨的意识必须从小开始培养。针对前述存在的一些问题，可以通过县、乡、村合力进行解决，做好保护侗寨的基础教育。譬如，在学校布点上，在有条件的侗寨都开办小学，让他们更多地生活在传统侗寨的环境之中，不断受到侗寨文化的熏陶，培养心系侗寨的情怀；必须在邻近村寨或乡镇中心小学上学的，可以通过适当的方式筹措资金采取租车、包车或购车的方式每天接送，减少小学就开始住校的概率，让他们有更多的时间回到侗寨的家中，而不是"少小离家老大回"。当然，在师资配备、教学条件改善、教学设备购置等方面也同样需要加强。

(二) 以建筑物整修为抓手，留住申遗侗寨看得见的历史

古老的建筑是传统侗寨历史的外在表现，是传统侗寨看得见的历史。维护好古建筑，延续其使用寿命，管理好新建筑的建造，使之与申遗侗寨建筑风格相一致，是保持申遗侗寨景观风格统一的重要手段。

1. 保持原有布局，防止乱拆乱建

维持申遗侗寨原来的村落布局，保持原有的村落构架是保护申遗侗寨内部结构的基本要求。申遗侗寨的寨门、鼓楼、风雨桥、萨坛、戏台、寺庙、住宅、鱼塘、道路等的设计和安排都是村寨先辈经过无数年摸索总结出来的，并历经历史的检验，它们的安排是科学合理的，同时也是为申遗侗寨内外人们充分认可的。所以，在村寨的保护和发展中，必须防止乱拆乱建。

2. 收购古老建筑，妥善维护和使用

古建筑是申遗侗寨彰显"传统"的标志，但也由于"老"，多数已不适宜现代村民居住，拆掉会造成遗憾，闲置则容易导致破败，所以，可以考虑将百年左右的"老"建筑物由政府出面进行收购，之后，参照相应文物保护的方式对它们进行修缮和维护。修缮和维护妥当的"老"建筑物可以建成相关的侗寨文化、历史博物馆或展览馆，供村民和游客观赏，使"老"建筑既展示传统的

风采，又焕发新的活力。

### 3. 对新建筑的建造进行约束

一方面是对新建建筑的审批严格把关。在建筑地点、建筑面积、建筑层高等方面按照侗寨保护规划去约束和审批。另一方面是对建筑物的建筑风格进行把关。如果申遗侗寨一改传统作风与风格，全部更新成现代钢筋水泥的建筑，那真的就是悲剧。所以，在建筑物的取材上，要杜绝全砖混结构，建议底层用砖，上面部分依然用木材，将传统与现代结合起来。即便是底层用砖，也建议不全封闭，尽量采用虚化的风格，将窗口开大，使之与传统的底层架空相类似。在色彩的采用上，禁止使用红色砖瓦修建和白色瓷砖外贴，建议用与木质颜色相近的涂料或用木质材料包饰。

### 4. 寨中道路建设方式回归

侗寨内的道路不再使用水泥修建，而是回归到用青石板修建，在青石板材料不足时，可以用碎石子路面来代替，使侗寨内部地面风格与地面建筑物风格相一致、相协调。村民们使用的汽车不能够进入寨子内部，可以在寨子边建停车场予以解决。

### （三）以特色产业为抓手，激活申遗侗寨经济发展潜力

经济兴旺是申遗侗寨吸引人气，可持续保护和发展的关键所在，可以因地制宜打造有一定规模的特色产业，促进经济繁荣。

### 1. 发展油茶种植和加工产业

种植油茶树、加工茶油是侗寨的传统生产方式之一，一直以来，茶油的食用价值得到市场认可，茶油的市场价格也比较高。坪坦河流域申遗侗寨可以在不破坏自然生态环境的基础上，选育优良树种，规模化地种植油茶树，扩大生产规模，同时，建立起具有一定产能的加工生产企业进行加工，做出自身的品牌，建立起自己的支柱产业。

### 2. 发展传统手工艺

坪坦河流域申遗侗寨传承着许多手工技艺，如银饰锻制、竹编、侗锦织造等，可以通过建立合作社等形式，提高产量，扩大销售，增加农户收入。

### 3. 发展旅游业

坪坦河流域优美的自然风光、淳朴的侗寨民族风情是非常有市场号召力的。皇都村（属坪坦乡）的"皇都侗文化村"经过近30年的发展已成为4A

级景区，经济效益明显。芋头侗寨的旅游也已经起步。它们为坪坦河流域侗寨的旅游业发展起到了引领示范作用。目前，通道县制定了"百里侗文化长廊"（又称"百里侗文化长廊风情线"）的旅游中长期规划，"长廊"沿途涉及双江、黄土、坪坦、陇城、坪阳、甘溪等 4 乡 2 镇的 30 余个侗族大村寨，坪坦河流域申遗侗寨位于"长廊"中心位置，可借此机遇，对申遗侗寨的物质文化与非物质文化资源进行整合，大力发展旅游业。通过"食、住、行、游、购、娱"等多种途径发展侗寨经济，促使侗寨人兴业旺。不过，在旅游基础设施的规划布局上要十分慎重，不要对传统申遗的布局和风格造成破坏，所以，建议将游客中心、购物中心、旅馆、餐饮中心、停车场等在侗寨外按照侗寨建筑特色进行规划建设，侗寨内仅开展观光、体验。在发展现代经济的同时，尽可能地对侗寨进行保护。

### （四）以改善环境卫生为措施，促进申遗侗寨人居环境质量的提升

环境卫生是展现申遗侗寨人文素质、宜居条件的重要方面，目前在以下几方面仍有提升空间。

#### 1. 倡导环境保护和保持良好村容村貌

通过宣传发动及村规民约的形式使每位村民都认识到安静、舒适、整洁、美观、优雅的侗寨环境既能提升侗寨整体的品位和质量，更能提高村民生活的舒适性，使村民们自觉地养成不乱扔垃圾、清洁并保持环境卫生的习惯。

#### 2. 建立垃圾清运制度

定点设置垃圾桶、垃圾站，方便村民们归置垃圾，安排专门人员每天定时对垃圾进行清运，垃圾集中清运点设置到侗寨外部，不影响侗寨的环境和美观。对集中归置的垃圾，由县或乡的有关部门联系清运至县里设置的垃圾掩埋场进行处理，不再进行焚烧处理。

#### 3. 对污水进行处理

在原来用于排放污水的明沟明渠上加盖石板，在视觉和嗅觉上减少污染；采取集中和分散相结合的方式，修建化粪池，对人畜粪便进行无害化处理，并及时处理粪渣，避免其排入水道；建立污水生态处理工程，对污水进行处理，尽量减少水质污染。

环境卫生工作还有着许多细节，如禁止乱涂乱抹、规范摩托车停放、杂草及时清除等，这些都需要侗寨村民和外来者共同维护。

### （五）以文化传承为手段，凝聚振兴申遗侗寨的向心力

坪坦河流域申遗侗寨有着丰富的非物质文化遗产，它们承载着传统侗寨的历史记忆，延续着申遗侗寨的文化血脉。做好优秀文化传承，既能够在精神层面凝聚起振兴传统侗寨的力量，又能丰富传统侗寨的文化外在表现。

**1. 厘清非物质文化遗产家底，做好传承规划**

每个申遗侗寨组织专门人员精心清理本寨的非物质文化遗产，分门别类进行厘清，进而摸清哪些传承状况比较好，哪些传承效果不理想，哪些面临失传或已经失传。在摸清家底的情况下，做好传承规划，有序地组织和开展好传承工作。

**2. 多种方式并举，全面开展传承**

充分发挥村民家庭、家族、村委会等方面的作用，调动各方资源全面推进传承工作。侗布侗锦织造、侗歌演唱、芦笙吹奏、银饰锻造、竹编等，各家庭在孩提时就能够进行传承；月也、行歌坐夜、尝新节、吃冬节等节庆活动、集体活动则可通过侗寨社区积极组织进行传承；还可以通过在村小、中心小学开展"民族文化进校园"进行传承；可以通过侗寨的能工巧匠创办手工作坊、小型企业、合作社等形式进行生产性传承。多措并举，传承工作一定会取得良好效果。

**3. 以旅游产业为媒介，展示和传播民族文化**

坪坦河流域申遗侗寨发展旅游业已列入了通道县的规划，为使申遗侗寨能够充分展示浑厚的历史底蕴和多彩的文化形式，申遗侗寨应借此机会，以适当的形式进行展示，从而达到传播民族文化的目的。譬如传统的侗族歌舞可以在"游"与"娱"中展示，传统的手工艺在"购"中体现其技艺，腌鱼腌肉、糯米饭、油茶等在"食"中让人回味无穷，侗家的木构吊脚楼让游客在"住"时梦回侗乡。

文化的传承可以无时不在、无处不在，只要有心、用心，就能实现"润物细无声"的传播和传承。

# 实例三　"景区型"传统侗寨保护与发展

## ——以广西平岩村申遗侗寨为例

在全域旅游背景下，越来越多的传统侗寨加入了旅游开发的行列。在传统与现代、文化与经济、保护与开放等诸多关系中，如何进行协调和处理，最终实现传统侗寨保护与旅游产业发展的双赢，需要我们从保护与发展规划的制定、村落格局与建筑的保护、以非物质文化遗产为代表的民族文化传承、侗寨村民主观能动性的激发以及管理方式科学化等方面予以考量和探索。

近年来，随着贵州、湖南、广西全域旅游战略的不断推进，位于三省区交界地区的侗族聚居区的旅游业也得到了长足的发展。但在旅游开发中，几乎所有的传统侗寨都遭遇到了传统文化与现代文明的冲突，都面临着在两者之间进行取舍的困境。

广西柳州市三江侗族自治县的平岩村传统侗寨在20世纪90年代初就开始发展旅游业，是著名的国家4A级景区"程阳八寨"景区的核心区域。在近30年的旅游业发展中，平岩村传统侗寨较好地处理了传统与现代的关系，实现了可持续发展。2009年以来，先后被评为"广西十大魅力乡村""中国景观村落""中国十大最美乡村"；2013年1月，平岩村的平寨、岩寨和马安寨3个传统侗寨入选"中国世界文化遗产预备名单"——"侗族村寨"项目；2013年8月，平岩村列入第二批《中国传统村落名录》的名单。侗寨中还保存着多项国家级、自治区级和县级文物保护单位。

以平岩村平寨、岩寨和马安寨3个申遗侗寨为样本，探寻"景区型"传统侗寨保护和发展的经验教训，对于全域旅游背景下的侗族传统村落的保护与发展有着十分重要的借鉴作用。

### 一、平岩村申遗侗寨丰富的历史遗存和旅游资源

平岩村申遗侗寨由平寨、岩寨和马安寨3个相互毗邻的传统侗寨组成，历史上3个传统侗寨就有着较为密切的联系。20世纪90年代初，"程阳八寨"

景区开始建设，平岩村申遗侗寨以其丰富的相对集中的历史遗存和旅游资源成了景区建设的核心；2009 年，"程阳八寨"景区被国家旅游局授予国家 4A 级景区称号，平岩村申遗侗寨在旅游业发展中的地位愈加重要。

（一）山形、水势、村落：构成了魅力无穷的山水田园风光

平寨、岩寨和马安寨 3 个申遗侗寨的选址沿袭着侗族"依山傍水"的理念，集中坐落在林溪河的两岸。林溪河自北向南而来，平寨居河东岸，岩寨居河西岸，马安寨在二者南部略偏西，林溪河因受山麓阻拦在这里转了一个大弯，弯内泥沙淤积形成了马鞍形的坝子，马安寨就坐落其中，也曾因此被称为"马鞍寨"（见图 1）。平寨内，"蒿洞"（侗语，汉语意"溪东"）溪东西向穿过寨子中部，在寨子西部汇入林溪河，但现在已接近干涸；岩寨中，高迈溪由西向东穿过，汇入林溪河。

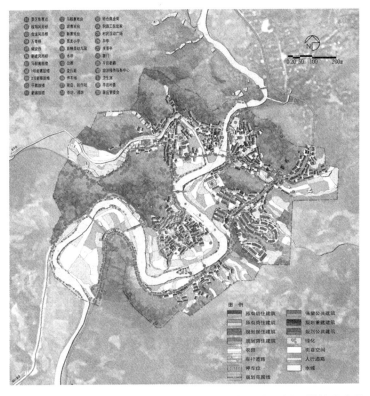

图 1　平岩村申遗侗寨规划总平面图　来源：柳州市规划局微信公众号

平寨周围是数座丘陵地带的小山包，北高南低。平寨的东北面、东面、东南面、西南面弧形分布着"百架温""屋山""垄康山"和"刚索乔"等山丘，

寨子呈"西北—东南"走向，西北地势低于东南。岩寨的北面、西北面、西面和西南面弧形分布着"衙萨""无边""美烧""崎岭"等山丘，寨子地势由西向东趋于平坦。马安寨东、西、南三面环水，河水的对岸是"冈鼎峒""冈奇嵩""拜八浪""冠撒老"等低矮的山丘。环绕的山丘树木茂盛，青葱翠绿。

群山环抱、溪流纵横的3个申遗侗寨，依山形、就水势，巧妙地利用地形地势布置着村落。平寨、岩寨，背依青山，面向绿水，顺山势由高而低在山腰、山脚和河边台地搭配着鼓楼、戏台、屋舍以及田地、鱼塘等。马安寨则利用开阔平坦的地理优势，以鼓楼为中心，呈团状层层布局；鼓楼周边是整齐环绕的民居，环绕在民居外围的是平整的稻田，稻田之外是蜿蜒曲折流经的林溪河，林溪河上的程阳永济桥、合龙桥如两道彩虹在西北和东北部延伸，连接着周边翠绿的青山。

青山环绕，绿水流淌，静谧的村落、丰收的田野，构成了一幅魅力无穷的山水田园风光画卷。

### （二）层次丰富的空间结构：构建起和谐自然的村落布局

平岩村申遗侗寨分为3个自然侗寨，每个侗寨在村落布局上都自成空间。通过村民们智慧的布局和安排，每个侗寨的空间结构都协调自然。各侗寨主要由侗寨主体、侗寨空间骨架、侗寨边界、侗寨边缘与外围等层次丰富的空间构成。

#### 1. 侗寨的主体——鼓楼与民居

侗族有"未见房屋，先建鼓楼"之说。在申遗侗寨，造型精美的鼓楼无疑是侗寨的中心标志。鼓楼的修建使整个侗寨形成了秩序化的排列。鼓楼的周边往往搭配有广场、戏台等其他建筑，形成侗寨最主要的公共娱乐活动中心。

平寨、岩寨的民居受地形高低起伏的影响，往往方位各异、形式不拘、灵活多样，一栋栋吊脚楼挨得很近，层层叠叠，紧紧地靠在一起，形成一个个依据山势错落的团状形态分布。它们共同的特点是都符合"背山朝水"的建筑原理。马安寨地势平坦，民居多围绕鼓楼布局，成排成列比较整齐，建筑朝向与鼓楼连线成锐角，有向心的趋势，符合以鼓楼为中心的向心性理论[①]。

#### 2. 侗寨空间骨架——道路、河流

申遗侗寨内部的巷道与建筑群、周边水体、山体融为一体，因地制宜，随

---

① 熊修锋、陈俊睿、潘冽等：《三江侗族传统聚落建筑朝向影响因子量化分析》，《山西建筑》，2018年第11期，第27~29页。

势赋形，形成了移步换景、曲径通幽、收放自如、富有空间节奏感的带状开放空间。寨内许多巷道并不是村民特意修建的，而是根据村民走路的习惯自然踏出来的，具有很强的实用性，并且顺应地形高低起伏，丰富了空间节奏感和层次感。

水系也是平岩村申遗侗寨空间布局的主要元素。侗寨临水而居，林溪河蜿蜒而来，环寨而去，再配上景观独特的程阳永济桥，自身就是一幅美丽生动的风景画。岩寨内缓缓流淌的高迈溪，以及各寨自由散落的水塘、鱼塘有效地调解了侗寨民居组团的空间节奏，使得侗寨更具乡土气息和民族特色①。

### 3. 侗寨边界——风雨桥、寨门、河流、山丘

平岩村申遗侗寨利用蜿蜒流动着的林溪河、高低起伏的山脉、连绵起伏的山丘等自然地景和开阔的农田分隔出了各自的村落范围；建造了寨门、风雨桥等标志物作为地界的象征，明晰侗寨内外的空间。林溪河，程阳永济桥、合龙桥、美烧桥，平寨的南寨门、北寨门，岩寨的冲边寨门等至今仍发挥着地标作用。

### 4. 侗寨外部空间——田地、山林等

平岩村申遗侗寨外部空间通常由田地、山林等组成，位于寨子主体的外围。由于各寨的地形地势不一，外部空间并不都是环绕侗寨，而且方向也不一致。平寨三面环山，一面临河，寨子四周的耕地面积有限，水田主要分布在寨子南部林溪河东岸及东边山梁前的平缓坡地上，旱地位于南、东北及东侧的山前缓坡；林地则分布在南北两侧的山丘及东边的山梁上。岩寨的田地一部分在林溪河的西岸，另一部分沿着寨中的高迈溪两岸分布；林地则呈环绕型分布在居住区周边的四座山上。马安寨地势平坦，耕地分布较广，近的位于居住区外围的沿岸，远的主要位于西侧丛山的山脚下；林地主要分布在各地外围的山上；墓葬区广泛分布在寨外西南侧及南侧的山丘上②。

### （三）鼓楼、民居、风雨桥：诉说着历史的沧桑和传说

平岩村申遗侗寨有着悠久的历史，现存的平寨老鼓楼碑③刊立于清道光元年（1821年）冬季，距今已200年，说明平岩村申遗侗寨的历史至少在200

---

① 任爽、梁振然：《程阳八寨景观空间结构及其特征分析研究》，《林业调查规划》，2010年第5期，第20~21页。

② 孙华：《广西侗族村寨调查简报（一）》，巴蜀书社，2018年，第134~135页。

③ 此碑为"亘古千秋"碑，以记录平寨老鼓楼修建事迹。现立于老鼓楼南侧。

年以上。而据传说，马安寨的先民在此落寨已有 700 多年，明万历十九年（1591 年）马安寨就属大营峒管辖①。在漫长的岁月里，历代的平岩村侗寨村民用他们的智慧和勤劳留下了一座座看得见的历史，风雨桥、鼓楼、民居、戏台、古井、古庙、晾房、寨门等，至今仍在诉说着历史的沧桑。

### 1. 造型多样的风雨桥

平岩村申遗侗寨有 6 座风雨桥（见表 1），其是侗寨最具代表性的建筑。风雨桥构架为穿斗式结构，屋顶以歇山、攒尖形式居多，从立面构成来看，可分为平廊型（凹屎桥、美烧桥）、楼廊型（万寿桥、频安桥）、阁廊型（合龙桥）与塔廊型（程阳永济桥）②。座座风雨桥，既连通了林溪河或其支流两岸，为村民出行、休憩提供方便，又以其融桥、亭、楼、廊于一体的精巧造型而给人以美的享受。其中最负盛名的是程阳永济桥（又名程阳桥），其始建于 1912年，建成于 1924 年。桥身集桥亭与廊身于一体，中间桥墩上建造三重檐六角攒尖顶"亭塔"，两侧桥墩上各建造三重檐四角攒尖顶"亭塔"，两端桥台上各建造三重檐歇山顶"亭阁"，桥廊为悬山顶，廊顶的山面入口加一层披檐，廊身栏杆下部出挑一层披檐。整座桥五亭并列、长廊相串、重瓴联阁、雄伟壮观，是三江侗族自治县历史上建造的规模最大的一座风雨桥（见图 2）。1965年 10 月，郭沫若先生到此游览，赞赏之余，题名"程阳桥"，并赋诗："艳说林溪风雨桥，桥长廿丈四寻高。重瓴联阁怡神巧，列砥横流入望遥。竹木一身坚胜铁，茶林万载苗新苗。何时得上三江道，学把犁锄事体劳。"③诗和桥名均刻成碑立于桥头。程阳永济桥于 1982 年被列为全国重点文物保护单位。

表 1　平岩村申遗侗寨风雨桥简表

| 桥名 | 桥址 | 始建年代 | 维修年代 | 造型 | 相关数据 | 保护级别 |
|------|------|---------|---------|------|---------|---------|
| 程阳永济桥 | 马安寨林溪河上 | 1912—1924 年 | 1937 年 1983 年 | 歇山式攒尖顶 | 桥长 77.76 米，宽 3.75米，高 11.52 米，2 台 3墩 4 孔，5 座塔式桥亭，19 间桥廊 | 1982 年第二批全国重点文物保护单位 |

---

① 三江侗族自治县志编纂委员会：《三江侗族自治县志》，中央民族学院出版社，1992 年，第 30～37 页。

② 李哲：《程阳八寨杨家匠的风雨桥营造技艺》，深圳大学，2017 年，第 13～27 页。

③ 郭沫若先生题写的桥名现悬挂在程阳永济桥桥头，题诗的诗碑立于桥头的碑亭。

| 桥名 | 桥址 | 始建年代 | 维修年代 | 造型 | 相关数据 | 保护级别 |
|------|------|----------|----------|------|----------|----------|
| 合龙桥 | 岩寨、平寨交界处，林溪河上 | 1814 年 | 1941 年 | 歇山式 | 长 42.8 米，宽 3.78 米，高 9 米，2 台 2 墩 2 个三层叠檐的亭顶，14 间桥廊 | — |
| 万寿桥 | 岩寨高迈溪与林溪河汇流处 | 1995 年 | — | 悬山式 | 长 19.5 米，宽 4.5 米，高 5.6 米，钢筋混凝土梁式廊桥 | — |
| 频安桥 | 岩寨内高迈溪转角处 | 清道光年间 | 1950 年 1984 年 | 歇山式 | 长 23.5 米、宽 3.8 米，高 6 米，2 台桥墩 1 座塔式桥亭，7 间桥廊 | — |
| 美烧桥（双烧平坦桥） | 岩寨西侧山间田地间高迈溪上 | 民国年间 | 1983 年 | 悬山式 | 长 8 米，宽 2.3 米，高 4 米，平条原木两端搭溪岸 | — |
| 凹屎桥 | 岩寨最西端 | 1940 年 | 1983 年 1997 年 2004 年 | 悬山式 | 长 13 米，宽 2.5 米，高 4 米，2 台桥墩 | — |

资料来源：各风雨桥桥头介绍碑文。

**图 2　程阳永济桥**

### 2. 侗寨的象征——鼓楼

鼓楼是侗寨的象征，平岩村各申遗侗寨都有自己的鼓楼。原来每个侗寨只有一座鼓楼，进入 21 世纪后，随着侗寨的发展，平寨和岩寨又各自新建了一座鼓楼，现共有 5 座鼓楼（见表 2）。年代最早的平寨鼓楼建于清道光元年（1821 年），1987 年被列为县级文物保护单位。挺拔、雄伟的鼓楼及其装饰，不仅展示着侗族的族性，承载着聚众议事、迎宾送客、休憩娱乐的功能，还传承着侗族的建筑文化和伦理文化。

表 2　平岩村申遗侗寨鼓楼简表

| 名称 | 位置 | 始建年代 | 维修年代 | 楼顶造型 | 整体造型 | 尺寸 | 层盖层数 | 楼身平面 |
|------|------|---------|---------|---------|---------|------|---------|---------|
| 马安鼓楼 | 马安寨 | 清 | 1985年重建 | 攒尖式 | 塔式 | 高12.6米，长8.4米，宽8.4米 | 七层檐瓴 | 中心柱鼓楼、四边形 |
| 平寨独柱鼓楼 | 平寨 | 2014年 | — | 攒尖式 | 塔式 | 高25米，占地196平方米 | 十七层檐瓴 | 四边形 |
| 平寨鼓楼 | 平寨 | 清道光元年（1821年） | — | 歇山式 | 阁式 | 高6.7米，长9.2米，宽6.2米 | 二层檐瓴 | 四边形 |
| 岩寨鼓楼 | 岩寨 | 清宣统元年（1909年） | 1937年重建 | 歇山式 | 阁式 | 高7.2米，长10.5米，宽5.7米 | 三开间三层檐瓴 | 穿型鼓楼、四边形 |
| 岩寨新鼓楼 | 岩寨 | 2005年 | — | 攒尖式 | 塔式 | 高23.9米，占地面积150平方米 | 十五层檐瓴 | 四边形 |

资料来源：根据当地鼓楼介绍资料整理所得。

### 3. 鳞次栉比的民居吊脚楼

平岩村申遗侗寨的村民住宅绝大多数是干栏式木构建筑，墙体、楼板均为木料，木材多为杉木；建筑形式有吊脚楼、吊脚半边楼，其中吊脚楼占绝对多数。侗寨的吊脚楼大多为三层：一层常用作圈房和农具、柴草、杂物储藏室，二层为生活起居空间，三层为卧室和粮食储藏室。目前，各寨村民数量众多：平寨235户，980多人；岩寨223户，1030多人；马安寨176户，760多人[①]。几乎每户都有自己的住宅，3个侗寨共有近600栋吊脚楼。由于平岩村申遗侗寨依山傍水，村民住宅从山腰延伸到河岸，木构吊脚楼层层叠叠、鳞次栉比。数百栋住宅蔚为壮观。村民住宅中有的已有上百年的历史，更显得古朴和沧桑。

侗寨中还有着其他公共建筑如寨门、戏台、萨坛、水井、井亭、古庙、谷仓、禾晾等，都彰显着浓郁的民族特色和古老的岁月痕迹。

### （四）多彩多姿的传统文化：传承着侗寨的风土人情

平岩村申遗侗寨悠久的历史，传承了多姿多彩的传统文化，时至今日，这些颇具特色的民族文化，既成为展示侗寨风土人情的旅游资源和表演项目，同时也是延续民族精神和特征的重要内容。

### 1. 歌、舞、戏等娱乐文化

侗族大歌是平岩村申遗侗寨最具代表性的文化形式之一，许多村民都会演

① 数据来源：各寨口的标示牌上村情介绍。

唱，每天在平寨表演的旅游节目——"民俗表演"中，侗族大歌演唱是必备的；侗戏、桂戏是侗寨村民喜爱的戏剧形式，3个申遗侗寨曾经联合组成戏班进行表演；哆耶舞、吹芦笙在侗寨的影响也比较广泛，村民们经常参加表演和比赛；行歌坐月、月也、打南瓜仗、斗牛等娱乐活动，虽在逐渐减少、淡化，但仍传承至今。

### 2. 服饰文化

平岩村申遗侗寨仍保留着自身的传统服饰文化。侗寨的姑娘们从小就学习纺织、染布、刺绣、制衣等手艺和技巧，长大后都能自己制作需要的服饰。

侗寨的服饰有着自己的特色：

男性上衣，夏季多为白色，冬季多为深褐色，长袖、立领、对襟，下摆两侧开衩；下装搭配白色或黑色的长筒裤、裤腿较宽，裹绑腿，脚穿白色袜子，黑色布鞋。

女性日常以素衣为主，大多为黑、蓝色系，绣花装饰较少，胸前系黑色菱形肚兜；下装穿黑色百褶裙，长至膝盖，腿裹布套或刺绣拼接绣花绑腿，着白色袜子，脚穿圆头绣花鞋。盛装时，佩戴银质头饰、项圈等。

儿童一般穿着深褐色侗布制成的无领右衽衣裳，左襟往右延伸至腋下盖住右襟，以盘扣系穿，左襟胸部以上的边缘部位和袖口装饰刺绣花边。

### 3. 饮食文化

平岩村申遗侗寨的村民与其他地区的侗族居民一样喜欢酸，家家有腌桶、酸坛，招待客人也必有三酸，即酸鱼、酸肉、酸鸭。另外，烧鱼、鱼生、酥、糍粑、油茶、紫饭等也是侗寨的特色美食。

### 4. 传统手工技艺

平岩村申遗侗寨世代出工匠，尤以木构建筑见长，寨中的程阳永济桥、合龙桥、鼓楼、民居等木构建筑都是寨中木匠修建的，至今仍有几十位手艺出众的木匠。2007年公布的第一批国家级非物质文化遗产项目"侗族木构建筑营造技艺"的代表性传承人杨似玉就是岩寨村民，他家是"木匠世家"，世代修建木构建筑，家族被人们尊称为"杨家匠"，修建了大量的木构建筑，仅他本人主持修建的木构建筑就有120余座。岩寨鼓楼广场边的"柳州市侗族非物质文化遗产传承展示中心"就建在杨似玉家中，用以展示侗寨的传统文化。另外，藤编、竹编、草编、石刻、银饰制作、乐器制作、刺绣、纺织等传统手工技艺在侗寨也得到很好的传承。2018年公布的第五批国家级非遗传承人名单中，岩寨的"侗族木构建筑营造技艺"传承人杨求诗又名列其中。

### 5. 节庆文化

平岩村申遗侗寨除了过春节、端午节、中秋节等大众节日外，还有一些具有自身特色的节日。正月初五至初七的"花炮节"是最隆重、参加人数最多的节日；二月二的"吃初二"，是同姓房族小聚的日子；四月初八是"牛节"，也吃黑糯米饭；六月六是"老人节"；十月、十一月是过"吃冬节"（当地也称"本家姓节"）的时节，不同姓氏过节的日子不一定相同，所以，"吃冬节"在一年当中有很多次。我国的侗族地区素有"百节之乡"的美誉，平岩村申遗侗寨一年中虽没有上百的节日，但节日的数量也是非常多的。

## 二、旅游业发展给平岩村申遗侗寨带来的变化

平岩村申遗侗寨自 20 世纪 90 年代初开始发展旅游业，历时已近 30 年。从整体上看，平岩村申遗侗寨比较合理地解决了传统侗寨的保护和旅游业发展的关系，取得了社会效益和经济效益的双赢，但旅游业发展给平岩村申遗侗寨带来的许多变化也值得认真关注。

### （一）村落格局的变化

旅游业的发展给传统的平岩村申遗侗寨内部空间格局带来了一定的变化。变化的原因既有适应旅游开发方面的，也有经济增长、人口增多亟须扩张方面的，还有个别村民趋利行为带来的。村落格局的变化主要体现在以下几方面。

### 1. 公共空间的变化：鼓楼及鼓楼广场的增加、拓展与迁移

鼓楼及鼓楼广场通常是侗寨的中心，旅游业发展前平岩村申遗侗寨各自有1 个鼓楼，共 3 个鼓楼，随着旅游业的不断发展，发生了不小的改变。一是鼓楼数量增加了。2006 年岩寨新建了 1 个鼓楼，2014 年平寨新建了 1 个鼓楼，鼓楼数量增加到了 5 个。二是村落空间的中心转移了。岩寨、平寨在修建新鼓楼的同时，也都修建了鼓楼广场，岩寨新鼓楼广场是长宽为 19.5 米×12.8 米的矩形广场；平寨新鼓楼广场与原有广场结合，形成了长宽 31.2 米×18.2 米的新广场，两个广场都成了各自侗寨新的村落中心。三是鼓楼及鼓楼广场的功能转变了。旅游开发前，鼓楼广场等公共空间主要作为村民闲时的娱乐场所，或稻谷收获时的晾晒场，旅游开发后变成了重要的旅游活动节点，纺纱表演、百家宴等民俗活动都集中到公共空间来举行。

### 2. 民居组团的变化：紧凑向松散转变

平岩村申遗侗寨传统的民居组团形式受到诸多方面的影响而逐渐地发生着

改变，原本紧凑型的民居组团出现了松散的状况。一是传统的"聚族而居"、围绕公共空间布局的理念逐渐淡化，导致新建住宅选址的随意性增大；二是无规划或规划执行不力，导致新建住宅选址的无序；三是经济利益的驱动，导致有商业价值的空间出现建筑物建设混乱。呈现出的表象就是，主干道旁、旅游线路旁、鼓楼广场周边的民居数量增加、密度增大，过于拥挤；农田、菜地之中建起住宅或客栈、宾馆；山林的高处也出现伐林建房的情况。还有一个非常突出的现象是，由于盲目追求"现代""高大"和"商用"，现代建筑材料修建、体型高大、装饰颜色不一的建筑物不断增加。传统侗寨的肌理与整体风貌遭到了破坏。

3. 水系、路道的变化：压缩与拓展并存

（1）水系的变化呈不乐观的状态，水塘和河流都存在问题。一方面，水塘、鱼塘面积受挤压。随着旅游开发的需要，侗寨内旅游基础设施占地、商业用地占地、景点改造占地都有大幅增长，而侗寨的可使用面积有限，于是，一部分水塘、鱼塘被填埋，用作住宅、商铺、停车场等用地。使得侗寨空间变得拥挤。另一方面是河道淤积。由于林溪河在马安寨旁环绕呈"马鞍"形，容易形成河道淤积，事实上，马安寨本身就是河道淤积而成的平坝村寨，长期的淤积使河水流速缓慢而浑浊，虽定期组织清理，但只局限在程阳永济桥段。

（2）道路条件改善，寨内车辆拥堵减轻。2016 年，三江县政府新修建了一条县城到林溪镇的二级公路，公路绕开了平岩村申遗侗寨，过境车辆无须再穿过侗寨，既方便了村民出行，又减缓了狭窄的村道的压力，过去时常拥堵的现象得到缓解，还在很大程度上减轻了旅游管理的压力。为便于游客观赏，平岩村申遗侗寨还修建了 2 条新的人行道。一条人行道以程阳永济桥为起点，沿着马安寨平坝外围的林溪河大坝延伸，至马安寨的东部截止，整个路段呈"U"字形，宽约 1.5 米。这是一条游客观景道路，一路上可以欣赏村落、田野、河流、远山相互映衬、相互融合的景色。另一条人行道蜿蜒地修建在平寨的田园间，连接着合龙桥和平寨的主干道，宽度约 1 米。由于修建在稻田之间，道路随田埂的不规则而蜿蜒延伸，是游客观赏田野风光的好路径。道路条件的改善在一定程度上拉开了平岩村申遗侗寨的空间架构。

（二）建筑物的变化

建筑物是旅游景区重要的可视景观。平岩村申遗侗寨古朴的木构建筑是景区得以建设的重要物质文化基础之一。多年的旅游开发，使平岩村申遗侗寨的村民接触了新的建筑理念，了解了旅游建筑的功能需求，知晓了民居建筑的潮流，于是，在新建筑物的设计、建设，老旧建筑物的改建、翻新中，有的脱离了传统，出现了新变化。

1. 公共建筑：趋于适应现代审美要求

（1）鼓楼趋于高大挺拔。在侗族村寨的公共建筑中，鼓楼是最为重要的。平岩村申遗侗寨现共有 5 座鼓楼，可以从建造时间上将它们划分为两类：一类是老鼓楼，包括马安鼓楼、平寨老鼓楼和岩寨老鼓楼，都始建于清代，其中两座分别于 1937 年和 1985 年重建，但形式都是参照原样。另一类是新鼓楼，建于 21 世纪的岩寨、平寨新鼓楼。比较新旧鼓楼的形制，可以发现其中的明显区别，即老鼓楼以阁式为主，重檐数较少。平寨、岩寨的两座老鼓楼为阁式建筑，分别是二重檐和三重檐，高度只有 7 米左右，占地面积都不超过 60 平方米，外形显得低矮；马安鼓楼虽是塔式，但也仅七重檐，12.6 米高。而两座新建鼓楼，分别为十七重檐和十五重檐，高度达 25 米左右，占地面积分别为196 平方米和 150 平方米。由此可见，新建鼓楼的形制已变得高大挺拔，对游客更具视觉冲击力和震撼力（见图 3）。

图 3　修缮后的岩寨旧鼓楼（左）与新建岩寨鼓楼（右）

（2）风雨桥趋于现代和传统相结合。在平岩村申遗侗寨的风雨桥中，万寿桥是 1995 年重修的，重修时采取了传统与现代相结合的方式。其桥身使用了钢筋混凝土结构，比传统的木构桥身更加坚固耐用。其桥身呈东西向，桥下有一横截面为菱形的混凝土质桥墩，水泥桥面，桥栏和整体框架都是混凝土结构。框架之外修建木质桥栏和桥顶并盖有灰瓦，木质桥栏于两侧各设 7 根吊脚柱，其上接水泥横梁，水泥横梁之上为木质重檐桥顶，穿斗结构，檐角有藤状弯月起翘并在正脊中间立有葫芦形脊饰；桥身两侧皆为木质素直棂窗，左右对称造型。可见，万寿桥的桥身趋于现代，而桥面以上以传统为主。另外，在林溪河和高迈溪上，还有几座水泥便桥供村民通行，也反映出现代因素的影响。

（3）戏台趋于新颖大气。戏台一直是侗寨重要的公共建筑，平岩村申遗侗寨都有各自的戏台。马安侗寨于 2006 年对寨子里原来的戏台进行了改建，由原本的双重檐变成如今的三重檐，并在一侧加建厢房。同年，岩寨在修建新鼓楼时，同时在鼓楼对面修建了戏台，戏台为三重檐悬山顶，两侧均设置厢房，坐北朝南。2014 年，平寨在修建新鼓楼时，也修建了戏台。平寨戏台坐北朝南，由戏台与一侧的耳房组成，其形态与传统的戏台形态不同。戏台部分共有两层，右侧为尺度稍大的耳房，两者结合形成五重檐的形态。与传统戏台形式相比，平岩村申遗侗寨新建的戏台都追求新颖的样式、高大的形象，无论双层结构还是采用五重檐的屋顶形式都给人视觉上更强烈的气势①。

### 2. 民居建筑：乱象丛生

侗族传统民居都是纯木结构建筑，在旅游开发中这种传统不断被打破。历数申遗侗寨的民居变迁，大体可分为四个阶段：第一阶段，旅游开发之前，传统的古旧木构建筑是侗寨唯一的建筑形式；第二阶段，旅游开发之后，纯混凝土建筑代替了纯木结构民居；第三阶段，新农村建设开始及提倡传统文化保护后，转为混凝土与木质结构相结合，即低层为混凝土结构，高层为纯木质结构；第四阶段，政府规定，2019 年 3 月 15 日以后修建民居必须是木质结构，不得使用其他建筑材料建造，不得超过四层。第二、三阶段主要发生了以下变化。

（1）新型建筑不断涌现。为了适应现代旅游业购物、餐饮、住宿等商业需要以及部分村民对现代住宅形式的追求，平岩村申遗侗寨新修了许多运用新材料、新技术的建筑物。一类是完全用钢筋混凝土修建的。形制上为没有设计的"方盒子"，外墙颜色五花八门，如贴不同颜色的瓷砖、抹水泥灰、用黄褐色木材外包等。层数上多数为四层高，最高的达六层。在马安侗寨，鼓楼周围新型房屋的高度已超过鼓楼，气势上对鼓楼形成了压制。这类建筑在很大程度上破坏了侗寨整体的建筑风格和建筑景观。另一类是底下的一层或两层用砖混结构修建，上面两层用木质结构修建，低层外墙颜色基本是按统一的木包砖做的。新型建筑在内部设计上都会根据各自的功能需求进行，与传统的吊脚楼区别甚大。

---

① 黄智尚：《广西三江县程阳侗寨传统村落保护与发展研究》，广州大学，2017 年，第 36 页。

（2）旧住宅改造。为了满足新的需求，侗寨的许多村民对老旧住宅进行了改造。一是将原作为储藏室的一楼用砖进行围合，临街的多改成商铺，其他的多设计成现代条件的卫生间加储藏室，改善居住条件。二是废弃了火塘，将火塘屋改成了起居室、餐厅及厨房。三是传统的住宅中，二层的前廊通常是半交通半生活空间，除通行外，这里还用来聊天、娱乐、织布等，现改造后仅作为交通走廊使用。四是有的在房屋一侧用现代材料加盖厨房和卫生间，解决防火、防水的问题。

### （三）经济发展方式的变化

平岩村是传统的农耕地区，农业是数百年来村民赖以生存的主要产业。随着国内市场经济发展和"程阳八寨"景区的旅游开发，平岩村申遗侗寨的生产结构有了较大的改变。

#### 1. 农业依然是多数村民的主业

平岩村申遗侗寨的多数家庭仍以农业生产为主，田地也基本没有抛荒的现象。种植业主要以水稻为主；经济作物以茶叶和油茶为主，其是村民重要的收入来源；林地主要是人工种植杉树，果林很少；养殖业不发达，主要是满足自家食用，稻田养鱼是侗寨的特色，少量用于出售。

#### 2. 旅游业相关产业发展迅速

3个申遗侗寨相互毗邻连为一体，共同位于"程阳八寨"景区的核心位置，在开发中，旅游业都得到长足发展。

（1）商业发展比较兴旺。3个申遗侗寨都开设有一些商店和小卖部，平寨和岩寨各有10来家，马安寨接近20家，主要售卖日用杂货、旅游纪念品、茶叶、寨子里产的"重阳酒"等。在各寨的鼓楼广场都有几家摊贩，早九晚五地出摊卖些凉粉、油茶、罗汉果等。程阳永济桥、合龙桥等风雨桥的桥廊也都被寨里村民摆满各种纪念品在售卖。

（2）宾馆饭店林立。3个申遗侗寨都开设有不少宾馆、饭店，餐饮、住宿兼营。其中岩寨、马安寨数量比较多，大约各有10多家；平寨也有几家，规模不等，规模大的可以同时接待近200人的食宿。

（3）运输业有一定规模。因是景区，来往游客较多，外出采购物资的村民也不少，所以运输业也有一定的规模。平岩村申遗侗寨的运输经营者主要是平寨的村民，有客运车辆数十辆，以小型中巴车为主，主要跑三江县城和林溪镇。岩寨和马安寨跑运输的较少，只有几户。

（4）民俗表演参与度低。申遗侗寨的民俗表演是由旅游部门统一编制的民俗表演队来进行的，没有各侗寨组织或村民自发组织的表演。2013 年 5 月以前，民俗表演场地在马安寨的鼓楼坪，后为了各景点的协调发展，安排到平寨的综合楼进行。每天表演三场，内容主要是侗族大歌、侗族琵琶歌、芦笙舞、哆耶舞等，因景区实行"一票通"，所以，观看表演不再收费[①]。

### 3. 旅游资源投资参股

"程阳八寨"景区由政府、专业旅游公司和各村寨三方组成。各村寨不参与景区的经营，只按照相关协议取得收益。根据协议，"程阳八寨"景区所属的三个行政村平岩村、程阳村、平辅村每年共同从旅游企业获得"经营收益的税前利润中按 10% 的比例分成"（"经营收益"事实上是指门票收入），下保底，上不封顶。2008—2010 年的保底基数为 12 万元，以后 5 年调整一次。三个村获得收益后，再按照平岩村 45%、程阳村 30%、平辅村 25% 进行二次分配；各村从获得的收益中提取一定比例（7% 左右）的管理费后，再平均分配给每一位村民[②]。事实上，每位村民从旅游公司获得的分配收益非常有限。

### 4. 外出务工

自 20 世纪 80 年代末起，平岩村申遗侗寨的村民就开始外出务工，后逐年增加，至 2004 年左右达到峰值，接近劳动力的 50%；之后，随着旅游业的发展，部分人员回乡创业或就业。目前，约有 30% 的劳动力在外务工，多是男性，女性多在家照顾老幼、料理家务和务农。务工收入仍是大多数家庭的主要收入来源。据《三江县林溪乡平岩村传统村落保护与发展规划》，平岩村依靠农林业获得收入的村民约占总人口的 40%，养殖业约占 15%，外出打工的约占 40%，旅游业约占 5%。

### （四）文化传承途径的变化

旅游业的发展，进一步扩大了平岩村申遗侗寨的开放程度，走出去和请进来两方面都在一定程度上影响了侗寨传统文化的传承。从整体上看，传统文化的传承受到了削弱，加强传承迫在眉睫。

### 1. 歌舞传承方式改变

侗族传统的歌舞传承方式一般有家庭传承和社区活动传承两种。受经济社

---

① 本小节数据为作者 2019 年 5 月实地调研观察所得，可能存在误差。
② 张瑾：《民族村寨旅游开发中资源使用费的分配与感知研究》，《山西农经》，2016 年第 4 期，第 3~5 页。

会发展的影响，平岩村申遗侗寨的少年儿童自小进入学校学习，中学之后升学或外出打工，家庭传承明显减少，社区传承也因民间活动减少而效果不佳。但是，旅游开发后，部分村民因旅游企业就业的需要，以及应邀参加旅游表演活动的需要而主动接受传承。如马安寨在 20 世纪 80 年代，受电视进家庭和人员外出务工的影响，寨子里的戏班解散，也极少有外来的演出了。但因旅游业发展的需要，2013 年，村民杨光敏在寨子里招收了一个表演队，又开始教侗戏、唱侗戏了。旅游公司也因表演项目的需要，经常开展民俗歌舞表演培训，号召村民参加。

### 2. 服饰文化传承逐渐淡出

尽管平岩村申遗侗寨的许多女性村民掌握了织布、制衣的技艺，能够制作侗族服装，每家每户都保留有几套适应不同场合穿着的民族服装，甚至许多家庭还保留有织布机，但受外来服装大众化、价格低廉、穿着方便等因素的影响，日常穿着民族服装的人越来越少，只有些老年妇女还在平常穿，绝大多数村民只在民俗节庆活动中才穿。受旅游纪念品市场的影响，平岩村申遗侗寨的个别商店和摊位上也销售和出租一些机绣或工业化生产的民族服装，不过，侗寨的村民们通常不去购买。

### 3. 民俗活动减少和消失

受旅游开发和人员外出务工的影响，侗寨与外界在人员往来和文化交融上都进一步加深，这也直接影响民俗活动的开展和传承。像民间节庆活动因人员减少及旅游节日项目增加而将举办间隔时间拉长、活动程序简化；行歌坐月等婚恋习俗，因婚姻地域范围及民族范围的扩大而对传统方式进行了许多改变，有的正在消失。

### 4. 节庆活动表演化

侗族地区素来有"百节之乡"的美誉，节庆活动也成了旅游开发的重要内容。由于旅游公司在项目策划、组织和实施上较民间组织更完善、更隆重，既吸引了游客，也吸引了侗寨村民的参与，在很大程度上替代了原来的民间民俗节庆活动。近几年来，程阳八寨景区一直推行"月月办民俗节"的项目，将每个月侗族的主要节日作为民俗节的主题，如 2019 年每月（公历）的主题为：一月"月也节"、二月"姑妈感恩节"、三月"侗族大歌节"、四月"开犁节"、五月"敬牛节"、六月"祭福桥"、七月"新米节"、八月"油茶节"、九月"月地瓦"、十月"芦笙节"、十一月"多耶节"、十二月"刨汤节"①。由于活动具有相当的表演性质，表演的节目经过了艺术提炼和加工，在许多方面与传统的民俗活动有一定的差异。

### 5. 传统木构技艺传承范围收窄

因旅游设施建设的需要以及侗寨村民对现代建筑的热衷，砖混结构的建筑在侗寨不断增加，这种现象直接压缩了传统木构建筑的需求空间，影响到技艺的传承。在平岩村申遗侗寨，岩寨因为有国家级传承人杨似玉、杨求诗，传承效果还比较好，但平寨、岩寨的木匠只剩寥寥几人。传承人的培养堪忧。

旅游业的发展给平岩村申遗侗寨带来的变化是多方位的，虽然程度不一、效果各异，但对侗寨长期的保护和发展产生着深远的影响。

## 三、景区型传统侗寨保护与发展方略

景区型传统侗寨的保护和发展因旅游业的开发而具有与以农业为主的传统侗寨不同的特殊性。探索平岩村申遗侗寨的保护和发展路径，对全域旅游大背景下的传统侗寨旅游开发有着值得借鉴的意义。

### （一）制定和协调各类规划并严格付诸实施

规划的制定和执行是传统侗寨实施旅游开发的前提，否则就会陷入无序的状态，就会造成资源的浪费和破坏。

### 1. 坚持规划先行

规划，是传统侗寨比较全面长远的发展计划，是对未来侗寨保护与旅游开发的整体性、长期性、基本性问题的思考和考量，是未来整套行动的方案。程阳八寨景区的发展经历了从无序到有序的过程，规划也是从无到有，再到不断完善。景区最初是放任的，无人管理，后是私人承包，再后是县旅游局委托私营企业经营；2008 年，县政府收回经营权，并以股份合作制的方式，与柳州市一家国有企业成立了景区经营公司，开始实行专业经营和管理。

在传统侗寨保护规划上，根据国家《风景名胜区管理条例》（2006 年）和《三江侗族自治县少数民族特色村寨保护与发展条例》（2015 年）等文件，三江县于 2006 年编制完成了《程阳八寨保护与发展建设规划》，从功能结构、用地布局、道路交通规划、旅游产品规划、公共服务设施规划、绿地系统规划、

---

① 资料来源：广西程阳八寨景区微信公众号。

消防规划、给水排水规划、新村选址规划、分期建设规划等 17 个方面对程阳八寨的保护与发展进行控制和引导，村落现状基本是按照该规划建设形成的。2015 年，柳州市规划局、三江县住建局编制了《柳州市三江侗族自治县林溪乡平岩村传统村落保护发展规划》，对 2006 年的规划进行了完善和提升。2019 年，三江县政府出台了《三江侗族自治县程阳八寨景区核心区村民建房及住房保护方案》，对程阳八寨景区核心区内（马安、岩寨、平寨、平坦）新建或者改建房屋作出了新的保护规定。

在旅游规划上，承担景区旅游管理的公司协同有关部门于 2015 年编制了《广西壮族自治区柳州市三江县程阳八寨景区创建国家 5A 级旅游景区提升规划》，该规划从物质形态、文化与社会经济、文化价值与社会民生等方面提出了新的提升规划。

由此可见，规划先行是景区型传统侗寨保护与发展不可或缺的，要早制定，并根据形势发展与时俱进地进行完善和补充。

2. 做好政策协调和管理协调

景区型传统侗寨在管理上涉及的部门比较多，只有妥善协调了，才能更好地实施保护和发展政策。平岩村申遗侗寨在管理上就比较复杂，各级"文物保护单位"归各级文物保护部门管理，侧重于对建筑单体进行保护；"中国传统村落"归住房和城乡建设部门管理，侧重于从村落整体进行保护；"中国世界文化遗产预备名录"归国家文物局管理，侧重保护遗产的真实性和完整性；景区旅游归旅游公司管理，侧重于经济效益；新农村建设等归地方政府管理等，对侗寨经济社会各方面进行全面管理。统一与协调的问题在市、县也没有得到十分稳妥的解决，相关文件、相关规划上仍存在着缺漏、重叠、不一致等情况。

3. 执行要有力度

各级各类规划制定以后，执行是实现的保证。实际执行过程中，往往会遇到相关利益各方的博弈，部门间的推诿、扯皮，村民的抵制、盲动等，这也是景区内至今仍存在违规行为的原因。因此，有规必依、执行必严应当成为景区型传统保护和发展的一项重要措施。

（二）以人为本，激发村民的保护热情

景区型传统侗寨，虽是景区，但首先是侗寨，是侗族村民长期生存繁衍所在。要保护和发展好，村民至关重要。坚持以人为本，激发村民的保护热情十分重要。

1. 扩大参与旅游开发人群，吸引村民回乡，焕发侗寨活力

目前，因为是专业的旅游公司对景区进行管理，平岩村申遗侗寨村民参与旅游开发的人数并不多。参与的村民主要有三类：第一类是原住宅位于或靠近旅游规划线路的，占地理之便，或自己经营，或出租房屋；第二类是经济基础较好且有一定经营能力的，通过跑运输、做销售等参与；第三类是进入旅游公司务工。据调查，这三类人员占村民总数的比例非常小，约5%，绝大多数村民没有参与进来。而通过入股分红形式分到村民手中的收益又非常少，因而外出务工人员较多。青壮年劳动力走了，留下老人、孩子及部分妇女，侗寨的生机和活力都受到影响。需要通过扩大村民参与旅游的面，从整体上增加村民收入，才能留住村民、吸引外出村民回乡，从而使侗寨焕发活力。

2. 加大侗寨保护教育，形成保护共识

旅游开发之后，大多数村民对侗寨保护并没有足够的认识。特别是侗寨保护的主体是谁？是旅游公司，是政府，还是村民自己，更是没有搞清楚。所以，许多村民还没有侗寨保护的意识，更谈不上主动、自觉地对侗寨进行保护。保护意识的培养和教育还任重道远。

3. 树立正确的利益观，约束和规范村民行为

多年的旅游开发，让个别村民富起来了，也让更多的村民羡慕和向往，并想方设法参与到旅游经营中来。为了逐利，出现了个别村民乱占地占道建房、无视整体景观用现代材料建房、乱摆摊点、追逐游客推销纪念品等不当现象，影响了侗寨的形象和旅游经营秩序。从长期的保护和发展来说，必须通过教育促使村民树立正确的利益观，并通过相关政策制度的严格执行来约束和规范村民的行为，从内因和外因两方面着手，促使侗寨保护成为村民自觉自愿的行为。

（三）对单体建筑景观实施重点保护

传统建筑物是景区可持续保护和发展的重要条件之一。近些年，平岩村申遗侗寨在建筑物的新建、改建等方面出现了一些问题，对侗寨整体的建筑景观保护产生了一些负面的影响，亟待改进和规范。

1. 登记造册，摸清家底

对平岩村申遗侗寨的传统建筑（重点是民居建筑）进行调查并建立分类档案，根据传统建筑的分类制定整体和分类的建筑景观建设和保护规划。对保护

完好并取得合法建房手续的木质结构老房屋每年进行一次性奖补。将价值较高的古传统建筑申报为县、市、省级甚至国家级文物保护单位，有利于对古建筑的长期保护。

2. 恢复传统建筑景观

在恢复传统建筑景观的过程中采用"修旧如旧"的方法。"修旧如旧"可以理解为"按照侗寨原有的样子进行修缮，修完后的建筑景观与传统侗寨建筑景观设计面貌一致"。平岩村申遗侗寨传统建筑景观充分体现了侗族特色文化，是侗族文化传承的载体。采用"修旧如旧"的保护思路，应该遵循传统建筑景观"原真性"和"可识别性"的原则，修缮传统建筑木结构体系、外观等重点保护部位，从而实现平岩村申遗侗寨建筑景观的可持续发展①。

3. 规范新建建筑景观

平岩村申遗侗寨所在三江县政府于 2019 年 3 月出台了新的文件，规定平岩村申遗侗寨新建住房必须统一风格，体现特色：结合农村实际及旅游资源保护相关要求，平岩村申遗侗寨房屋主体结构及外立面必须体现侗族建筑特色。房屋设计图纸由县住建局免费提供给景区内建房农户使用。新建房屋必须以侗族木质结构吊脚楼风格造型，门窗材料和瓦片要求与整个寨子保持协调一致，确保景区建房风格体现侗族特色。同时规定，楼层不多于 4 层，房屋柱脚到屋檐口高度控制在 12 米以内且符合规划和景区建设要求②。新文件对今后新建住宅提出了规范性要求。

4. 全面推进新村建设

以"旧村新区"的理念保护平岩村申遗侗寨建筑景观。基于平岩村申遗侗寨历史文化价值以及保护的迫切性，应通过合理的规划布局，开发建设新侗寨，保留和保护平岩村申遗侗寨现有规划用地。通过保留申遗侗寨建筑景观的方法，可以最大限度地实现对平岩村申遗侗寨传统建筑景观的保护。通过对新地块的开发与建设，既可以满足当地居民对更好的居住环境的需求，也可以推动传统文化与现代文化的融合。采用"旧村新区"的方法展示传统建筑景观，可以在保护传统建筑景观的基础上满足平岩村申遗侗寨旅游发展的需要。

---

① 梁伟、李纳璺：《侗族传统村落建筑景观保护与分析——以柳州三江程阳八寨为例》，《艺术科技》，2019 年第 8 期，第 102 页。

② 三江侗族自治县政府办：《关于印发〈三江侗族自治县程阳八寨景区核心区村民建房及住房保护方案〉的通知》（三政办发〔2019〕11 号）。

### (四) 多方合力，促进民族文化的传承

平岩村申遗侗寨传承的民族文化是侗寨居民价值观、审美观、民族精神和特质的体现，在旅游开发这样极具开放性、经济性的环境中做到良好的传承，需要多方的共同努力。

#### 1. 营造有利于民族文化传承的环境

一是政策法规环境。根据平岩村申遗侗寨的特点，即侗族村寨、传统村落、申遗村寨、旅游景区等，积极制定和施行地方性法规，为平岩村申遗侗寨的保护营造良好的政策法规环境。同时，在文化项目的设计、审批、管理、监督等方面建立较为严格的责任机制和监督机制，防止和规避在旅游开发中对传统文化产生破坏。二是经济环境。建立各级政府、旅游企业、社会机构、村集体和个人协同进行平岩村申遗侗寨保护和发展投资的机制，保证平岩村申遗侗寨在按照规划建设和管理中有较为充足的资金，同时，保证民族文化的保护、开发和产业发展能够沿着设计的路径进行，避免因短期利益驱动导致民族文化异化、流失的现象发生。三是社会环境。通过宣传教育，提高侗寨村民和游客对平岩村申遗侗寨传统民族文化的认知和认同，从而增强侗寨村民的文化自觉，增强游客的文化尊重和文化保护的自觉。

#### 2. 发挥不同保护主体的能动作用

（1）侗寨村民方面。平岩村申遗侗寨村民和非物质文化遗产传承人是侗寨民族文化的创造者和传承者，也是侗寨民族文化的拥有者和续承者，是侗寨民族文化保护最重要、最核心的群体。一要提升村民自身的文化素养，提倡讲民族语言、穿民族服装、习民族风俗，设立传习所，开展民族文化传承活动，形成文化自觉氛围。二要尊重民众的意愿、风俗习惯、信仰习俗等，尊重民众对美好生活的诉求，以民众的利益为先，激发他们传续民族文化的积极性，使民族文化良性发展。三要把好传统工艺类非物质文化项目质量关，确保材料、工艺、文化等多方面的真实性，避免给游客造成"乘兴而来败兴而归""假货太多"等负面影响。

（2）外来文化和游客方面。一要保持侗族文化特色，避免与其他相近少数民族同质化；二要保护非物质文化遗产的文化空间，尽可能地将非物质文化遗产文化展演在其文化空间中，使游客真正地参与体验而不是观看表演；三是与时俱进，适当加入时尚元素，与语言密切相关的非物质文化遗产文化（如侗戏或侗族大歌）可进行双语演出等创新。

（3）企业（产业化）方面。一是在环境资源、文化资源保护承受的范围内，进一步整合民族文化资源，打造当地特色文化旅游品牌，形成民族文化保护与旅游开发的良性互动。二是全面推行生产性保护，打造侗族木构营造技艺、侗族酸食制作技艺、侗族服饰等非物质文化遗产生产性保护企业，为当地居民提供就业机会，增加经济收入。三是在尊重当地民族文化精神前提下，适应时代的发展，采取适当的策略，对文化旅游产品适度创新，以保持和提高民族文化的吸引力①。

### 3. 合理开发民俗文化资源

在进行平岩村申遗侗寨民俗文化资源旅游开发的过程中，必须坚持可持续发展原则，合理开发民俗文化旅游资源。在开发过程中，必须考虑开发对侗寨民俗文化资源和社会生活习惯的影响，在实现旅游效益的同时，处理好开发与保护之间的关系，将平岩村申遗侗寨民俗文化资源的利用同资源再造、增值结合起来，使平岩村申遗侗寨民俗文化资源旅游的发展不以损耗当地民俗文化资源为前提，实现旅游开发的良性发展。申遗侗寨有着自己独特的民俗文化，在坚持可持续发展的基础上，还应尊重当地本土的文化风貌，合理地开发当地民俗文化旅游资源，拒绝盲目开发。只有做到在坚持可持续发展原则的基础上对民俗文化进行合理的开发，才能使平岩村申遗侗寨民俗文化旅游实现稳步发展②。

### （五）建立三方参与的旅游运营管理模式

目前，平岩村申遗侗寨所在的程阳八寨景区是由专业的旅游公司进行运营管理，利用侗寨资源获得的经济收益主要归属于专业旅游公司，地方政府、村级组织、侗寨村民从中获取的收益非常有限，直接削弱了侗寨大多数村民的参与热情。要调动各方力量促使平岩村申遗侗寨实现可持续发展，就需要建立利益各方参与的运营管理模式。程阳八寨景区开发管理协议由地方政府、专业旅游公司和村寨三方共同签署，地方政府、专业旅游公司与侗寨村民都应参与进来。专业旅游公司负责景区开发项目的策划、基础设施建设、设备采购维护、旅游团队的安排与接待、景区旅游项目的组织和实施、景区秩序管理及后勤保

---

① 崔慧彬：《文化空间视域下传统村落非物质文化遗产保护研究——以广西三江林溪乡平岩村为例》，广西师范大学，2019年，第46~47页。

② 林洁、文冬妮：《程阳八寨景区民俗文化资源旅游开发研究》，《智库时代》，2019年第26期，第136页。

障等。地方政府应在相关政策规划的制定与协调、景区与地方的关系及相关事务处理、招商引资、侗寨经济社会发展的组织与管理等方面发挥作用。侗寨方面，主要可以在两方面进行作用强化。一方面，以村或寨为单位加入景区的管理机构之中，构架起旅游公司与侗寨沟通的桥梁，使保护和发展的规划更顺应民心、实施更顺畅。另一方面，采取适当的形式将景区内商业区和旅游公司所属的商铺、摊点交付给村民经营，并尽可能地让每户村民都能享受到经营带来的收益。这样可将景区的经营与村民的利益联系得更加紧密，使村民真正成为侗寨旅游开发中的一员，成为侗寨保护与发展的核心力量。三方共同参与景区的运营管理，在协作中实现各自的利益诉求，达到共赢的效果，将更有利于平岩村申遗侗寨的可持续保护和发展。

# 实例四　特色传统侗寨聚落群保护与发展

## ——以榕江县"大利—宰荡"聚落群为例

对于自然环境、民居建筑、文化习俗保持相对完整的传统村寨来说，要保护和发展，面临的最大困境是经济落后以及由此导致的人口外流。要保护、要振兴，就需要在现代经济业态中找寻到与村寨保护发展相契合的路径。发掘村寨特色、利用村寨特色，或许是一条行之有效的途径。

在我国侗族地区，至今仍存在着不少民族特色鲜明、传统文化传承良好的传统村寨聚落群。由于地域相连的缘故，这些传统村寨之间或多或少都有着一定的联系，有的是以一寨为中心，经过分化、外迁等形式形成类似于"母寨—子寨"似的关系，像黎平县肇兴侗寨与周边侗寨形成的聚落群；有的就是毗邻而居，互有往来，在"侗款"组织时代，往往结盟形成"小款"，相互协作和帮助，共同抵御外来的侵略。时至今日，聚落群的传统侗寨相互影响、相互对比，形成了经济社会发展的小环境。这些集聚一隅的传统侗寨如何进行保护与发展，对于所处民族区域、行政区域的发展都有着较大的影响。贵州省黔东南苗族侗族自治州榕江县"大利—宰荡"特色传统侗寨聚落群是多个传统侗寨毗邻而居形成的聚落群，以"侗族大歌"为代表的众多民族文化保留和传承以及传统村貌较为完好的保存是其突出的特色，它们的保护与发展对类似的传统侗寨聚落群有着一定借鉴和参考作用。

## 一、"大利—宰荡"特色传统侗寨聚落群概貌

"大利—宰荡"传统侗寨聚落群位于贵州省榕江县东北部，是榕江县、黎平县和从江县毗邻侗族聚居区的重要组成部分。这一聚落群有着大大小小十数个寨子，本实例选择其中规模较大且具代表性的大利、宰荡、苗兰和归柳四个侗寨进行论述。一直以来，聚落群虽历经时光岁月的洗礼，其中的大利、宰荡、归柳、苗兰等侗族村寨的生产生活依然保持着鲜明的侗族特点，特别是列入联合国教科文组织人类口头与非物质文化遗产名录的"侗族大歌"在区域内

得以良好的传承，该区域被誉为榕江县的"侗族大歌之乡"。

大利、宰荡、苗兰、归柳侗寨相互毗邻，大致呈"品"字形分布。大利、宰荡侗寨居上，苗兰侗寨位于宰荡侗寨的东南方，归柳侗寨位于宰荡侗寨的西南方。四个侗寨都名列中国传统村落名录之中，其中大利侗寨、宰荡侗寨列入第一批名录，苗兰侗寨列入第二批名录，归柳侗寨列入第四批名录。2013 年，大利侗寨、宰荡侗寨列入了我国申报世界文化遗产的预备名单"侗族村寨"。

大利侗寨（见图 1）始建于明代。侗寨坐落于利洞溪畔的深山幽谷之中，距县城 23 公里；全寨 284 户，1314 人，侗族人口占全寨总人口的 98％。大利村古建筑群于 2013 年 10 月被国务院公布为第七批全国重点文物保护单位，2014 年被住房和城乡建设部公布为全国第六批历史文化名村，2019 年 9 月被公布为县级"近现代重要史迹及代表性建筑"。

**图 1　大利侗寨村貌**

宰荡侗寨始建于元代及以前。侗寨坐落于高山溪谷之中，距县城约 25 公里；全寨 337 户，1337 人，均为侗族。侗寨于 2010 年 10 月被公布为县级"近现代重要史迹及代表性建筑"。

苗兰侗寨始建于明代。侗寨坐落于山间谷地，距县城约 27 公里；全寨

256 户，1241 人，均为侗族①。

归柳侗寨始建于明代。侗寨坐落于深山幽谷之中，距县城约 15 公里；全寨 484 户，2248 人，侗族人口占全寨总人口的 98%②。

四个侗寨均有着悠久的历史，居民的民族属性或全部是侗族或绝大多数是侗族，加之四个侗寨相互毗邻，由此，孕育了侗族文化良好传承的人文环境和氛围。数百年的岁月沧桑，并没有给这一侗寨聚落群带来太多的文化洗礼，侗族文化在这里依然保持良好，且以传统的方式不断地延续，仿佛是"岁月未曾掠过的地方"。侗族传统文化保持与传承形成了这一侗寨聚落群最显著的特色。

## 二、"大利—宰荡"传统侗寨聚落群的特色与资源

"大利—宰荡"聚落群有着诸多自身鲜明的文化特色和丰富的自然资源，为传统侗寨的保护和发展奠定了良好的基础。

### （一）"侗族大歌"的流行和传承构成了聚落群最突出的特色

"大利—宰荡"聚落群是"侗族大歌"流传的主要区域之一。它位于黎平、从江和榕江三县的交界处，聚落群的歌师、歌手不仅能熟练地表演当地的歌词和唱腔，还融会贯通"九洞"③ 地区的多种歌词和唱腔，可以说是汇集了三县大歌的精华所在。20 世纪 50 年代，"大利—宰荡"的"侗族大歌"唱到了州府、省城，歌师罗应和演唱组自编自演的侗歌《快乐的青年》《社会主义赖阿细》还录制成唱片，发行全国。2002 年，女歌队杨秀鸾等 5 人应邀参加"中国山东栖霞苹果艺术节"，她们演唱的"侗族大歌"受到了中外观众的高度赞誉。2006 年，央视"第十二届青年歌手电视大奖赛"首次增设"原生态唱法"，宰荡侗寨女歌手杨秀梅、杨秀珠参加"蝉之歌"歌队组合演唱的《你像一蔸好白菜》《大山真美好》两首风格优美轻快的侗族大歌获得银奖；2008 年，她们俩参加的歌队组合还摘取第十三届青歌赛合唱类的铜奖。

"侗族大歌"在"大利—宰荡"聚落群非常流行，各寨无论男女老少都会唱，并已成为生活中不可或缺的一部分。至今，来到侗寨，随处可闻悠扬的侗

---

① 以上三个侗寨的村民户数、人口数据来源于 2016 年 1 月出版的贵州省住建厅编的《贵州传统村落（第一册）》。

② 归柳侗寨的村民户数、人口数据来源于 2018 年 9 月实地调研时查询的村委会资料。

③ "六洞""九洞"等叫法不是特指某些侗寨，而是历史上对某些侗族居住区域的泛称。现在人们习惯称从江、黎平、榕江以往洞为中心的众多侗寨为"九洞地区"，包括从江县的增冲寨、银潭寨、则里寨、占里寨、高阡寨、信地寨，榕江县的大利寨、宰荡寨，黎平县的登岑寨、述洞寨等诸多侗寨。

歌歌声，随处可见侗歌传承的场景。侗族"饭养身，歌养心"的特点在区域内得以淋漓尽致的体现。

"侗族大歌"的家庭传承、歌师传承、学校传承、社区传承等传承方式在"大利—宰荡"聚落群得以广泛开展。家庭传承是每个家庭"育儿经"中的必备科目，言传身教中为下一代打牢了基础。歌师们将侗族大歌的传承作为自己义不容辞的责任和义务，常年不计报酬地开展传承活动。歌师胡官美几十年如一日在家中、在鼓楼进行大歌传承，培养传承人数百名，被授予"国家级非物质文化遗产传承人"的称号（见图2）。她全家人都是优秀的歌手，也都自觉地将大歌传承作为自己的追求，上述参加央视"青歌赛"的女歌手杨秀梅、杨秀珠都是胡官美的女儿。杨秀梅一直在村寨的小学传授侗族大歌，杨秀珠带的少儿歌队曾参加第六届"贵青杯"贵州省青少年公益文化艺术大赛，孩子们演唱的侗族大歌《希望笋子高过竹》获得了声乐类合唱金奖。2017年，胡官美家庭获得中国妇联颁发的全国"最美家庭"奖，被媒体誉为"用侗族大歌歌唱幸福生活的一家人"。聚落群的各个学校，从学前班开始就将"侗族大歌"的传承作为"侗汉双语"教学的必备课程，纳入教学计划，从小进行传承。侗寨的各种民间民俗活动中，"侗族大歌"更是必不可少且表演最频繁的项目，耳濡目染中不知不觉地让"侗族大歌"更加深入人心。

**图2　胡官美歌师传歌场景（摄于2014年8月）**

目前，聚落群的各侗寨都建有自己的歌队，逢年过节时，侗寨之间的对歌是最激动人心的节目。

### （二）民俗文化的保留和传承从整体上展示着侗民族的特性

"侗族大歌"之外，"大利—宰荡"聚落群还保留和传承着许许多多的侗族民风民俗，形式和数量都比较完整，使区域内的侗民族特性比较完好地传承下来，并得以较充分的展示。

### 1. 崇拜信仰文化

聚落群一直保持多样的崇拜信仰：山神、树神等自然崇拜，桥、古井、古碑等人造物崇拜，寨神、家神、鬼怪等神灵崇拜。在诸多崇拜信仰习俗中，最具代表性的大体有三人：传说中的古代女性祖神萨（祖母）、鲁班（工匠神）和吴文彩（侗戏鼻祖）。祭萨是侗族普遍的"萨"信仰的体现，聚落群也不例外；鲁班崇拜与聚落群的生活起居的建筑物建造密不可分，大量的木构鼓楼、风雨桥、住宅、粮仓等修建时，烧香拜佛请鲁班是固定的程式之一。侗戏是聚落群居民生活的重要组成部分，侗戏"鼻祖"吴文彩成了神圣的化身，开台演戏必须事先祭请。

### 2. 节庆文化

聚落群的侗族节日比较多，除了一些各民族共同的节日如春节、元宵节、清明节、端午节、重阳节等外，还有一些区域性的节日。二月二的"敬桥节"，这天，各家各户要到自家架设的或住宅附近的木质走山桥边点燃香烛，同时，摆上水果、肉（或鸡鸭）、红鸡蛋、糯米饭等祭品，上香、敬酒、祭拜，同时吟诵一些吉利的祈语，祈祷平安顺利，之后将纸钱贴在桥的外侧才离开。"三月三"吃粑粑，这天，各家聚餐，吃"草粑"。"草粑"是一种用当地称为狗屁藤、黄扫花的植物与糯米一道蒸熟再捣碎制作的食物，与"糍粑"的制作方式差不多。"六月六"和"吃新节"，聚居区的这两个节日都具有"吃新"的含义，即庆祝丰收，只是不同的侗寨过节的时间安排不一致。以前大利侗寨只在农历七月过"吃新节"，现在也过"六月六"了；宰荡侗寨的下寨只过"六月六"，而宰荡上寨只过"吃新节"。归柳侗寨、苗兰侗寨也都过"吃新节"。节日的过程主要有拦路、鼓楼唱大歌、唱侗戏、踩歌堂、封桌对歌、行歌坐月、赠送分别礼物等环节，各自成趣，高潮不断，男女老少各得其所。聚居区还有一些节日，如"四月八"敬牛王菩萨日、"十一月初三"祭典杨六郎等，但不是每个侗寨都过。

### 3. 服饰文化

"大利—宰荡"聚落群的侗族妇女依旧保持着穿民族服装的习惯，男子因为劳作的原因，穿着民族服装的较少。聚居区的侗族女性日常服装多为蓝、白两色，盛装为紫色，在领口和袖口两处绣有花边。宰荡上寨（也称"加所"寨）的服装具有一定的代表性。女性，长衫为大领对襟式，领襟、袖口有精美刺绣，对襟不系扣，中间敞开，漏出绣花肚兜，下着青布百褶裙和绣花裹腿、花鞋，头上挽大髻，插饰鲜花、木梳、银簪等。男性，侗布包头、立领对襟衣、系腰带，外罩无纽扣短坎肩，下着长裤，裹绑腿，穿草鞋或赤脚，衣襟等处有饰物①。

聚落群的女性发饰分为日常发饰和礼服发饰，日常发饰为用木梳或塑料梳把头发梳到头顶，以梳子作为固定头发的"发卡"，将其余头发缠绕到梳子上，梳子的梳齿很好地固定住头发，形成一个发髻，一般偏左。穿礼服时的发饰基本与日常发饰相同，只是多了些银饰，固定头发的梳子为银质的，发髻上插有银质或不同颜色的毛线团发钗。小女孩一般不梳发髻，都扎简单的马尾。男性的发式多短发平头②。

可见，"大利—宰荡"聚落群的女性服饰仍具有非常强烈的民族特征。

### 4. 饮食文化

"大利—宰荡"聚落群饮食的民族特征也很明显，日常生活中随时可见的有：

糯米饭：将糯米蒸熟食用，以前用手抓，捏成饭团食用。20世纪60年代起，开始用碗装代替手抓。

腌鱼、腌肉：将猪肉或牛肉、鲜鱼清洗干净，用糯米、花椒、米酒、辣椒面、生姜等均匀涂抹，一层一层地放置在自制的圆形木桶里，上面用石头压住。一般放2~3年，长的放置十余年，年代越久，肉或鱼就越酸。腌好后既可直接食用，也可油炸食用。

烤鱼拌韭菜：将稻田里养的鱼捞起，在田边直接串上竹签炙烤，烤熟后将鱼肉与田间坡地随处可见的韭菜拌在一起，加上蒜、盐等简单佐料即可食用。以前，"烤鱼拌韭菜"只在稻子收割时节才能享用，现在逢年过节或有尊贵的客人光临时已是必备的佳肴。

酸汤鱼：将青菜不加佐料用沸水腌制，过两三天就发酵成酸菜，与从田里刚刚捞起的鲜鱼，做成一道鲜美的酸鱼汤，既有鱼的鲜美，又有酸菜的清香。

米酒、鸡稀饭、炸淀粉、米醋拌黄瓜、腌菜等食品也都有着浓郁的民族特色。

"大利—宰荡"聚落群的民俗文化非常丰富，"侗族芦笙舞""侗戏""行歌坐月""为也""侗年""萨玛节"等歌舞文化、婚恋习俗、民俗节庆都有着良

---

① 孙华、王红光：《贵州侗族村寨调查简报》，巴蜀书社，2016年，第109页。
② 孙华、王红光：《贵州侗族村寨调查简报》，巴蜀书社，2016年，第155页。

好的传承。

### （三）古朴的遗迹和建筑留住了岁月的时光

有学者总结了黔东南侗族的特征：唐代发型、宋代服饰、明清建筑、魏晋遗风。这些特征在"大利—宰荡"聚落群都有着鲜明的呈现。建筑是历史物质化的呈现，也是看得见的历史。"大利—宰荡"聚落群有着悠久的历史，由于远离尘嚣，留下了许多岁月的遗迹，置身其中，仿佛穿越历史的天空，梦回明清时期的田野乡村。

大利侗寨文物古迹甚多，有古民居 29 幢、古粮仓 10 座、鼓楼 1 座、花桥（风雨桥）5 座、古水井 6 口、石雕古墓 2 座、石板古道 4 条、古萨坛 1 处、古碑 3 通、戏楼 1 座、古树 128 棵。

宰荡侗寨有建于明代的萨坛 1 处、萨玛祠 2 处，有建于清代中期的鼓楼 2 座、花桥 1 座、石板古道 5 条、古石板桥 7 处、古井 5 口，建于清代晚期的古民居 8 幢。

苗兰侗寨有建于清乾隆年间的鼓楼 1 座（见图 3），明末的古萨坛 1 处，清代的古萨堂 1 处、古水井 2 口、石板古道 1 条、古石碑 1 通，古树随处可见，木构民居建筑较普遍。

**图 3　苗兰鼓楼**

归柳侗寨有 2 座鼓楼，其中上寨鼓楼建于明末，样式别具一格，为 3 层 4 角攒尖顶木结构建筑，通高 13 米，内有金柱 4 根，平面分布呈正方形，柱距

3米，属阁楼式鼓楼，为榕江侗族罕见。下寨鼓楼建于清乾隆年间。归柳侗寨有戏台1座、寨门1处，民居为木构建筑。

在"大利—宰荡"聚落群众多的单体建筑物中有许多优良之所。除大利古建筑群被公布为国家级文保单位外，宰荡下寨鼓楼于2011年被公布为州级文保单位，苗兰鼓楼、归柳下寨鼓楼于1987年11月被公布为县级文保单位。

（四）怡然恬静的村落风貌，一幅幅"小桥、流水、人家"的乡村画卷

在侗族地区的众多侗寨中，"大利—宰荡"聚落群以风景优美而著称，其中的每一个侗寨都似一幅画卷，美不胜收。

大利侗寨选址于深山溪谷，林木繁茂，大利村分为上下两个寨子。"利洞溪"从寨中穿过贯穿上寨、下寨，5座花桥横跨其间，鼓楼耸立寨中，村寨与水相互交融，民居逐级分布至山脚下，依山而建、傍水而居，村庄、溪水、青山重叠布局，充分体现侗族人民喜水而居的习性，村落形成融洽的山地村落景观。寨中有五横三纵以及若干条小道交错分布在寨子里面，有四条青石板古道通往邻近村寨，还有三块记录修建古道事迹的古石碑。大利寨边，傍着青山有一片古楠木林，四十余棵数百年树龄的古楠木树生长其间，高大挺拔的树干、密集交错的枝丫、苍翠欲滴的树叶，让人在洗心净魄中忘却山外的岁月。在寨西1公里处的悬崖峭壁间，浑然形成了一处"三叠飞瀑"，瀑高40余米，每叠10余米，最下一叠豁然开朗，飞流瞬变为平池，百炼顷刻化作碧波，汇成一泓清澈的碧潭，犹如侗女多情的眼，莹莹地望着蓝天[1]。

宰荡侗寨坐落于深山溪谷之中，属河谷坡地型村寨。由于寨子看似修建在木"槽"之中，侗民称"槽"为"荡"，称"寨子"为"宰"，寨子故名"宰荡"。寨子的四周青山层叠，古木森森，风景优美；河源溪从寨中穿过，连接上、下两个自然寨，溪岸筑石板道，溪上架石板桥；民居沿溪而建，逐渐蔓延至两侧山脉的山脚，然后又层叠而上山坡，鳞次栉比；寨头花桥横跨溪上，寨中点缀鼓楼，布局十分得体。侗寨聚落与周围自然环境保存完整，自然环境完整性较好、生态环境质量及人工建筑物的和谐程度较高，形成了完整而优美的村落风貌[2]。

---

① 黔东南传统村落数字博物馆—大利村馆，http://museum.zhaiu.com/default/stockade/index/stockade_id/22。

② 黔东南传统村落数字博物馆—宰荡村馆，http://museum.zhaiu.com/default/stockade/index/stockade_id/1348。

苗兰侗寨村落选址于丘陵小盆地中，寨周青山层叠，林木苍翠，中间坦平，冬暖夏凉，水源极为丰富。苗兰溪从寨中穿过，溪边修建青石板道路，道边排列着民居。寨中建筑全为榫卯结合的干栏式木构建筑，吊脚木楼、连廊木楼、回廊楼屋等形式多样，寨中建于乾隆时期的鼓楼，样式经典，雕花和各种图案布满鼓楼内部[①]。

归柳侗寨选址于深山溪谷，青山绿水，林木繁茂，古枫木林，遮天蔽日，风声鸟语（见图4）。寨内有小溪穿寨而过。传统吊脚木楼分布于溪流两岸，布局得体。从整体上看，侗寨犹如一只展翅翱翔的燕子。寨子的核心范围就是燕身，村寨的外围是植被茂盛的山林，良田、经济林作物、自然森林分布其间。民居都依山势地形而建，高低错落的小青瓦坡屋面，与水系、农田及外围山林一起形成一幅安静祥和的山水村居图，形成具有浓郁特色及人与自然和谐共存的民族村寨，使归柳村选址呈现出山—水—田—寨交相辉映、自然和谐的景观[②]。

**图4  归柳侗寨全景**

## 三、"大利—宰荡"传统侗寨聚落群保护与发展的困境

虽然历史的岁月似乎未曾掠过，使得"大利—宰荡"传统侗寨聚落群长期处于"养在深闺人未识"的状态，形成了鲜明的特色和丰富和资源，为长远的保护和发展奠定了良好的基础，但今岁的时光已不再将它遗忘，在不断开放的

---

① 黔东南传统村落数字博物馆—苗兰村馆，http://museum.zhaiu.com/default/stockade/index/stockade_id/1349。

② 黔东南传统村落数字博物馆—苗兰村馆，http://museum.zhaiu.com/default/stockade/index/stockade_id/1350。

时代背景下，聚落群不得不面临现代社会带来的强力冲击。面对时代的发展，"大利—宰荡"聚落群保护和发展的困境也十分突出。

（一）经济发展滞后，村民收入低，人口外流严重

"大利—宰荡"聚落群偏居山野，远离都市，现代社会的工业文明、知识经济未曾波及，村民依然从事着传统的农耕经济。滞后的经济，导致了村民收入水平的低下，也导致了劳动力的大量外流，使侗寨的保护和发展乏力。

农业依然是聚落群的主产业。当地的气候适宜于种植水稻，每个侗寨都普遍种植，一年种一季，农历七八月份收获。种植糯稻在聚落群有着悠久的传统，但现在种植面积在不断缩小。每个侗寨的水稻产量都不是太高，主要用于自己食用，有少量剩余则挑到集市卖出。

其他农作物品种不多，产量也很小，只能作为辅助粮食。如玉米、红薯、黄豆及一些瓜果蔬菜，基本上都是供自家食用。某些年份，侗寨玉米种植面积会扩大一些，与水稻相互补充。近年，有的侗寨开始组建蔬菜合作社，逐渐走向市场。

养殖业，由于环境好，养的牛、猪、鸡、鸭等都是原生态的，品质优良，销路不错，近年，黑毛猪的养殖量在增长，但尚未形成规模。

经济作物中，聚落群的每个侗寨都种植有杉木，面积都差不多，在 1300 亩左右。由于林木生产周期长，原木的经济价值不高，且多用于改造、修建住宅、桥梁、鼓楼，打造家具等，没能更多地增加收入。有的侗寨开始种植猕猴桃、杨梅等，规模有限，价值还有待于市场检验。

传统手工艺方面，村民中有着侗布制作、竹编、竹雕、木雕等手艺的不少，也时常做些产品到集市交易，但由于技术粗糙、市场没有打开等，销售量很少，收益也不高。

旅游业方面，榕江县曾作出规划，将"大利—宰荡"聚落群打造成"侗族大歌旅游风景区"，但由于资金、市场竞争、整体布局等，未见太大的起色。但聚落群独特的魅力仍发挥着一定的影响，有些高校、协会等将它纳入了各自的写生基地、摄影基地名单，时常来此开展活动，给侗寨带来了一些收入。

由于经济的落后，聚落群村民的收入非常低，据实地调查，近两年，聚落群各侗寨的常住居民年人均可支配收入低于县里的平均收入。

也正是经济收入的低下，使得外出务工成为聚落群侗寨村民增加收入的最重要方式。外出务工人员一个月的工资往往比留在侗寨的一家人一年的收入都要高，较高的收入水平吸引着人员外流。据调查，聚落群各侗寨青壮年劳动

力，大约占侗寨总人口的 40%，基本都外出到浙江、广东等地务工，有的一去数年不曾返乡，留在侗寨的基本都是老人和孩子，极少看到年轻人。

劳动力的外流无疑会使居住在侗寨的人口越来越少，也使侗寨的保护和发展失去主要力量，久而久之，侗寨将面临衰弱的境地。

### （二）传统村容村貌保持压力增大

随着侗寨与外界接触越来越频繁，村民向往与追求现代生活的愿望也越来越强烈。村民家庭收入增加后试图改善现有居住条件，临近主村道的家庭着手将住宅改为商铺，想办客栈的家庭模仿着城里的宾馆修建，现代工业品越来越多地进入村民的生产生活，等等，这些都给侗寨传统村容村貌的保持带来巨大压力。

住宅、农家乐、小商铺、小客栈的修建、改建，在建筑材料和建筑式样上的改变给村容村貌带来的压力最大。传统的木构建筑群中，突兀地树立起几栋高大的砖房，不仅破坏了村落的整体风格和格局，而且在视觉效果上显得十分别扭。乱搭乱建、占道建房的情况也时有发生。

有的老旧木屋已残破不堪，或无钱修缮，或因住户长期外出没人管理，千疮百孔、摇摇欲坠，建筑物形象也十分不雅。

建筑垃圾、生活垃圾的乱丢乱倒，建筑材料、柴草、粪土的乱放乱堆，摩托车、汽车的乱停乱摆等情况也时常出现，这些都影响到了村寨的形象和生活环境。

### （三）基础教育堪忧

"大利—宰荡"传统侗寨聚落群的四个侗寨都办有学前班和小学，方便侗寨及附近村寨的适龄少年儿童就近上学。四个侗寨都没有中学，初中及之后的学业要到镇中学或县城的中学上。由于多种因素的影响，基础教育状况令人担忧。

#### 1. 语言环境的影响

由于侗寨的侗族文化传承氛围浓厚，许多学前儿童只会说侗话，上学后才学汉语拼音，学说普通话。即便是上学了，日常口头交流也多用侗语。我国侗族地区的现代教育是以汉语文本为主要教材的，语言掌握的熟练程度直接影响到学业的成就。聚落群的语言环境无疑增加了学习的难度。

#### 2. 师资条件不足

四个侗寨小学的校舍条件基本具备，但在师资方面却差强人意。几所小学的师资条件都基本类似，开设有学前班及一至六年级，有200名左右的学生，但教师不超过15名，教师中有编制的专任教师只有7名，其余的是代课教师。如此带来了一系列的问题：师资质量难以保证，教师课程繁重、压力大，教研活动难以组织。因为是村小，外来的有正式编制的教师也难以留住。

3. 硬件设备和日常教学消耗品都比较缺乏

电脑、网络的缺乏极大地限制了线上教学资源的获得和利用，限制了教学方法和教学手段的创新，使得教学内容多局限于书本教材，教学方式局限于传统的讲授式。有的小学，连美术课、数学课需要的基本教具也无法保证。

4. 家庭教育缺失

由于村寨的青壮年都外出务工，许多学生是跟着祖辈生活，而聚落群里一般50岁以上的村民说普通话都比较困难，要辅导孩子更是无从谈起。于是，大多数孩子在学习上既无内在动力，又无外在压力，学习散漫。

如此情形之下，侗寨的下一代要挑起村落保护与发展的重担，要实现村落振兴还任重道远。

## 四、"大利—宰荡"传统侗寨聚落群保护和发展方略

"大利—宰荡"传统侗寨聚落群在保护和发展中有需要克服的困难，也有可以利用的特色资源和文化优势，只有寻求到适当的路径，传统侗寨的保护和发展才能够得到进一步的推进。

### （一）发展特色产业，激发与时俱进的活力

"大利—宰荡"聚落群各侗寨人口的大量外流，使侗寨不断失去生机与活力，也使侗寨保护与发展的价值不断降低。发展特色产业，让聚落群的经济活起来，让聚落群的村民富起来，就能留下更多的人口，使侗寨的保护与发展更有意义。

### 1. 利用资源优势，拓展乡村旅游

"大利—宰荡"聚落群的自然风光非常美丽，青山掩映，绿水潺潺，"小桥、流水、侗寨"构成了一幅幅"天人合一"的和谐画卷。人文资源也非常富集，以"侗族大歌"为代表的包括歌舞文化、戏剧文化、饮食文化、服饰文化、节庆文化等一系列的侗族传统文化，使聚落群具有深厚的文化底蕴。在通达性上，近年开通了厦蓉高速、剑榕高速，贵广高铁车站距侗寨不到30公里，游客往来已比较便捷。由此，将聚落群作为一个整体，以"侗族大歌"为主要

名片，规划出村寨游览、文化娱乐活动、美食购物、季节性民间节庆活动、侗族文化展示等系列性旅游项目，打造出一个以侗族文化为主题的景区是比较有前景的。旅游开发能够为侗寨带来一定的经济收益。

2. 完善辅助设施，打造写生、摄影基地

近几年，来"大利—宰荡"聚落群写生、美术创作、摄影的高校学生、专业人士不少，这给侗寨提供了一个新的发展思路。保护好侗寨现有的景观、风貌是吸引来此写生、美术创作、摄影等人员的前提，完善辅助设施，在侗寨吃得好、住得舒适、待得静心能够让这些人员有更多的精力，甚至有更多的灵感进行创作。创作资源好、创作环境好，他们就会在侗寨待得更久，侗寨也就会获得更多的经济收益。如能形成一定的规模，将会带动侗寨在饮食服务、住宿服务、交通服务、创作原材料提供等方面的发展和规模提升。

3. 提升工艺水平，促进民族特色产品生产

"大利—宰荡"传统侗寨聚落群的村民大多有着一定的手艺，如竹编、木雕、竹雕、侗布制作等，但由于多为家用，少量在集市上交易，因而在工艺上一直不太讲究，经济效益较低。随着旅游产业的逐渐发展，来此的游客将越来越多，具有传统特色的工艺品的市场也将不断扩大，因此，侗寨聚落群可以通过组建合作社的方式，将有手艺的村民们集合起来，聘请高水平的工艺大师来侗寨开展培训，提高村民的手工技艺，从而使村民们的手工产品提升档次，使产品价格得到大幅度提升，最终使村民的经济收益较大幅度提高。

## （二）推进基础教育，激发可持续发展潜力

基础教育关系到侗寨下一代的培养，也关系到侗寨长远的保护和发展，鉴于各侗寨小学的现实状况，可从以下方面着手推进，激发侗寨可持续保护和发展的潜力。

1. 加强师资力量的配备

虽然各侗寨小学在教师数量上达到了国家规定的师生比，但在结构、素养、课程任务量、编制教师数量等方面仍存在差距。一是调整师生比，减轻教师负担，提高教师教育热情。侗寨小学学生数量不多，但班级不少、课程较多，教师的负担重。如能将师生比从目前的1∶23调整到1∶16左右，教师的负担会减轻，教学热情也会相应提升。二是县教育部门可以通过特岗教师的途径多为侗寨小学配备有编制的教师，使教师队伍稳定，安心教学；或者是采取长效的手段，稳定代课教师队伍。三是与一些师范类高校建立较为固定的支

教、志愿者渠道，让那些热心的高水平师资能够以学期为时间段来侗寨支教，既缓解师资不足的压力，又为侗寨小学带来教育新理念、新方法。

2. 持续开展侗汉双语教学，打牢学习基础

幼儿时讲侗语，上学时才学普通话，而侗语又没有文字，所以两种语言间的转变给侗寨小学生的学习带来了许多困难和困惑。加之父辈们多外出务工，在家的祖辈不太熟悉汉语，家庭的学习辅导能力也十分有限，而侗汉双语教学是能够让侗寨小学生们尽快适应这种转变的方式，应该持续坚持。2000 年，贵州大学人文学院社科所和世界少数民族语文研究院曾在宰荡小学进行侗汉双语教学实验，实验班的教学从学前班开始直至小学毕业。实验主要在语文和音乐两科进行，收到了良好的效果。后又扩大到归柳侗寨、苗兰侗寨、大利侗寨和高洞侗寨的学前班。2005 年，其他侗寨学前班的双语教学告一段落，只有宰荡小学的在继续。通过八年的努力，宰荡侗寨侗汉双语教学实验点取得了成功，现在侗寨儿童不仅喜欢读书了，而且学习成绩还不错，在栽麻镇名列前茅。侗寨民族文化也发展得很好，宰荡小学的教师和学生不仅到中央电视台亮了相，还捧回大奖。国内一些地区如宁夏、海南、云南、广西、湖南等地的双语教学点纷至沓来考察学习。持续开展侗汉双语教学，对于侗寨的保护及文化传承有着深远的意义，应该延续和加强。

3. 加大投入，改进教学设备和条件

聚落群的各小学要添置硬件设备、改善办学条件，向教育主管部门请求只是途径之一，应该广辟思路，可以利用"双语"教育实验地、"侗族大歌"之乡等实际发展需要，向政府其他部门、相关高校、社会组织、社会人士等进行募集或请求援助。聚落群的学校规模都不太大，只要拓宽思路，要解决基本的硬件条件难度不是很大。

（三）强化村规民约，激发自我行为约束力

根据《中华人民共和国村民委员会组织法》有关规定，"村规民约"是为了发挥村民在村民自治中的主体作用，引导村民依法依规参与本村事务处理，实现自我管理、自我教育、自我服务、自我约束，经村民委员会讨论通过，而制定的全体村民共同遵守的行为规范准则。

"大利—宰荡"聚落群各侗寨也都制定了各自的"村规民约"，虽有繁有简，但内容都是实现传统侗寨"自我管理、自我教育、自我服务、自我约束"的。侗寨的保护也是"村规民约"中的重要内容。如苗兰侗寨"村规民约"第

四条规定："建房应服从村庄建设规划，经村委会和上级有关部门批准，统一安排，不得擅自动工，不得违反规划和损害四邻利益。对于乱搭乱建者，每次罚款 300~500 元，并责令其强行拆除违章建筑。"宰荡侗寨的"村规民约"第二条规定："禁止在公共场所（含公路下傍 2 米、上傍 3 米和河床两旁）长期堆放物料（面石、砖瓦、木料、柴草等）、停放车辆和堵塞消防通道，如确实需要暂时堆放，在不阻碍交通并得到村委会同意的情况下，必须在 48 小时内搬运完毕，否则按每天罚款 200 元，以此类推。"①

但是，"村规民约"在实际执行中，因亲戚、邻里等各种因素的影响，有的条款难以执行，特别是涉及一些村民的重大生计如建房、修店铺等时。"大利—宰荡"聚落群属传统村落，传统观念浓郁，村落更像是个"人情社会"，所以，近年发生的不少有违传统侗寨保护的事件未能得到及时制止和处罚，以致引起相关部门和社会的关注。下文所述的涉及宰荡、归柳两侗寨的公益诉讼从另一侧面也反映出各侗寨"村规民约"的约束力尚不足。因此，强化各侗寨"村规民约"的执行力，激发全体村民自我行为约束力势在必行。

（四）增强外在干预，激发社会组织保护力

传统村落的保护与发展仅仅依赖村寨自身的努力还远远不够，加强外来力量的干预，可以在一定程度上激发包括政府、社会组织、民间力量等各方面的保护热情，形成更广大的保护合力。

1. 落地《贵州传统村落与非物质文化遗产保护发展·榕江共识》，合力保护传统村落与文化遗产

2015 年 6 月 18 日，在榕江县召开的由贵州省非物质文化遗产保护中心、贵州省文物博物馆学会、榕江县人民政府联合举办的"贵州传统村落与非物质文化遗产保护发展高峰论坛"上，40 多名专家考察了大利侗寨并进行了学术交流，最后就贵州传统村落与非物质文化遗产的保护发展达成了《贵州传统村落与非物质文化遗产保护发展·榕江共识》（以下简称《榕江共识》）。《榕江共识》就守护传统村落的最后家底，传承发展传统村落文化遗产提出了六条方略：一是加大学习宣传力度，使加强传统村落与非物质文化遗产保护发展的精神家喻户晓，增强文化自信和文化自觉。二是进一步营造依法依规保护传统村落与非物质文化遗产的良好氛围。三是强化实施传统村落文化遗产保护工程意

---

① 实地调研时在"村务公开栏"中摘录。

识，将它们作为系统工程统筹协调、统一实施。四是统筹协调，整合资源，统一部署，统筹推进。五是深入调查研究，加强理论探讨。六是探索建立适合传统村落与非物质文化遗产保护发展的资金投入机制①。"大利—宰荡"聚落群是此次高峰论坛的重要考察点，是《榕江共识》形成的重要基础之一，要使《榕江共识》提出的方略真正落地，就需要各方的努力与合作。

### 2. 启动公益诉讼，用法律手段保护

2015 年 9 月，经最高人民检察院批准，黔东南苗族侗族自治州成为公益诉讼试点地区；2017 年 8 月 3 日，贵州省人大常委会表决通过《贵州省传统村落保护和发展条例》，为传统村落保护提供了法律依据。以此为契机，将保护传统村落纳入公益诉讼范畴，进行传统村落保护专项行动，可以成为传统村落保护与发展的重要手段。

2019 年 2 月 27 日，由榕江县人民检察院起诉的榕江县栽麻镇人民政府怠于履行传统村落保护职责行政公益诉讼案在黎平县人民法院开庭审理，该案所诉案由就是"大利—宰荡"聚落群的宰荡侗寨和归柳侗寨在列入中国传统村落名录数年后，村头寨尾仍未看到"中国传统村落"的保护标识，村民翻修旧房、新建住房处于无序状态，私自占用农田、河道溪流建房，大量修建的水泥砖房取代民族传统木质瓦房，严重破坏了中国传统村落的整体风貌，损害了国家和社会公共利益。诉讼要求：榕江县栽麻镇人民政府对中国传统村落宰荡侗寨和归柳侗寨监管不依法履行职责行为违法，责令榕江县栽麻镇人民政府对破坏中国传统村落宰荡侗寨、归柳侗寨整体风貌的违法行为继续履行监管职责②。经过审理，黎平县人民法院支持了榕江县人民检察院的全部诉讼请求。该案成为黔东南苗族侗族自治州首例传统村落保护领域提起行政公益诉讼案件。

由此既可以看到"大利—宰荡"传统侗寨聚落群的保护与发展面临的困境，也可以看到法律等外在手段在传统村落保护与发展中的力量与效果。

### 3. 实时跟踪监测，加大整治力度

对于侗寨中出现的一些较顽固的"两违"行为，有时村民自治组织和村规民约也无能为力，需要政府出面进行实时跟踪监测，加大整治力度。栽麻镇政府在前述的公益诉讼后，针对"大利—宰荡"传统侗寨聚落群各村寨的"两

---

① 《贵州传统村落与非物质文化遗产保护发展·榕江共识》，《贵州民族报》，2015 年 6 月 18 日第 1 版。

② 资料来源于诉讼案卷。

违"行为及破坏传统村落风貌的建筑、构筑物，制定了"五步工作法"进行治理。一是成立专班，迅速制定整改工作方案；二是加强宣传，营造浓厚的保护与整治氛围；三是建档立卡，确保摸底调查识别准确；四是固定证据，确保依法行政；五是依法整治，强力推进整改。根据走访调查情况，综合研判，从群众意见较大的情况着手进行整治。镇政府制定了《关于依法整治归柳村传统村落"两违"建筑实施方案》等文件，对拆违工作做了周密的安排部署，并做好政策解释和思想动员，尽可能化解矛盾和阻力。在县综合执法局队员和派出所干警配合支持下，顺利拆除归柳村部分"两违"建筑。在归柳村成功开展"两违"建筑整治的正向效应下，聚落群各传统侗寨相继成功整治"两违"建筑20余处。由此可见，政府部门力量介入能够在传统村落的保护与发展中发挥出良好的效果。

# 附　　录

## 黔湘桂侗族"中国传统村落名录"
## （第一～五批）

### 第一批（2012 年 12 月 17 日）
### （广西 3 个、湖南 1 个、贵州 45 个）

柳州市三江侗族自治县丹洲镇丹洲村

柳州市三江侗族自治县独峒乡高定村

柳州市三江侗族自治县林溪乡高友村

怀化市会同县高椅乡高椅村

铜仁市石阡县国荣乡葛容村高桥自然村

铜仁市石阡县石固仡佬族侗族乡公鹅坳村

铜仁市石阡县五德镇大寨村

黔东南苗族侗族自治州从江县往洞乡增冲村

黔东南苗族侗族自治州从江县往洞乡则里村

黔东南苗族侗族自治州从江县谷坪乡银潭村

黔东南苗族侗族自治州从江县下江镇高仟村

黔东南苗族侗族自治州黎平县坝寨乡坝寨村

黔东南苗族侗族自治州黎平县坝寨乡蝉寨村

黔东南苗族侗族自治州黎平县坝寨乡高场村

黔东南苗族侗族自治州黎平县坝寨乡高兴村

黔东南苗族侗族自治州黎平县坝寨乡青寨村

黔东南苗族侗族自治州黎平县德顺乡平甫村

黔东南苗族侗族自治州黎平县地坪乡岑扣村

黔东南苗族侗族自治州黎平县洪州镇九江村
黔东南苗族侗族自治州黎平县洪州镇平架村
黔东南苗族侗族自治州黎平县九潮镇高寅村
黔东南苗族侗族自治州黎平县九潮镇贡寨村
黔东南苗族侗族自治州黎平县九潮镇吝洞村
黔东南苗族侗族自治州黎平县茅贡乡蚕洞村
黔东南苗族侗族自治州黎平县茅贡乡冲寨
黔东南苗族侗族自治州黎平县茅贡乡登岑村
黔东南苗族侗族自治州黎平县茅贡乡地扪村
黔东南苗族侗族自治州黎平县茅贡乡高近村
黔东南苗族侗族自治州黎平县茅贡乡流芳村
黔东南苗族侗族自治州黎平县茅贡乡寨头村
黔东南苗族侗族自治州黎平县孟彦镇芒岭村
黔东南苗族侗族自治州黎平县尚重镇高冷村
黔东南苗族侗族自治州黎平县尚重镇纪登村
黔东南苗族侗族自治州黎平县尚重镇绍洞村
黔东南苗族侗族自治州黎平县尚重镇育洞村
黔东南苗族侗族自治州黎平县尚重镇朱冠村
黔东南苗族侗族自治州黎平县双江乡黄岗村
黔东南苗族侗族自治州黎平县岩洞镇述洞村
黔东南苗族侗族自治州黎平县岩洞镇岩洞村
黔东南苗族侗族自治州黎平县岩洞镇宰拱村
黔东南苗族侗族自治州黎平县岩洞镇竹坪村
黔东南苗族侗族自治州黎平县永从乡豆洞村
黔东南苗族侗族自治州黎平县肇兴乡肇兴中寨村
黔东南苗族侗族自治州黎平县肇兴乡纪堂村
黔东南苗族侗族自治州黎平县肇兴乡纪堂上寨村
黔东南苗族侗族自治州黎平县肇兴乡堂安村
黔东南苗族侗族自治州黎平县肇兴乡肇兴村
黔东南苗族侗族自治州榕江县栽麻乡大利村
黔东南苗族侗族自治州榕江县栽麻乡宰荡村

## 第二批（2013 年 8 月 26 日）
### （广西 1 个、湖南 5 个、贵州 55 个）

柳州市三江侗族自治县林溪乡平岩村

邵阳市绥宁县东山侗族乡东山村

邵阳市绥宁县乐安铺苗族侗族乡天堂村

邵阳市绥宁县黄桑坪苗族乡上堡村

邵阳市城步苗族自治县长安营乡大寨村

怀化市通道侗族自治县坪坦乡坪坦村

铜仁市石阡县花桥镇施场村

铜仁市石阡县五德镇董上村

铜仁市石阡县聚凤仡佬族侗族乡指甲坪村

铜仁市石阡县坪地场仡佬族侗族乡石榴坡村

铜仁市石阡县甘溪乡铺溪村

黔东南苗族侗族自治州镇远县报京乡报京村

黔东南苗族侗族自治州剑河县磻溪镇洞脚村

黔东南苗族侗族自治州剑河县磻溪镇大广村

黔东南苗族侗族自治州剑河县敏洞乡沟洞村

黔东南苗族侗族自治州黎平县孟彦镇罗溪村

黔东南苗族侗族自治州黎平县孟彦镇岑湖村

黔东南苗族侗族自治州黎平县九潮镇高维村

黔东南苗族侗族自治州黎平县九潮镇定八村

黔东南苗族侗族自治州黎平县九潮镇大榕村新寨

黔东南苗族侗族自治州黎平县九潮镇顺寨村

黔东南苗族侗族自治州黎平县岩洞镇大寨村

黔东南苗族侗族自治州黎平县岩洞镇小寨村

黔东南苗族侗族自治州黎平县水口镇东郎村

黔东南苗族侗族自治州黎平县水口镇花柳村

黔东南苗族侗族自治州黎平县水口镇南江村

黔东南苗族侗族自治州黎平县水口镇茨洞村

黔东南苗族侗族自治州黎平县水口镇宰洋村宰直寨

黔东南苗族侗族自治州黎平县尚重镇顿路村

黔东南苗族侗族自治州黎平县尚重镇归德村

黔东南苗族侗族自治州黎平县尚重镇旧洞村
黔东南苗族侗族自治州黎平县尚重镇上洋村
黔东南苗族侗族自治州黎平县尚重镇下洋村
黔东南苗族侗族自治州黎平县尚重镇西迷村
黔东南苗族侗族自治州黎平县尚重镇宰蒙村
黔东南苗族侗族自治州黎平县雷洞乡岑管村
黔东南苗族侗族自治州黎平县雷洞乡牙双村
黔东南苗族侗族自治州黎平县永从乡九龙村
黔东南苗族侗族自治州黎平县永从乡中罗村
黔东南苗族侗族自治州黎平县茅贡乡额洞村
黔东南苗族侗族自治州黎平县茅贡乡寨南村
黔东南苗族侗族自治州黎平县茅贡乡己炭村汉寨
黔东南苗族侗族自治州黎平县坝寨乡高西村
黔东南苗族侗族自治州黎平县坝寨乡器寨村
黔东南苗族侗族自治州黎平县口江乡银朝村
黔东南苗族侗族自治州黎平县双江乡四寨村
黔东南苗族侗族自治州黎平县双江乡寨高村
黔东南苗族侗族自治州黎平县肇兴镇肇兴上寨村
黔东南苗族侗族自治州黎平县肇兴镇厦格村
黔东南苗族侗族自治州黎平县肇兴镇厦格上寨村
黔东南苗族侗族自治州黎平县龙额镇上地坪村
黔东南苗族侗族自治州黎平县地坪乡下寨村
黔东南苗族侗族自治州黎平县大稼乡高孖村
黔东南苗族侗族自治州黎平县德化乡高洋村
黔东南苗族侗族自治州黎平县德化乡下洋村
黔东南苗族侗族自治州榕江县寨蒿镇票寨村侗寨
黔东南苗族侗族自治州榕江县栽麻乡苗兰村侗寨
黔东南苗族侗族自治州从江县西山镇田底村
黔东南苗族侗族自治州从江县高增乡岜扒村
黔东南苗族侗族自治州从江县往洞镇朝利村
黔东南苗族侗族自治州从江县往洞镇增盈村

## 第三批（2014 年 11 月 17 日）
### （广西 0 个、湖南 7 个、贵州 18 个）

怀化市会同县连山乡大坪村

怀化市会同县岩头乡墓脚村

怀化市新晃侗族自治县方家屯乡何家田村

怀化市新晃侗族自治县天堂乡地习村

怀化市新晃侗族自治县茶坪乡美岩村

怀化市通道侗族自治县双江镇芋头村

怀化市通道侗族自治县黄土乡皇都侗族文化村

铜仁市碧江区坝黄镇宋家坝村塘边古树园

铜仁市碧江区瓦屋侗族乡克兰寨村

铜仁市玉屏侗族自治县新店乡朝阳村

铜仁市玉屏侗族自治县新店乡大湾村

铜仁市万山特区黄道乡瓦寨村

铜仁市万山特区敖寨乡石头寨

黔东南苗族侗族自治州天柱县高酿镇地良村

黔东南苗族侗族自治州锦屏县彦洞乡瑶白村

黔东南苗族侗族自治州剑河县南加镇柳基村

黔东南苗族侗族自治州黎平县尚重镇绞洞村

黔东南苗族侗族自治州黎平县尚重镇洋卫村

黔东南苗族侗族自治州黎平县大稼乡岑桃村

黔东南苗族侗族自治州黎平县德化乡俾翁村

黔东南苗族侗族自治州从江县下江镇巨洞村

黔东南苗族侗族自治州从江县西山镇顶洞村

黔东南苗族侗族自治州从江县高增乡小黄村

黔东南苗族侗族自治州从江县高增乡占里村

黔东南苗族侗族自治州从江县庆云乡单阳村

## 第四批（2016 年 12 月 9 日）
### （广西 14 个、湖南 16 个、贵州 22 个）

柳州市融水苗族自治县安太乡寨怀村新寨屯

柳州市三江侗族自治县独峒镇林略村

柳州市三江侗族自治县独峒镇岜团村

柳州市三江侗族自治县独峒镇座龙村

柳州市三江侗族自治县林溪镇高秀村

柳州市三江侗族自治县梅林乡车寨村

桂林市龙胜各族自治县瓢里镇平岭村委上下甘塘屯

桂林市龙胜各族自治县平等镇小江村委田段组

桂林市龙胜各族自治县平等镇龙坪村委龙坪村

桂林市龙胜各族自治县平等镇平等村委平等村

桂林市龙胜各族自治县乐江乡宝赠村委宝赠村

桂林市龙胜各族自治县乐江乡地灵村委地灵村

桂林市龙胜各族自治县乐江乡石甲村委泥寨组、岩寨组

桂林市龙胜各族自治县乐江乡西腰村委西腰大屯

邵阳市绥宁县东山侗族乡横坡村

怀化市新晃侗族自治县天堂乡道丁村

怀化市新晃侗族自治县贡溪乡天井寨村

怀化市靖州苗族侗族自治县甘棠镇燎原村

怀化市靖州苗族侗族自治县甘棠镇寨姓村

怀化市靖州苗族侗族自治县坳上镇九龙村

怀化市靖州苗族侗族自治县坳上镇木洞村

怀化市靖州苗族侗族自治县寨牙乡岩脚村

怀化市靖州苗族侗族自治县寨牙乡大林村

怀化市通道侗族自治县播阳镇上湘村

怀化市通道侗族自治县播阳镇陈团村

怀化市通道侗族自治县黄土乡半坡村

怀化市通道侗族自治县坪坦乡高步片

怀化市通道侗族自治县坪坦乡高团村

怀化市通道侗族自治县甘溪乡洞雷村

铜仁市碧江区六龙山侗族土家族乡瓮慢村

铜仁市江口县怒溪镇梵星村

铜仁市石阡县河坝场乡深溪村

铜仁市松桃县长坪乡干沙坪村

黔东南苗族侗族自治州锦屏县三江镇瓮寨村

黔东南苗族侗族自治州锦屏县茅坪镇茅坪村

黔东南苗族侗族自治州黎平县茅贡镇腊洞村
黔东南苗族侗族自治州黎平县口江乡朝坪村
黔东南苗族侗族自治州榕江县忠诚镇定弄村
黔东南苗族侗族自治州榕江县寨蒿镇晚寨村
黔东南苗族侗族自治州榕江县寨蒿镇乌公村
黔东南苗族侗族自治州榕江县栽麻镇归柳村
黔东南苗族侗族自治州榕江县平阳乡丹江村
黔东南苗族侗族自治州从江县贯洞镇潘今滚村
黔东南苗族侗族自治州从江县洛香镇登岜村
黔东南苗族侗族自治州从江县往洞镇高传村
黔东南苗族侗族自治州从江县往洞镇信地村
黔东南苗族侗族自治州从江县往洞镇秧里村
黔东南苗族侗族自治州从江县高增乡美德村
黔东南苗族侗族自治州从江县谷坪乡留架村
黔东南苗族侗族自治州从江县庆云镇转珠村
黔东南苗族侗族自治州从江县斗里镇马安村

## 第五批（2019 年 6 月 6 日）
### （广西 12 个、湖南 45 个、贵州 43 个）

柳州市三江侗族自治县八江镇八斗屯
柳州市三江侗族自治县八江镇归大屯
柳州市三江侗族自治县八江镇马胖村磨寨屯
柳州市三江侗族自治县八江镇中朝屯
柳州市三江侗族自治县林溪镇冠洞村
柳州市三江侗族自治县独峒镇玉马村
柳州市三江侗族自治县独峒镇唐朝村
柳州市三江侗族自治县洋溪乡高露村
柳州市三江侗族自治县老堡乡老巴村
柳州市三江侗族自治县和平乡和平村
桂林市龙胜各族自治县平等镇广南村
桂林市龙胜各族自治县平等镇庖田村甲业屯
邵阳市绥宁县东山侗族乡翁溪村
邵阳市绥宁县乐安铺苗族侗族乡大团村

邵阳市绥宁县长铺子苗族侗族乡道口村

邵阳市城步苗族自治县长安营镇长安营村

怀化市会同县团河镇官舟村

怀化市会同县团河镇盛储村

怀化市会同县若水镇望东村

怀化市会同县若水镇檀木村

怀化市会同县若水镇长田村

怀化市会同县广坪镇西楼村

怀化市会同县广坪镇羊角坪村

怀化市会同县马鞍镇相见村

怀化市会同县沙溪乡市田村

怀化市会同县金子岩侗族苗族乡白市村

怀化市会同县金子岩侗族苗族乡利溪村

怀化市会同县高椅乡邓家村

怀化市新晃侗族自治县凉伞镇桓胆村

怀化市新晃侗族自治县凉伞镇坪南村

怀化市新晃侗族自治县凉伞镇黄雷村

怀化市新晃侗族自治县林冲镇大堡村

怀化市新晃侗族自治县贡溪镇绍溪村

怀化市靖州苗族侗族自治县新厂镇姚家村

怀化市靖州苗族侗族自治县平茶镇小岔村新寨村

怀化市靖州苗族侗族自治县寨牙乡地卢村

怀化市靖州苗族侗族自治县寨牙乡芳团村

怀化市靖州苗族侗族自治县藕团乡高营村塘保寨

怀化市靖州苗族侗族自治县藕团乡康头村

怀化市靖州苗族侗族自治县藕团乡新街村

怀化市通道侗族自治县县溪镇西流村

怀化市通道侗族自治县县溪镇恭城村

怀化市通道侗族自治县县溪镇水涌村

怀化市通道侗族自治县播阳镇新团村贯团村

怀化市通道侗族自治县万佛山镇官团村

怀化市通道侗族自治县牙屯堡镇炉溪村

怀化市通道侗族自治县牙屯堡镇文坡村枫香村、元现村

怀化市通道侗族自治县溪口镇杉木桥村定溪村

怀化市通道侗族自治县溪口镇北麻村

怀化市通道侗族自治县溪口镇坪头村孟冲村

怀化市通道侗族自治县溪口镇画笔村

怀化市通道侗族自治县陇城镇张里村

怀化市通道侗族自治县陇城镇老寨村

怀化市通道侗族自治县独坡镇地坪村

怀化市通道侗族自治县坪坦乡中步村

怀化市通道侗族自治县坪坦乡横岭村

怀化市通道侗族自治县坪坦乡岭南村

铜仁市碧江区云场坪镇路腊村

铜仁市江口县官和侗族土家族苗族乡泗渡村后溪组

铜仁市石阡县五德镇大鸡公村

铜仁市石阡县国荣乡周家寨村

铜仁市石阡县龙井乡克麻场村

铜仁市石阡县青阳乡高塘村

黔东南苗族侗族自治州天柱县蓝田镇碧雅村和当寨

黔东南苗族侗族自治州天柱县高酿镇坐寨村

黔东南苗族侗族自治州天柱县高酿镇木杉村大寨

黔东南苗族侗族自治州天柱县高酿镇邦寨村邦寨

黔东南苗族侗族自治州天柱县远口镇元田村

黔东南苗族侗族自治州天柱县坌处镇抱塘村

黔东南苗族侗族自治州天柱县坌处镇三门塘村

黔东南苗族侗族自治州天柱县渡马镇共和村甘溪寨

黔东南苗族侗族自治州锦屏县启蒙镇腊洞村

黔东南苗族侗族自治州锦屏县平秋镇圭叶村

黔东南苗族侗族自治州锦屏县平秋镇魁胆村

黔东南苗族侗族自治州锦屏县平略镇平敖村

黔东南苗族侗族自治州剑河县南哨镇九虎村

黔东南苗族侗族自治州黎平县中潮镇上黄村兰洞寨

黔东南苗族侗族自治州黎平县水口镇胜利村

黔东南苗族侗族自治州黎平县洪州镇六爽村

黔东南苗族侗族自治州黎平县洪州镇赏方村

黔东南苗族侗族自治州黎平县茅贡镇寨母村

黔东南苗族侗族自治州榕江县寨蒿镇寿洞村

黔东南苗族侗族自治州榕江县乐里镇乔勒村

黔东南苗族侗族自治州榕江县乐里镇大瑞村

黔东南苗族侗族自治州榕江县乐里镇本里村

黔东南苗族侗族自治州榕江县乐里镇保里村

黔东南苗族侗族自治州榕江县平阳乡硐里村

黔东南苗族侗族自治州从江县丙妹镇老或村

黔东南苗族侗族自治州从江县丙妹镇龙江村

黔东南苗族侗族自治州从江县丙妹镇銮里村岑报寨

黔东南苗族侗族自治州从江县洛香镇平乐村

黔东南苗族侗族自治州从江县洛香镇大桥村

黔东南苗族侗族自治州从江县西山镇卡翁村

黔东南苗族侗族自治州从江县西山镇滚郎村

黔东南苗族侗族自治州从江县往洞镇贡寨村

黔东南苗族侗族自治州从江县往洞镇德桥村

黔东南苗族侗族自治州从江县往洞镇往洞村平楼寨

黔东南苗族侗族自治州从江县庆云镇广力村归料寨

黔东南苗族侗族自治州从江县庆云镇佰你村迫面寨

黔东南苗族侗族自治州从江县翠里乡宰转村

（共计 286 个，其中广西 30 个、湖南 73 个、贵州 183 个。资料来源：根据第一～五批《中国传统村落名录》整理）

# 参考文献

## 图书

[1] 曹昌智，姜学东，吴春. 黔东南州传统村落保护发展战略规划研究［M］. 北京：中国建筑工业出版社，2018.

[2] 曹昌智，邱跃. 历史文化名城名镇名村和传统村落保护法律法规文件选编［M］. 北京：中国建筑工业出版社，2015.

[3] 傅安辉. 侗族地区经济文化保护与旅游［M］. 北京：中国言实出版社，2011.

[4] 贵州省住房和城乡建设厅. 贵州传统村落（第一册）［M］. 北京：中国建筑工业出版社，2016.

[5] 贵州省住房和城乡建设厅. 贵州传统村落（第二册）［M］. 北京：中国建筑工业出版社，2016.

[6] 胡光华，杨祖华. 贵州古村落肇兴［M］. 贵阳：贵州民族出版社，2007.

[7] 邝露. 赤雅［M］. 北京：中华书局. 1985.

[8] 粟周榕. 六洞九洞侗族村寨［M］. 贵阳：贵州人民出版社，2011.

[9] 苏东海. 中国生态博物馆［M］. 北京：紫禁城出版社，2005.

[10] 三江侗族自治县志编纂委员会. 三江侗族自治县志［M］. 北京：中央民族学院出版社，1992.

[11] 孙华，王红光. 贵州侗族村寨调查简报［M］. 成都：巴蜀书社，2016.

[12] 孙华，王红光. 湖南侗族村寨调查简报［M］. 成都：巴蜀书社，2016.

[13] 孙华. 广西侗族村寨调查简报（一）［M］. 成都：巴蜀书社，2018.

[14] 司马迁. 史记［M］. 长沙：岳麓书社，1988.

[15] 冼光位. 侗族通览［M］. 南宁：广西人民出版社，1995.

[16] 赵晓梅. 中国活态乡土村落的空间文化表述［M］. 南京：东南大学出版社，2014.

## 期刊

[1] 方磊. 融合与共生：通道坪坦河流域侗寨寨门研究［J］. 民族论坛，2015（5）：12－15.

[2] 共苗. 侗族"萨岁"神坛［J］. 贵州民族研究，1991（7）：70－76.

[3] 龚敏. 贵州侗族建筑艺术初探［J］. 贵州民族学院学报（哲学社会科学版），2012（1）：144－147.

[4] 洪涛. 浅析社区参与机制在贵州传统村落建筑文化遗产保护中的探索——以堂安侗寨为例［J］. 卷宗，2017（7）：132－133.

[5] 胡艳丽，曾梦宇. 高速交通视野下侗族"非遗"存续方略研究［J］，学术论坛，2012（10）：71－75.

[6] 姜又春. 从"移民"到"土著"——坪坦河申遗侗寨的历史记忆与社会建构［J］. 民族论坛，2015（8）：40－45.

[7] 蒋卫平. 侗族风雨桥装饰艺术探析［J］. 贵州民族研究，2017（12）：126－139.

[8] 梁伟，李纳璺. 侗族传统村落建筑景观保护与分析——以柳州三江程阳八寨为例［J］. 艺术科技，2019（8）：102＋104.

[9] 林洁，文冬妮. 程阳八寨景区民俗文化资源旅游开发研究［J］. 智库时代，2019（26）：135－136.

[10] 刘庆涛，唐田甜，褚兴彪. 侗寨聚落空间设计审美特征分析［J］. 美与时代（上），2018（3）：14－16.

[11] 刘洪波. 新型城镇化进程中侗族木构建筑的保护与设计创新［J］. 江西建材，2016（7）：9－10.

[12] 李慧璇，赵航，柳庆英. 地域文化视角下民族村寨街巷空间形态分析——以贵州肇兴侗寨为例［J］. 怀化学院学报，2016（12）：15－19.

[13] 李权，彭开起，覃斌. 黔东南州传统村落民族木结构建筑结构设计研究与构思［J］. 华中建筑，2018（7）：108－111.

[14] 廖君湘. 侗族村寨火灾及防火保护的生态人类学思考［J］. 吉首大学学报（社会科学版），2012（6）：110－116.

[15] 覃正爱. 文化自觉与以人为本的内在关联［J］，重庆社会科学，2014（8）：73－78.

[16] 任爽，程道品，梁振然. 侗族村寨建筑景观及其文化内涵探析［J］. 广西城镇建设，2008（2）：56－58.

[17] 任爽，梁振然. 程阳八寨景观空间结构及其特征分析研究 [J]. 林业调查规划，2010（5）：19－21.

[18] 舒永久. 用生态文化建设生态文明 [J]. 云南民族大学学报（哲学社会科学版），2013（7）：27－31.

[19] 汪麟，石磊. 三江县侗族木构建筑营造技艺的传承与创新初探 [J]. 中外建筑，2020（1）：23－25.

[20] 吴堃. 法律视角下边缘侗苗族空心村的形成与治理探讨 [J]. 黑龙江政法管理干部学院学报，2020（1）：9－12.

[21] 吴平. 贵州黔东南传统村落原真性保护与营造 [J]. 贵州社会科学，2018（11）：92－97.

[22] 熊修锋，陈俊睿，潘冽，李漱洋，何雨晴，王俊朝. 三江侗族传统聚落建筑朝向影响因子量化分析 [J]. 山西建筑，2018（11）：27－29.

[23] 严窦豆，刘明. 农村创业人才队伍：现实困境与消解 [J]. 农村经济与科技，2020（12）：229－230.

[24] 杨博文. 基于典型特征分析的侗族传统建筑特色延续 [J]. 中国园林，2018（11）：102－106.

[25] 张瑾. 民族村寨旅游开发中资源使用费的分配与感知研究 [J]. 山西农经，2016（4）：3－5.

[26] 张赛娟，蒋卫平. 湘西侗族木构建筑营造技艺传承与创新探究 [J]. 贵州民族研究，2017（7）：84－87.

[27] 赵曼丽. 贵州侗族建筑的审美特征试探 [J]. 贵州民族研究，2009（3）：82－84.

[28] 赵国营. 生态文明建设的政治路径 [J]. 天水行政学院学报，2010（12）：7－11.

[29] 曾梦宇，胡艳丽. 生境变迁与侗族文化传承 [J]. 经济与社会发展. 2011（6）：82－85.

## 学位论文

[1] 陈洁. 民族旅游驱动下肇兴侗寨群落社会结构及其功能时空演变与机制研究 [D]. 贵阳：贵州师范大学，2016.

[2] 崔慧彬. 文化空间视域下传统村落非物质文化遗产保护研究——以广西三江林溪乡平岩村为例 [D]. 桂林：广西师范大学，2019.

[3] 黄智尚. 广西三江县程阳侗寨传统村落保护与发展研究 [D]. 广州：广

州大学，2017.

［4］季诚迁. 古村落非物质文化遗产保护研究——以肇兴侗寨为个案［D］. 北京：中央民族大学，2011.

［5］刘瑜. 河北省贫困村两委建设研究［D］. 石家庄：河北师范大学，2017.

［6］李哲. 程阳八寨杨家匠的风雨桥营造技艺［D］. 深圳：深圳大学，2017.

［7］李泽瑞. 传统村落生态文明建设路径研究［D］. 西安：西安建筑科技大学，2015.

［8］王欢喜. "互联网＋"乡村：西部乡村治理的一种模式——以贵州省黎平县X村为考察个案［D］. 贵阳：贵州财经大学，2017.

［9］谢芝. 传统文化保护视域下的民族乡村文化产业发展研究——以肇兴侗寨为研究个案［D］. 贵阳：贵州大学，2016.

［10］许鹏敏. 乡村振兴战略下"空心村"治理研究［D］. 太原：山西大学，2020.

［11］朱雯雯. 西南传统村落空间营建的生态智慧及启示［D］. 重庆：重庆大学，2019.

［12］曾宇龙. 云南边境农村地区"虚空化"问题治理研究［D］. 昆明：云南师范大学，2020.

## 报纸

［1］贵州传统村落与非物质文化遗产保护发展高峰论坛全体与会专家、学者. 贵州传统村落与非物质文化遗产保护发展·榕江共识［N］. 贵州民族报，2015-06-25（1）.

［2］欧阳昌佩. 黎平乡村旅游 带富一方百姓［N］. 贵州日报，2007-02-05（2）.

［3］周乾松. 我国传统村落保护的现状问题与对策思考［N］. 中国建设报，2013-01-29（3）.